Índice, uma história do

F☀SF☀R☀

DENNIS DUNCAN

Índice, uma história do

Uma aventura livresca, dos manuscritos medievais à era digital

Tradução do inglês por
FLÁVIA COSTA NEVES MACHADO

Para Mia e Molly

9 NOTA À EDIÇÃO BRASILEIRA

11 Introdução
29 Questão de ordem
Sobre a ordenação alfabética
56 Os nascimentos do índice
Pregação e ensino
92 Onde estaríamos sem isso?
O milagre da numeração de página
119 O mapa ou o território
O julgamento do índice
141 "Não permitam a nenhum maldito *tory* indexar meu *History*"
Combates nas páginas finais
175 O índice na ficção
Nomear sempre foi uma arte difícil
206 "Uma chave para todo o conhecimento"
O índice universal
232 Ludmilla e Lotaria
O índice de livro na era da busca
263 Coda
Arquivos de leitura

273 AGRADECIMENTOS
276 NOTAS
294 APÊNDICE
Um índice gerado por computador
298 ÍNDICE REMISSIVO

Nota à edição brasileira

O título original do livro é *Index, A History of the*. Em inglês, utiliza-se a palavra *"index"* apenas para a lista de nomes e assuntos que aparece ao final do volume, o que chamamos de "índice remissivo" — tema da obra de Dennis Duncan. Em português, o termo "índice" é muitas vezes empregado para designar também o "sumário", a seção inicial de um livro que apresenta seus capítulos e respectivos números de página, embora se utilizem o verbo "indexar" e o substantivo "indexação" (mantendo a raiz latina) apenas para o ato de compilar nomes e assuntos. A fim de preservar a distinção, esta tradução optou por usar o termo simplificado "índice" para se referir a índice remissivo e o termo "sumário" para a seção inicial, que em inglês recebe os nomes de *table of contents* ou somente *contents*.

Introdução

> *De minha parte, venero o inventor dos índices*
> *[...] aquele operário das letras desconhecido*
> *que primeiro expôs os nervos e artérias de*
> *um livro.*
>
> Isaac D'Israeli, *Literary Miscellanies*

É difícil imaginar um trabalho que demande consultas a livros — escrever um ensaio, a apresentação de uma palestra, um relatório, um sermão — sem a possibilidade de encontrar o que se busca de maneira fácil e rápida, ou seja, sem a comodidade de um índice. Essa comodidade não se limita, é claro, às pessoas que escrevem por ofício. Outras disciplinas, e mesmo a vida cotidiana, se beneficiam dela: alguns dos primeiros índices surgiram em estatutos legais, textos médicos e livros de receitas. O modesto índice situado no fim do livro é uma daquelas invenções tão bem-sucedidas, tão integradas aos nossos hábitos que com frequência podem se tornar invisíveis. Porém, como qualquer dispositivo tecnológico, ele tem sua história, e esta, por sua vez, ao longo de quase oitocentos anos, esteve intimamente associada a um formato de livro específico, o códice: um maço de folhas, dobradas e costuradas na lombada. Agora, contudo, o índice ingressou na era digital como a tecnologia-chave que alicerça nossa leitura on-line. A primeira *webpage* era, afinal, um índice de assuntos.[1] Quanto à ferramenta de busca — a plataforma de embarque para grande parte de nossa navegação on-line —, Matt Cutts, engenheiro do Google, explica: "A primeira coisa que a gente precisa entender é que, quando fazemos uma pesquisa no Google, não estamos de fato pesquisando na internet. Estamos pesquisando o índice do Google na internet".[2] Atualmente, portanto, os índices organizam nossa vida, e este livro vai mapear seu curioso curso desde os monastérios e universidades europeias do século 13 aos QGs de vidro e aço do Vale do Silício do século 21.

Uma história do índice é, na verdade, uma história do tempo e do conhecimento, e da relação entre os dois. É a história de nossa crescente premência de acessar informações com velocidade e de uma premência paralela de ter os conteúdos dos livros como unidades de conhecimento divisíveis, distintas e passíveis de serem fruídas individualmente. Isso é ciência da informação, e o índice é o elemento fundamental da arquitetura dessa disciplina. Mas sua evolução também nos apresenta, num microcosmo, a história da leitura. Está ligada ao surgimento das universidades e ao início da impressão, à filologia iluminista e à computação com cartões perfurados, ao surgimento da numeração de páginas e das hashtags. É mais do que apenas uma estrutura de dados. Mesmo hoje, diante das incursões da inteligência artificial, o índice de um livro continua a cargo de indexadores de carne e osso, profissionais cuja função é fazer a mediação entre autor e público leitor. Produto do trabalho humano, os índices já se mostraram capazes de salvar hereges da fogueira e de impedir a ascensão de políticos. Também atraíram a atenção de pessoas com particular interesse por livros, e a lista de indexadores na literatura inclui Lewis Carroll, Virginia Woolf, Alexander Pope e Vladimir Nabokov. Historicamente, elaborar índices não é das profissões mais glamorosas ou rentáveis. Podemos pensar em Thomas Macaulay lamentando que Samuel Johnson, o mais ilustre escritor de sua época, tenha passado seus dias cercado de "panfletários e indexadores mortos de fome".[3] Se tivesse como saber, Johnson poderia ter se consolado com a ideia de que a essa comunidade se integrariam os mais célebres escritores de outras épocas, e que, mesmo menosprezado, o dispositivo que estava experimentando às escuras seria crucial para a experiência da leitura no alvorecer do milênio seguinte.

O que compreendemos por índice? De modo mais genérico, é um sistema que serve para economizar tempo, indicando-nos onde buscar as coisas. O nome sugere uma relação espacial, uma espécie de mapa: alguma coisa aqui apontará — *indicará* — algo ali. O mapa não precisa ter existência real, basta existir na cabeça. Em meados do século passado, Robert Collison sugeriu que, sempre que organizamos o mundo ao redor para saber onde encontrar as coisas, estamos, na verdade, indexando. Ele dá alguns exemplos que nem se calçassem *brothel creepers*[*] seriam mais típicos da década de 1950:

> Quando uma dona de casa reserva um lugar para cada coisa na cozinha, ela na verdade está criando um índice vivo para que não apenas ela, mas todos os membros da casa se familiarizem aos poucos com o sistema criado e consigam localizar as coisas por si [...]. Um homem desenvolve o hábito de sempre guardar o troco em determinado bolso, as chaves em outro, maços de cigarro em um terceiro — um hábito elementar de estabelecer índices muito útil quando, ao ir para a estação às pressas, ele confere se lembrou de pegar seu bilhete.[4]

---

* Modelo de calçado surgido durante a Segunda Guerra Mundial e popularizado pelo grupo dos chamados *teddy boys*, jovens ingleses que usavam roupas inspiradas no período eduardiano. (Esta e as demais notas de rodapé são da tradução, salvo indicação contrária.)

Um índice mental: é como a mulher encontra o açúcar e o homem seu maço de cigarros. Na realidade, simplificações à parte, Collison levanta uma questão importante. O mapeamento da cozinha serve não só à dona de casa, mas a todos os membros da família — existe em várias mentes. E se alguém escrevesse "farinha de trigo: armário superior à direita; colheres: gaveta ao lado da geladeira", e assim por diante? Então teríamos um sistema que poderia ser usado na hora, de imediato, até mesmo por quem não estivesse familiarizado com a cozinha. Agora estamos mais próximos do que concebemos como índice, uma coisa que não existe apenas na cabeça; um tipo de lista ou tabela que nos diz onde as coisas estão. É bem provável que esperemos uma coisa mais sintética. Se um mapa do tamanho de um território é um absurdo, o mesmo ocorre com os índices. Um catálogo de biblioteca — catálogos de biblioteca, como veremos no primeiro capítulo, tiveram papel central na ciência da informação — condensará os principais detalhes de um livro: título, autor, gênero. Da mesma forma, o índice remissivo destilará sua obra de origem em um acervo de palavras-chave: nomes, lugares, conceitos. Uma abstração, portanto: reduzir o material, sintetizá-lo para criar uma coisa nova e à parte. O índice não é uma cópia da coisa em si.

O que mais? Segundo Collison, a maioria de nós tem na cabeça a planta de uma cozinha. Se fosse necessário escrever o inventário da sua cozinha, de que tamanho ele seria? É provável que não fosse difícil de fazer. E se fosse preciso elaborar um inventário maior? De todos os objetos da casa? De todos os livros de uma biblioteca? Quando a lista atinge certa extensão, ela perde sua eficiência: se antes era mais cômodo consultar a lista, agora é mais fácil pesquisar direto nas prateleiras. Precisamos de organização. O índice precisa estar organizado de maneira tal que seus usuários o reconheçam, que torne fácil sua navegação. É aqui que índice e sumário divergem.

O *Dictionary of English Language* de Samuel Johnson, de modo um tanto inútil, define o índice como "o sumário de um livro" e, à primeira vista, os dois têm muito em comum. Ambos são listas de rótulos com localizadores, ou seja, números de páginas (mas, como veremos, a numeração de páginas também tem sua própria história, e diferentes tipos de localizadores — os livros da Bíblia, por exemplo — a antecedem). Ambos apontam lugares no texto principal ou trechos dele, e no final da Idade Média os dois eram nomeados pelo mesmo grupo de palavras — *registro, tabela, rubrica* —, o que os tornava indistinguíveis na ausência de uma análise mais detalhada. Quando o cavaleiro do conto de Geoffrey Chaucer se recusa terminantemente a especular sobre o que acontece depois que uma das personagens de sua fábula morre — *"I nam no divynistre/ 'Of soules' find I nought in this registre"* (em outras palavras, "Não sei nada a respeito: não há entrada para 'almas' em meu registro") —, é difícil saber exatamente qual tipo de lista ele tinha em mente. Entretanto, os dois são partes bem distintas de um livro — dois suportes aparando o texto principal, um antes, outro depois —, cada um com sua função e história.

Mesmo sem localizadores, o sumário fornece uma visão geral da estrutura de uma obra: segue a ordem do texto, revelando sua arquitetura. Podemos passar o olho num sumário e mais ou menos deduzir o tema geral do volume. Portanto, um sumário é, até certo ponto, independente da plataforma. Oferece pinceladas gerais até no caso de uma obra composta de uma série de pergaminhos — e, de fato, possui uma história que remonta à Antiguidade, antes do advento do códice. Conhecemos ao menos quatro escritores do latim e um do grego, da Era Clássica, que incluíram um sumário em suas obras.[5] Abaixo, por exemplo, Plínio, o Velho, o grande naturalista romano, dedica sua obra-prima, *História natural*, ao imperador Tito:

Como em nome do interesse público era meu dever considerar os apelos por vosso tempo, em apêndice a esta carta inseri um sumário dos vários livros, cuidando para suprir a necessidade de lê-los. Por conseguinte, o sumário será útil também a outros leitores, poupando-os de ler a obra diretamente; bastará procurar o ponto que lhes interessa, e saberão onde encontrá-lo.[6]

Ou, parafraseando: "Porque você é tão importante e ocupado, sei que não poderá ler tudo. Então anexei um prático sumário que lhe permitirá consultar o que está sendo oferecido e escolher os capítulos de seu interesse".

Uma obra extensa como *História natural* estaria distribuída em muitos pergaminhos, decerto dezenas. Localizar um trecho dela era, antes de mais nada, questão de encontrar o pergaminho certo para abri-lo sobre uma mesa e desenrolá-lo com cuidado até a seção desejada. Não seria um processo inimaginavelmente tedioso, contanto que *de fato* se chegasse à seção desejada. O capítulo, afinal, é uma divisão com extensão suficiente para compensar o esforço. Mas deixemo-nos levar, por um momento, por uma fantasia anacrônica: imaginemos que, junto com o sumário, Plínio também tenha nos fornecido um novo dispositivo, uma inovação transmitida de um milênio à frente, um instrumento que, sem saber muito bem por quê, ele decide chamar de índice. E vamos imaginar que Tito, certa vez, tarde da noite, queira descobrir o que *História natural* tem a dizer sobre seu antecessor no trono, o imperador Nero, assassino de seu melhor amigo de infância. (No jargão da web, temos um nome para esse tipo de leitura noite adentro: *doomscrolling*.) À luz de velas, nosso leitor imperial desenrola o índice de Plínio. *História natural* traz seis menções a Nero: três no livro VIII, uma no livro X, duas outras no livro XI. Tito toma nota de todas. Depois de localizar o pergaminho do livro VIII, perde uma eternidade localizando a primeira menção, uma referência de passagem a uma mínima alteração arquitetônica do Circo Máximo empreendida sob o comando de Nero. Segue-se outro frenesi de enrolar e desenrolar, mas a segunda referência está ainda mais distante do objeto da busca: diz respeito ao uivo fiel de um cão agoniado durante a execução, a mando de Nero, de seu dono. Tito suspira. Já começa a se frustrar. O equilíbrio entre trabalho e recompensa, entre tempo gasto desenrolando versus tempo gasto lendo, ele conclui, não é dos melhores. Ele consulta o terceiro localizador, mas, passado algum tempo, tudo o que fica sabendo é que seu antecessor certa vez gastou 4 milhões de sestércios em colchas de lã. O imperador se permite um breve sorriso e vai, insatisfeito, para a cama. Não é difícil perceber por que o índice é uma invenção da era do códice, e não da era do pergaminho. Ele é um instrumento de acesso realmente aleatório e, como tal, depende de um formato de livro que possa ser aberto com a mesma facilidade no meio, no fim ou no início. O códice é o suporte em que o índice fez sentido.

Além disso, ao contrário do sumário, um índice sem localizadores é tão útil quanto uma bicicleta sem rodas. Não nos permite calcular minimamente onde abrir o livro e não nos apresenta um resumo do enredo. Isso porque o principal mecanismo do índice é a arbitrariedade. Sua principal inovação é romper a relação entre a estrutura da obra e a estrutura do sumário. A disposição do índice é focada no leitor, não no texto: se a gente sabe o que busca, as letras do alfabeto fornecem um sistema universal, independente do texto, no qual procurar o que quer que seja. (Podemos até mesmo dizer que a maioria dos índices é duplamente arbitrária, já que o mais comum dos localizadores — o número da página — não tem nenhuma relação intrínseca com a obra ou seu assunto, mas apenas com seu suporte, o livro.)

Por isso, embora um sumário possa se infiltrar aqui e ali ao longo das páginas, este é um livro sobre o índice, o índice alfabético que decompõe o livro em seus elementos, suas personagens, seus assuntos e até mesmo em palavras particulares; um dispositivo tecnológico — uma extensão — feito para acelerar determinado modo de ler, o que acadêmicos passaram a chamar de "leitura de extração", destinada àqueles que, assim como o imperador Tito, não têm tempo para começar do início.

Para a controversa questão do plural na língua inglesa — se devemos usar a forma anglicizada *indexes* ou *indices*, do latim — o grande bibliógrafo vitoriano, Henry Wheatley, em seu livro *What Is an Index?* (1878), destaca que em *Tróilo e Cressida*, de Shakespeare, o termo é *indexes*. Se a forma anglicizada é boa o bastante para Shakespeare, argumenta Wheatley, deveria ser suficiente para nós, e o presente livro, originalmente escrito em inglês, o seguirá. Em inglês, a forma latina [*indices*] é empregada por matemáticos e economistas; a anglicana [*indexes*; em português, índices] indica aquilo que se encontra no final do livro.*

Quando comecei a lecionar literatura inglesa na faculdade, uma aula típica começava assim:

Eu: Poderiam abrir na página 128 de *Mrs. Dalloway*, por favor?
Estudante A: Qual é a página na edição da Wordsworth?

---

* Conforme explicado na "Nota à edição brasileira", a língua inglesa adota o termo "*index*" (do latim *index*) para se referir à lista de nomes e assuntos ao final de um livro, ao contrário da língua portuguesa, que adota "índice" (plural "índices"). À semelhança do inglês, o português também adota "índice" e "índices" (porém na forma vernácula, com acento) no âmbito da matemática e da economia (como nas expressões "índice de preços", "índice inflacionário", "índice de crescimento" etc.).

Estudante B: Qual é a página na edição da Penguin?

Estudante C (*segurando um livro de meados do século, capa dura, sem sobrecapa*): Não sei que edição é a minha, o livro é da minha mãe. Qual é o capítulo?

Minutos depois, avançando por parágrafos e capítulos, estaríamos prontos para analisar a mesma passagem, apenas para recomeçar o processo que se repetia algumas vezes a cada aula. Contudo, há mais ou menos sete anos, notei que começava a acontecer uma coisa diferente. Eu ainda pedia a todos que lessem determinado trecho do romance; ainda, com menos expectativa do que esperança, informava a página de referência da edição indicada; um mar de mãos continuava a se erguer imediatamente. Porém, a pergunta era outra: "Como é o início da passagem?". Agora muitos estudantes estavam lendo em dispositivos digitais — no Kindle, iPad, às vezes no celular —, dispositivos sem numeração de páginas, mas equipados com a função "localizar". Historicamente, um tipo específico de índice, conhecido como "concordância", apresentava uma lista alfabética de todas as palavras de determinado texto — as obras de Shakespeare, digamos, ou a Bíblia — e todas as suas incidências. Na sala de aula comecei a perceber como o poder da concordância havia se ampliado infinitamente. Com a digitalização, a possibilidade de buscar uma palavra ou frase específica não estava mais ligada a uma obra em particular: era parte da plataforma de software dos e-readers. O que quer que você esteja lendo, sempre pode digitar Ctrl+F se souber o que procura: "Um dos triunfos da civilização, pensou Peter Walsh".[*]

Ao mesmo tempo, a onipresença das ferramentas de busca deu lugar a uma angústia generalizada: a busca se tornou uma

---

[*] Frase do romance *Mrs. Dalloway*, de Virginia Woolf.

atitude mental, um modo de leitura e de aprendizado que está suplantando os antigos modos e trazendo consigo uma miríade de males catastróficos. Está, dizem, alterando nosso cérebro, reduzindo nossa capacidade de atenção e erodindo nossa memória. O escritor Will Self declarou que o romance tradicional está morto: não temos mais paciência para ele.[7] Esta é a era da distração, e a culpa é da ferramenta de busca. Alguns anos atrás, um artigo influente publicado na revista *The Atlantic* perguntava: "O Google está nos emburrecendo?". E respondia, com convicção: sim.[8]

No entanto, se olharmos para trás, isso não é mais que um surto contemporâneo de uma febre antiga. A história do índice é cheia de tais medos — que ninguém mais lerá do jeito correto, que a leitura de extração substituirá um envolvimento mais prolongado com os livros, que teremos novas questões, desenvolveremos novas formas de conhecimento, esqueceremos os antigos modos de leitura atenta, nos tornaremos deplorável e incuravelmente desatentos — e tudo por causa da infernal ferramenta, o índice do livro. No período da Restauração, na Inglaterra, o termo pejorativo *index-raker* [algo como "rastreador de índices"] foi cunhado para descrever escritores que enchiam linguiça com citações desnecessárias, enquanto, na Europa continental, Galileu resmungava contra os filósofos de poltrona que, "para adquirir conhecimento sobre os fenômenos naturais, não se arriscavam com navios, canhões ou arcos, mas se refugiavam em seus estudos e consultavam índices ou sumários para descobrir se Aristóteles havia dito algo a respeito deles".[9] O índice do livro: acabando com a curiosidade experimental desde o século 17.

E até agora, quatro séculos depois, o céu não desabou. O índice resistiu, mas também, em paralelo, os leitores, os acadêmicos, os inventores. Nosso modo de ler (nossos *modos* de ler, deveriamos dizer, já que todos nós, todos os dias, fazemos leituras muito diversas: romances, jornais, menus, placas de rua, todas demandando um tipo específico de atenção) pode não ser o mesmo de vinte anos atrás. Mas tampouco o modo como líamos então era o mesmo que, digamos, o da geração de Virginia Woolf, ou de uma família no século 18, ou na época do advento da prensa móvel. A leitura não possui um ideal platônico (e para Platão, como veremos, estava longe de ser o ideal). O que consideramos uma prática normal sempre foi uma resposta à complexidade de circunstâncias históricas, e cada mudança no ambiente social e tecnológico produziu um efeito na evolução do que significa "ler". Não evoluir como leitores — desejar que, como sociedade, continuemos a ler com a mesma profunda concentração de, digamos, um frade isolado do mundo num mosteiro do século 11, com uma biblioteca de meia dúzia de volumes — é tão absurdo quanto reclamar que uma borboleta não é bela o bastante. Ela é como é porque se adaptou perfeitamente a seu ambiente.

Esta história do índice remissivo, portanto, não se limitará a apenas recontar o sucessivo aprimoramento desse dispositivo tecnológico aparentemente inócuo. Também vai mostrar como esse instrumento reagiu a outras mudanças no ecossistema de leitura — a ascensão do romance, da leitura de jornais nos cafés, da revista científica — e como os leitores, e a leitura, mudaram nessas ocasiões. E vai provar como ele frequentemente levou a culpa pela ansiedade de quem preferia modos de leitura anteriores. Vai mapear o destino de dois tipos de índices, o índice de palavras (conhecido como concordância) e o índice remissivo de assuntos — o primeiro, infalivelmente fiel ao texto ao qual está a serviço, e o segundo, equilibrando a lealdade à obra e à comunidade de leitores que vai chegar a ela. Embora tenham surgido no mesmo momento da Idade Média, o índice de assuntos vai se disseminar a ponto de, em meados do século 19, Lord Campbell se vangloriar de ter tentado impor por lei a obrigatoriedade de índices em novos livros.[10] A concordância, por contraste, permaneceu uma ferramenta especializada durante a maior parte do último milênio, antes que se alçasse ao protagonismo com o surgimento da computação moderna. Porém, apesar de nossa dependência recente das ferramentas de busca digitais, das barras de busca e do Ctrl+F, espero que este livro demonstre que ainda há vida — exatamente isso, *vida* — no velho índice de assuntos no fim do livro, compilado por indexadores que estão bem vivos. Com isso em mente, e antes de começar para valer, dois exemplos vão ilustrar a diferença que tenho tentado traçar.

Em março de 1543, autoridades religiosas sob o comando de Henrique VIII invadiram a casa de John Marbeck, corista na Saint George's Chapel, em Windsor. Marbeck fora acusado de copiar um tratado religioso do teólogo francês João Calvino, infringindo assim uma lei recente contra a heresia. A pena era morte na fogueira. Uma busca na casa do corista encontrou evidências de atividades suspeitas, manuscritos que atestavam enorme e incomum empreitada literária: Marbeck vinha compilando uma concordância da Bíblia inglesa. Estava na metade do trabalho. Apenas meia década antes, a Bíblia em inglês era considerada mercadoria de contrabando, e a seus tradutores cabia a fogueira. A concordância de Marbeck parecia suspeita, justamente o tipo de leitura proibida que tornara a tradução das Escrituras um assunto tão polêmico. O tratado banido era seu crime original, mas agora a concordância, como notou Marbeck, "não era um assunto menor [...] a agravar a causa de meus problemas".[11] Ele foi levado à prisão de Marshalsea. Sua execução era quase certa.

Em Marshalsea, o réu foi interrogado. As autoridades estavam a par de uma seita calvinista em Windsor e viram no corista uma figura secundária no movimento, mas que, sob pressão, talvez pudesse incriminar peixes graúdos. Para Marbeck, era a chance de absolvição. A lei que proibia o tratado calvinista só havia entrado em vigor quatro anos antes, no início de 1539. Ora, protestou Marbeck, sua cópia fora feita antes disso. A defesa era simples. A concordância, porém, apresentava um problema mais sério. Crente fervoroso e letrado diligente, Marbeck também era autodidata. Não sabia latim em profundidade, mas o bastante para percorrer uma concordância em latim explorando os localizadores — as ocorrências de cada palavra — e depois procurá-los na Bíblia inglesa, a fim de elaborar a sua concordância. Para seus interrogadores, parecia inconcebível que ele estivesse trabalhando em duas línguas sem ser fluente em ambas. Certamente um projeto teológico daqueles não poderia ser conduzido por um reles amador — devoto, porém não instruído. Marbeck com certeza era apenas o copista: recebia ordens de cima, integrava um grupo numeroso. Deveria haver algum propósito oculto na concordância, alguma seleção herética ou retradução de seus termos, e não um inocente processo de conversão como alegava Marbeck.

Um relato do interrogatório, provavelmente recebido em primeira mão de Marbeck, aparece em *Actes and Monuments* (1570), de John Fox. O acusador é o bispo de Winchester, Stephen Gardiner:

Que ajudantes tiveste para fazer teu livro?

Pois então, meu senhor, disse ele, nenhum.

Nenhum, disse o bispo, como pode ser? Não é possível que o tenhas feito sem ajuda.

Juro, meu senhor, disse ele, não sei a qual parte se refere, mas seja qual for, não vou negar, eu o fiz sem a ajuda de ninguém além de Deus.[12]

O questionamento segue essa toada, com outros se juntando ao ataque:

Disse então o bispo de Salisbury, de quem tiveste ajuda para fazer este livro?

Juro, meu senhor, disse ele, nenhuma ajuda.

Como poderia, disse o bispo, inventar tal livro, ou saber o que é uma Concordância, sem um instrutor?

Por trás dessa descrença também se intui certa admiração. Quando o bispo de Salisbury apresenta as páginas da suspeita concordância, um dos outros inquisidores as examina e comenta: "Esse homem tem se mantido mais bem ocupado do que a maioria de nossos padres".

Nesse ponto, Marbeck dá sua cartada final. Ele pede à corte de bispos que lhe proponha um desafio. Como era sabido, até o momento de sua prisão e o confisco de seus papéis, a concordância só havia atingido a letra L; portanto, se os inquisidores escolhessem uma série de palavras mais à frente no alfabeto e Marbeck compilasse as entradas — sozinho na prisão —, ele provaria ser plenamente capaz de trabalhar sem cúmplices. O júri consentiu. Marbeck recebeu uma lista de termos para indexar, junto com uma Bíblia inglesa, uma concordância em latim e material para escrita. No dia seguinte, a missão havia sido cumprida com êxito.[13]

Marbeck foi perdoado, mas os rascunhos de sua concordância foram destruídos. Mesmo assim, inocente e intrépido, ele recomeçou o trabalho e, sete anos depois da prisão, pôde publicá-lo sem controvérsias. O prefácio, porém, trazia uma nota de advertência: o corista afirmava que havia usado "a tradução mais avalizada" para que nenhuma doutrina herética se insinuasse na obra. Ademais, declarou que não havia "alterado ou acrescentado nenhuma Palavra à Bíblia mais que Sagrada". Nada acrescentado, alterado ou retraduzido. Marbeck ainda viveria por mais quatro décadas, um organista e compositor cuja vida foi poupada porque sua concordância era apenas, escrupulosamente, isto: uma lista completa de palavras e suas ocorrências, sem qualquer interpretação e, portanto, sem heresia.

Por outro lado, vamos dar uma espiada nas páginas finais de um livro de história do fim do século 19. A obra é *Feudal England* [Inglaterra feudal], de autoria de J. Horace Round. Grande parte do estudo de Round pretende corrigir o que ele considera erros acadêmicos de Edward Augustus Freeman, *regius professor* [professor catedrático] de história moderna em Oxford. Freeman é apresentado como a *bête noire* de Round, responsável por graves equívocos no estudo do período medieval. Ao longo de seiscentas páginas, entretanto, a animosidade é difusa. Afinal, é a Inglaterra feudal, e não Edward Freeman, o assunto do livro. Mas no índice o conflito se torna explícito:

Freeman, professor: pouca familiaridade com a *Inquisitio Comitatus Cantabrigiensis* 4; ignora o funcionamento do imposto fundiário [*geld*] de Northamptonshire 149; confunde-se sobre a *Inquisitio geldi* 149; desprezível obra crítica 150, 337, 385, 434, 454; quando erra 151; sua acusação contra Guilherme, o Conquistador 152, 573; sobre Hugh D'Envermeu 159; sobre Hereward [Herevardo, o Vigilante] 160-4; sua história "particular" 323, 433; sua "história incontestável" 162, 476; seus "fatos" 436; sobre o Cartulário de Hemming 169; sobre o sr. Waters 190; sobre a introdução de posses feudais 227-31, 260, 267-72, 301, 306; sobre a *knight's fee* [unidade de medida da terra] 234; sobre Ranulf Flambard 288; sobre a evidência do Domesday 299-31; subestima a influência feudal 247, 536-8; sobre a *scutage* [jugada] 268; ignora a taxa cobrada em Worcester 308; influenciado por palavras e nomes 317, 388; sobre os normandos sob o reinado de Eduardo, o Confessor 318 ss.; seus vieses 319, 394-7; sobre o castelo de Ricardo 320 ss.; confunde pessoas 323-4, 386, 473; suas suposições 323; sobre o nome Alfred 327; sobre o xerife Thorold 328-9; sobre a batalha de Hastings 332 ss.; seu pedantismo 334-9; sua "paliçada" 340 ss., 354, 370, 372, 387, 391, 401; interpreta erroneamente o latim 343, 436; seu uso de Wace 344-8, 352, 355, 375; sobre Guilherme de Malmesbury 346, 410-4, 440; sua supressão de palavras 347, 393; sobre a tapeçaria de Bayeux 348-51; imagina fatos 352, 370, 387, 432; sua suposta acuidade 353-4, 384, 436-7, 440, 446, 448; tem razão quanto à parede de escudos 354-8; seus palpites 359, 362, 366, 375, 378-9, 380, 387, 433-6, 456, 462; sua teoria sobre a derrota de Harold 360, 380-1; suas visões confusas 364-5, 403, 439, 446, 448; sua tendência dramática 365-6; evita dificuldades 373, 454; seu tratamento às autoridades 376-7, 449-51; sobre a ajuda a Arques 384; não compreende táticas 381-3, 387; sobre Walter Giffard 385-6; seu fracasso 388; sua fraqueza peculiar 388, 391; sua esplêndida narrativa 389, 393; seu carisma homérico 391; sobre Harold e seu padrão 403-4; sobre Wace 404-6, 409, sobre Regenbald 425; o conde Ralk 428; sobre William Malet 430; sobre os condados do Conquistador 439; erros e confusões sobre o Domesday 151, 425, 436-7, 438, 445-8, 463; sobre a "Liga cívica" 433-5; seu sonho indomável 438; seu interesse especial por Exeter 431; sobre as lendas 441; sobre Thierry 451, 458; seu método 454-5; sobre Lisois 460; sobre Stigand 461; sobre Walter Tirel 476-7; sobre a ação de Saint Hugh [1197] 528; sobre a Assembleia de Winchester 535-8; distorce o feudalismo 537; sobre a corte do rei 538; sobre a mudança de brasão de Ricardo 540; necessidade de criticar seu trabalho, XI., 353.[14]

Dificilmente se conseguiria imaginar ataque mais vasto e devastador, e ainda assim é difícil não se divertir com ele — por sua impiedade e intensidade obsessiva. É impossível ver suas citações entre aspas — "sua história 'particular'; sua história 'incontestável'; seus 'fatos'" — sem imaginar Round falando, declamando o índice em voz alta, com um sarcasmo injuriado na voz. Esse é o índice remissivo de assunto em sua forma mais drástica, tão diferente da concordância quanto possível. Enquanto o método de Marbeck era meticulosamente neutro, o de Round está no extremo oposto: é *puro* personalismo, pura interpretação. Enquanto a concordância de Marbeck é meticulosa, o índice de Round é parcial. É correto dizer que Marbeck deveu sua vida à diferença entre concordância e índice remissivo de assunto.

Mas o índice de assuntos de Round é uma raridade, uma exceção selvagem. O bom índice de assuntos, ainda que inevitavelmente imbuído da personalidade de quem o compila — seus insights e decisões —, é bem mais discreto. Da mesma maneira que na representação teatral raramente é bom que o observador comum perceba o trabalho por trás da performance, o índice ideal prevê como um livro será lido, como será *usado*, e silenciosa e habilmente oferece um mapa para esse propósito. Espero que parte do que emergirá desta história seja uma defesa do modesto índice de assuntos, atacado pelo avatar digital da concordância — a barra de busca. A concordância e o índice remissivo de assuntos, por coincidência, surgiram no mesmo momento, talvez até no mesmo ano. Ambos nos acompanham há quase oito séculos. Ambos permanecem vitais.

Questão de ordem

Sobre a ordenação alfabética

> *(Paara) se és abecementado, já a esse argilivro,*
> *quão kuriosos os sinais (vamos, paara) nesse*
> *allaphbedo!*
>
> James Joyce, *Finnicius Revém**

No verão de 1977, a revista literária *Bananas* publicou o conto "The Index", do autor britânico de ficção científica J. G. Ballard. A história começava com uma breve nota do editor:

> O texto impresso abaixo é o índice da não publicada e, talvez, suprimida autobiografia do homem que pode ter sido uma das mais notáveis figuras do século 20 [...]. Encarcerado em uma instituição pública desconhecida, provavelmente passou o fim de seus dias escrevendo sua autobiografia, da qual este índice é o único fragmento que restou.[1]

O resto da história — a ascensão e queda de um certo Henry Rhodes Hamilton — vem sob a forma de um índice alfabético a partir do qual o leitor deve organizar a narrativa contando apenas com palavras-chave, breves subtítulos e o sentido cronológico que a numeração de páginas fornece. Essa abordagem oblíqua da narrativa oferece muitas oportunidades para

---

* James Joyce, *Finnicius Revém*. Trad. de Donaldo Schüler. Livro I. Cotia: Ateliê Editorial, 1999, p. 61.

o eufemismo e a ironia. Resta-nos adivinhar, por exemplo, a verdadeira origem de Hamilton a partir destas entradas não consecutivas:

Avignon, local de nascimento de HRH, 9-13.

George v, visitas secretas a Chatsworth de, 3, 4-6; boatos sobre uma ligação com a sra. Alexander Hamilton, 7; suspende a Circular da Corte,* 9.

Hamilton, Alexander, cônsul britânico, de Marselha [...] depressão após o nascimento de HRH, 6; retorno súbito a Londres, 12; primeiro colapso nervoso, 16; transferência para Tsingtao, 43.

As entradas seguintes revelam que Hamilton foi o primeiro entre os machos alfa do século 20:

Dia D, HRH desembarca na praia Juno, 223; condecorado, 242.

Hamilton, Marcelline (*née* Marcelline Renault), abandona o marido industrial, 177; acompanha HRH a Angkor, 189; casa-se com HRH, 191.

Hemingway, Ernest, retrata HRH em *O velho e o mar*, 453.

Incheon, Coreia, HRH acompanha desembarques com general MacArthur, 348.

Jesus Cristo, HRH comparado a, por Malraux, 476.

Prêmio Nobel, HRH indicado ao, 220, 267, 342, 375, 459, 611.

Por outro lado, as inúmeras entradas relacionadas a governantes e figuras religiosas — no início amizades, seguidas de denúncias — dão a entender o cerne do enredo, a megalomania de Hamilton e seu desejo de dominar o mundo.

---

* Boletim semanal para a imprensa da Grã-Bretanha com notícias da corte e da família real.

Churchill, Winston, conversas com HRH, 221; em Chequers com HRH, 235; punção lombar conduzida por HRH, 247; em Ialta com HRH, 298; "cortina de ferro", discurso sobre a, Fulton, Missouri, inspirado por HRH, 312; ataca HRH em debate na Câmara dos Comuns, 367.

Dalai Lama, recebe HRH, 321; dá apoio a iniciativas de HRH com Mao Tsé-tung, 325; recusa-se a receber HRH, 381.

Gandhi, Mahatma, visitado na prisão por HRH, 251; discute o *Bhagavadgita* com HRH, 253; dhoti lavado por HRH, 254; acusa HRH, 256.

Paulo VI, papa, glorifica o Movimento da Luz Perfeita, 462; recebe HRH, 464; atacado por HRH, 471; despreza as pretensões messiânicas de HRH, 487; critica a reforma do pontificado de Avignon iniciada por HRH, 498; excomunga HRH, 533.

Para contar a queda de Hamilton, Ballard agrupa os eventos sequencialmente nas últimas letras do alfabeto, acelerando o ritmo da narração. HRH cria um culto, o Movimento da Luz Perfeita, que o proclama divino, e toma a Assembleia da ONU, convocando uma guerra mundial contra EUA e URSS; é detido e encarcerado, mas depois desaparece, o que leva Lord Chanceler a questionar sua verdadeira identidade. A última entrada é sobre o próprio indexador misterioso: "Zielinski, Bronislaw, sugere autobiografia a HRH, 742; contratado para elaborar o índice, 748; alerta sobre ameaças de repressão, 752; desaparece, 761". A ideia de Ballard é brilhante. Entretanto, em um aspecto fundamental, o conto não dá conta dos índices propriamente, e talvez na verdade nenhuma construção narrativa possa fazê-lo. Ballard sabe que leremos seu índice do início ao fim — de A a Z — e assim atrela a cronologia da história, mesmo que aproximadamente, à ordem do alfabeto, principal sistema de ordenação dos índices. Palavras-chave no início do alfabeto contam os primeiros anos de HRH; sua arrogância se torna patológica entre

Ts e Vs, sua sina é narrada por Ws e Ys. Dois sistemas de ordenação independentes, o alfabético e o cronológico, são, na verdade, em grande parte congruentes aqui: a forma e o conteúdo do índice estão mais ou menos alinhados. Índices não são assim.

Se quisermos entendê-los, temos que mergulhar em sua pré-história para ter noção de quão estranha e milagrosa a ordem alfabética é de fato: uma ferramenta que a gente acha que sempre existiu, mas que surgiu há 2 mil anos, praticamente do nada; um instrumento que usamos todos os dias, mas que uma civilização tão grandiosa quanto o Império Romano pôde escolher ignorar completamente em seu aparato administrativo. Sem esquecer desse curioso hiato, vamos começar não a partir da Grécia ou de Roma, mas de Nova York, não na Antiguidade, mas um pouco mais perto da nossa época.

No dia 10 de abril de 1917, no Grand Central Palace, na esquina da avenida Lexington com a rua 46, a Sociedade dos Artistas Independentes abriu as portas de sua primeira exposição anual. Inspirada no Salão dos Independentes, na França, ele mesmo uma resposta ao rígido tradicionalismo da Academia Francesa, a Mostra dos Independentes de Nova York trazia obras de toda parte, sem seleção de júri e sem premiações. Seu mentor espiritual era Marcel Duchamp, que havia exposto (e removido depois de uma polêmica) seu *Nu descendo uma escada, nº 2* no salão francês, cinco anos antes.

A mostra nova-iorquina trouxe uma inovação que estivera ausente na precursora europeia — uma abordagem que, como disse Henri-Pierre Roché, amigo de Duchamp, estava sendo testada "pela primeira vez em uma exposição": as obras seriam apresentadas em ordem alfabética, de acordo com o sobrenome dos artistas.[2] O catálogo explicava o raciocínio dessa escolha:

A escolha de expor as obras em ordem alfabética, independente do estilo ou suporte, se deve à ideia de libertar a fruição individual do controle de juízos meramente pessoais que estão sempre na base de qualquer sistema de agrupamento.[3]

Beatrice Wood, responsável pela montagem da exposição, descreveu o processo, um tanto caótico, na véspera da abertura, com pinturas surgindo fora de ordem e precisando ser reconduzidas a seus devidos lugares:

E a confusão de ter de lembrar o alfabeto trocentas vezes! Foi relativamente simples até chegar aos Schmidt — em torno de oito no total. Mas bastava decidir que determinada obra deveria ficar em determinado local para alguém dispô-la em outro, e assim foi por uma hora, e cada vez que trocávamos uma tela de lugar, ela se revelava ser um Schmidt. Suspirando, eu tinha de arrastar telas com molduras pesadas pelo salão.[4]

Uma exposição em ordem alfabética. Não é difícil entender a lógica subjacente: cada expositor tem o direito de comprar ("mediante o pagamento de cotas nominais") um espaço para expor sem ser julgado — promovido, agrupado, enterrado — pelos organizadores. O alfabeto é um ótimo nivelador: não há nada implícito por trás dessa ordem. Mas e o público? E *nós* como potenciais visitantes da mostra? E a curadoria, a ideia de que alguma organização intrínseca — por estilo, tema, tamanho — tornará a experiência visual coerente e, portanto, mais satisfatória para os clientes que examinam centenas de trabalhos?

Cem anos depois, podemos dizer que a mostra alfabética não emplacou. Por que não? Como a ideia nos parece agora? Preguiçosa? Deliberadamente boba? Talvez uma abordagem — este é meu palpite — interessante mas ingênua, que negligen-

new york (city). Independent artists, Society of

020. n 48
In 7 an 7

Catalogue

OF THE

1917

First Annual Exhibition

OF

The Society
of Independent Artists
(INCORPORATED)

Grand Central Palace
Lexington Ave. and 46th St.

From April 10th to May 6th, Inclusive

❧

No Jury   No Prizes

❧

Exhibits Hung in Alphabetical Order

O catálogo da Mostra dos Independentes, destacando no título suas três características exclusivas: "Sem júri. Sem prêmio. Exposição em ordem alfabética"

cia rápido demais que uma coleção de arte apresenta conexões, que seus integrantes conferem sentido uns aos outros; que uma montagem com sensibilidade pode revelar alguma coisa a respeito da coleção que transcende a unidade individual. Essa, afinal, é a razão de galerias terem curadores.

Se isso soa verdadeiro, pode esclarecer por que a ordem alfabética, ainda que não fosse desconhecida, era extremamente rara durante o período inicial da Idade Média. Segundo os historiadores medievalistas Mary e Richard Rouse, "a ordem alfabética não agradava à Idade Média, que a considerava a antítese da razão".[5] A mesma aversão que sentimos numa mostra cuja disposição das obras é arbitrária, numa ordenação desconexa, também era sentida por eruditos na Idade Média em relação à forma como as ideias eram organizadas em seus livros:

> Deus criara um universo harmônico, com todas as partes interligadas; era papel do estudioso discernir essas conexões racionais — de hierarquia, cronologia, similaridade e diferença etc. — e refleti-las na estrutura de sua escrita. A ordem alfabética implicava abdicar dessa responsabilidade.

Os Rouse sugerem que havia uma inquietação mais profunda em curso, que abandonar a busca de uma ordem intrínseca era o mesmo que assumir que essa ordem nunca havia existido: "Empregar deliberadamente a ordem alfabética equivalia a um reconhecimento tácito de que cada pessoa que consultasse uma obra poderia rearranjá-la segundo uma ordem pessoal, diferente da dos outros e do próprio autor".

Hoje, ainda que uma exposição de arte em ordem alfabética não nos entusiasme, isso não quer dizer que não nos servimos, e com gosto, da ordem alfabética em outros contextos. Na escola, quando pequenos, ouvimos todo dia nosso nome sendo lido numa chamada por ordem alfabética; mais velhos, percorremos tranquilamente nossa lista de contatos no celular. O que poderia ser mais conveniente? Quando lemos os nomes dos mortos numa lista de memorial, com certeza não pensamos que seus sacrifícios serão diminuídos por seus autores serem homenageados alfabeticamente. Não precisamos nos esforçar para nos servir de uma lista em que a ordem alfabética é o único sistema de organização (como as antigas listas telefônicas) ou acompanha outra categorização especializada ou contexto específico (como as antigas páginas amarelas, em que as entradas eram por setor comercial, e então por ordem alfabética). É um sistema com o qual estamos totalmente familiarizados, que está profundamente enraizado em nós, uma coisa que aprendemos tão cedo que parece autoevidente. Você consegue lembrar de alguém lhe ensinando como procurar um termo no dicionário pela primeira vez? Eu não; nem tenho certeza se alguém me ensinou ou se entendi sozinho. Mesmo assim, de algum jeito, aprendemos uma coisa que nem sempre foi considerada intuitiva.

Em 1604, Robert Cawdrey publicou o que costuma ser considerado o primeiro dicionário da língua inglesa. Como muitos outros livros da época, o título completo, apresentado na primeira página, pode nos parecer extremamente longo e detalhado:

Uma Tabela Alfabética que contém e ensina a escrita correta, a compreensão de palavras usuais difíceis do inglês, emprestadas do hebraico, do grego, do latim ou do francês etc. com suas definições em palavras simples do inglês, reunidas para benefício e auxílio de senhoras distintas, mulheres nobres ou qualquer outra pessoa sem competência. De modo que possam entender melhor e com mais facilidade muitas palavras complicadas do inglês, as quais podem ser lidas em escrituras, sermões ou em qualquer outro lugar, e também que possam usá-las apropriadamente.

Um título difícil de engolir, inclusive o desagradável "senhoras distintas, mulheres nobres ou qualquer outra pessoa sem competência". Mas pelo menos podemos captar a essência da intenção de Cawdrey: que esse livro forneça as definições para empréstimos linguísticos, palavras usadas em inglês mas "emprestadas do hebraico, do grego, do latim ou do francês etc.". É para leitores que não tiveram o benefício da escolarização nessas línguas, a fim de que possam entender tais palavras quando elas surgirem em livros em inglês. Ainda que a maioria dos acadêmicos mencione agora o *Table Alphabeticall* de Cawdrey, abreviar o título assim tem o estranho efeito de nos indicar como o livro é organizado, mas não o seu conteúdo.

Dado que o livro se apresenta em primeiro lugar como um índice alfabético, recebemos com alguma surpresa esta longa explicação, nas páginas iniciais, sobre como deve ser usado:

> Se for de vosso desejo (gentil Leitor) correta e prontamente entender e se beneficiar desta tabela e afins, deveis para tanto aprender o alfabeto, isto é, a ordem das letras como se dispõem, perfeitamente, sem o auxílio do livro, e onde cada letra se apresentará: estando (b) próximo ao começo, (n) no meio e (t) rumo ao final. Então, se a palavra que desejais encontrar começa com (a), olhe no início desta tabela, mas se começar com um (v), olhe no final. Ainda, se a dita palavra inicia com (ca), olhe no começo da letra (c), mas se for com (cu), então busque ao fim de tal letra. E assim por diante até o fim.[6]

O que temos aqui é uma lição de como usar uma lista alfabética, que retoma os princípios fundamentais: primeiro, gentil leitor, você terá que aprender a ordem alfabética — *realmente* aprendê-la — de forma que possa recordá-la "sem auxílio do livro". É um choque e tanto ver quão "sem competência" Cawdrey julga ser seu público! Ele está soletrando o que leitores modernos acharão óbvio: haverá uma relação espacial entre o livro e o alfabeto, de tal modo que entradas que comecem com letras próximas ao início do alfabeto poderão ser encontradas próximas ao início do livro. Mais do que isso: essa organização alfabética é *encaixada*, ou seja, "capaz" aparecerá antes de "culpado" porque ambas as palavras começam com *c*, mas *a* vem antes de *u* e assim por diante.

Na verdade, em 1604, a ordenação alfabética de Cawdrey não era uma novidade. Tampouco seu "como usar", uma vez que instruções semelhantes, ainda que um pouco menos condescendentes, podem ser vistas no prefácio dos dicionários de latim de Papias, o Lombardo (*c.* 1050) e Giovanni Balbi (1286).[7] Entretanto, o que tudo isso demonstra é que a ordem alfabética *não* é intuitiva. Considerar a sequência de letras com as quais soletramos as palavras e usar esse mesmo sequenciamento aplicado a uma coisa completamente diferente — livros na biblioteca, quadros em uma exposição, encanadores do bairro — requer um salto criativo extraordinário. Um salto na arbitrariedade, que abandona qualidades intrínsecas do material que organiza, transformando conteúdo em forma, significado em significante.

O sequenciamento das letras do alfabeto já circulava bem antes de ser adotado em serviços administrativos. Tábuas de argila descobertas no norte da Síria mostraram que a ordem das letras do alfabeto empregada na cidade de Ugarite foi estabelecida na metade do segundo milênio a.C.[8] As tábuas são *abecedaria* [do latim, abecedários], ou seja, fileiras de letras escritas em ordem, provavelmente para auxiliar pessoas aprendendo a ler e a escrever, assim como crianças inglesas e americanas hoje em dia aprendem as letras do alfabeto cantando-as, em ordem, ao som de "Brilha, brilha estrelinha".

O ugarítico era uma escrita cuneiforme cujas letras eram formadas pela pressão de uma lâmina em formato de cunha na argila molhada. A ordenação fonética, entretanto, é espelhada em outro alfabeto similar, o dos fenícios, adeptos do estilo linear na disposição das letras, mais familiar para nós e que permanece no hebraico, no grego e, por fim, no alfabeto latino.

Em hebraico, o mais antigo *abecedarium* descoberto foi uma inscrição em Laquis, na região central de Israel. Esculpido em uma escada de calcário mais ou menos no início do século 9 a.C., traz as cinco primeiras letras do alfabeto ao lado do desenho de um leão com aparência bastante feroz.[9] Supõe-se que, tal como o abecedário ugarítico, tenha sido obra de um aprendiz. Ao anunciar a descoberta numa palestra em Londres logo após a escavação, o arqueólogo Charles Inge sugeriu que era "o trabalho de um jovem estudante que alardeava seus conhecimentos de escrita escrevendo o equivalente a ABCDE até chegar ao último degrau".[10] No século 9 a.C., ao que parece, a ordem alfabética ainda não era nada mais que um auxílio para a memória.

Alguns séculos mais tarde, contudo, vê-se a ordem alfabética sendo usada com propósitos mais surpreendentes. Partes da Bíblia hebraica, como os provérbios 31:10-31, os salmos 25, 34, 37, 111, 112 e 145, são escritas em acrósticos alfabéticos, ou seja, a sequência alfabética determina a primeira letra de cada versículo. O mais notável é o Livro das Lamentações, no qual quatro dos cinco capítulos seguem essa disposição, cada um composto de 22 versículos, o primeiro começando com a letra *aleph*, o segundo com *beth*, o terceiro com *gimmel* e assim por diante até *tav*, a 22ª e última letra do alfabeto hebraico. (No capítulo 3, ao longo dos 66 versos, triplicam-se as condições: *aleph*, *aleph*, *aleph*, *beth*, *beth*, *beth* etc.) A sequência de letras, então, está sendo usada como uma espécie de andaime poético, com o alfabeto — como a rima ou a métrica na poesia moderna — definindo o que é permitido ao poeta.

Há uma tendência difusa de considerar acrósticos, anagramas, lipogramas (a omissão de certas letras) e outros tipos de restrição lexical como intrinsicamente excêntricos, uma afetação que estaria de alguma forma aquém da poesia "séria". Joseph Addison, no início do século 18, exemplifica essa mentalidade quando vocifera que acrósticos eram um meio de "os mais notórios e incontestes estúpidos [...] se passarem por sofisticados autores".[11] No entanto, as Lamentações estão entre as mais sombrias partes da Bíblia hebraica. Escritas no século 6 a.C., na esteira da destruição de Jerusalém, constituem um grito de desespero diante do destino da cidade: "Como se queda solitária a cidade que era repleta de pessoas! Como se tornou uma espécie de viúva!". Questionar sua forma acróstica seria tão absurdo quanto lamentar que os pentâmetros tenham limitado Shakespeare, ou se perguntar quão melhor seriam *Os contos de Cantuária* caso Chaucer não tivesse se preocupado com as rimas. É, de longe, muito melhor se maravilhar com a mente que enxergou na ordem alfabética mais do que um auxílio para estudantes, sendo capaz de experimentá-la para fazer da violenta dor do exílio um catalisador para a criatividade literária.

Entretanto, ainda não chegamos ao momento em que a ordem alfabética será usada como instrumento de busca, em que sua particularidade — isto é, possibilitar que qualquer um que tenha aprendido o *aleph beth gimmel* ou o *alfa beta gama* seja capaz de traduzir a localização nessa escala para a localização em outro lugar, uma lista, um livro ou uma estante — será explorada. Para tanto, é necessário avançar três séculos depois dos horrores das Lamentações e viajar 485 quilômetros a oeste de Jerusalém.

A morte de Alexandre, o Grande, em 323 a.C., deflagrou uma série de guerras civis que dividiram o império entre seus sucessores. O Egito ficou sob o comando de um de seus generais, Ptolomeu I Sóter, fundador de uma dinastia que duraria até a derrota imposta pelos romanos a Cleópatra, cerca de trezentos anos depois. A capital do império era a recém-fundada cidade de Alexandria, onde, por volta do início do século 3, ele construiu uma instituição em que os maiores eruditos da época iriam viver, estudar e lecionar. Era mais ou menos como uma universidade moderna — essa não é a última vez que o desenvolvimento de uma universidade se revelará fundamental aqui em nossa história — e foi dedicada às musas, daí a origem do nome *Mouseion* ou, em latim, *Musaeum*, que dá origem à palavra moderna *museu*. Sua peça central seria a maior biblioteca da Antiguidade, a Biblioteca de Alexandria, que floresceu durante o reinado do sucessor de Ptolomeu, Ptolomeu II — estimativas conservadoras sugerem que tenha abrigado 40 mil pergaminhos (outras fontes estimam meio milhão).[12] Para ser útil, um acervo dessa proporção teria de ser ordenado. Foi um homem chamado Calímaco, armado com as 24 letras do alfabeto, que organizou a biblioteca tentacular.

Hoje Calímaco é mais conhecido por sua poesia, sobretudo por sua elegia a um amigo, o poeta Heráclito de Halicarnasso. Defensor das formas curtas — hinos, elegias, epigramas —, a ele se atribui o chiste "*mega biblion, mega kakon*" ("grande livro, grande mal") para expressar seu desdém pela poesia épica. Contudo, não é seu trabalho como poeta, mas como estudioso, que nos interessa. E aí Calímaco é tido como autor de um livro de fato grande, o *Pínakes*, que dizem ter consumido 120 pergaminhos de papiro. Por muitos séculos se acreditou que Calímaco havia produzido o *Pínakes* enquanto trabalhava como *bibliophylax* — ou guardião da biblioteca. Entretanto, no início do século passado, um fragmento de papiro que parecia listar, em ordem, os bibliotecários mais notáveis foi descoberto nas pilhas de um depósito de lixo de Oxirrinco. O nome de Calímaco não está na lista.[13] Em compensação, consta o nome de um de seus principais discípulos, Apolônio de Rodes, com quem Calímaco tinha uma querela literária e que — coincidentemente ou não — escrevia poesia épica.[14]

Calímaco pode ter sido preterido no cargo de bibliotecário, mas, ao compilar o *Pínakes*, foi quem mais fez pela preservação da memória da biblioteca. *Pínakes* significa simplesmente "Tabela", no sentido de placas ou "tábuas", e o título completo de seu trabalho era *Tabelas de homens ilustres em cada campo do saber e suas obras*. Era um catálogo de todos os trabalhos que havia na grandiosa biblioteca. Para serem úteis, essas tabelas deveriam ser organizadas de tal modo que o leitor que as consultasse pudesse encontrar o que procurava entre milhares de entradas. Ainda que nada reste do *Pínakes*, podemos deduzir seu critério de organização a partir das dezenas de referências fragmentadas encontradas em obras de autores clássicos posteriores que tiveram contato com cópias. A partir delas, sabemos que a obra era organizada primeiramente por gênero — retórica, direito, epopeia, tragédia etc. — e que a última dessas classificações — o grupo genérico "miscelânea" — tinha subdivisões que incluíam *deipna* e *plakuntopoiika*, ou seja, banquetes e confeitaria, como quando Ateneu de Naucrátis escreve, no fim do século 2 d.C., "sei que Calímaco, em sua *Tabela de tratados variados*, registrou tratados sobre a arte de fazer bolos de Egímio, Hegésipo e Metrobius, e também de Festos".[15] Há algo importante a se observar sobre essa lista. Além de revelar que os gregos levavam a confeitaria muito a sério, mostra-nos que, em cada uma de suas classificações, Calímaco organizara os autores em ordem alfabética de acordo com seus nomes.[16] Depois de apresentar sua ordenação em dois níveis — por gênero e, alfabeticamente, por nomes — para que os leitores pudessem localizar um autor, Calímaco ainda fornecia informações mais aprofundadas. Havia dados biográficos: nome do pai, local de nascimento, apelido (útil para autores que possuíam um nome comum), profissão e se haviam estudado com um professor famoso; e então dados bibliográficos: uma lista das obras do autor, com seus *incipits* ou palavras iniciais (já que os trabalhos desse período nem sempre possuíam propriamente um título), e a extensão do texto em linhas. Esse último detalhe era importante nos tempos anteriores à impressão, porque permitia aos bibliotecários decidir se teriam uma cópia integral de determinada obra, assim como possibilitava aos livreiros estimar o custo de providenciar uma cópia.

Há uma forte suposição de que o título do catálogo de Calímaco poderia se referir às tabuletas penduradas nas caixas em que se arquivavam pergaminhos — números de tombo, basicamente, um cadastro do exemplar indicando seu conteúdo. Se assim for, então *"pínakes"* nos diz algo importante sobre a maneira como os futuros índices funcionariam: a relação espacial estabelecida entre referência e referente; algo *aqui* indica algo *lá*. Um título no catálogo apontava seu correspondente nas estantes.

Agora, uma breve digressão sobre o modo como os pergaminhos eram armazenados numa biblioteca da Antiguidade: além de uma tabuleta pendurada acima da prateleira para localizar o que se procurava, os gregos identificavam cada pergaminho individualmente. (Sobrecapas, lombadas e mesmo folhas de rosto — métodos que usamos para identificar determinado livro com rapidez — são relativamente recentes, tendo não mais do que alguns séculos de existência, e fundamentalmente devem-se ao surgimento do *codex*, ou seja, ao livro como o conhecemos hoje, com folhas que podemos virar, reunidas e costuradas na lombada.) Para identificar um pergaminho sem ter de desenrolá-lo, uma pequena etiqueta — um rótulo com nome — era colada ao rolo em leve relevo, exibindo o nome do autor e o título da obra. Era conhecido como *sittybos*, ou mais comumente *sillybos* (de onde derivou em inglês o termo *syllabus*, usado para descrever o programa de um curso).

Quando Cícero, o grande estadista e orador romano, decide organizar sua biblioteca pessoal, é preciso colar essas etiquetas em cada rolo. Ele escreve a seu amigo Ático:

> Seria um prazer que você viesse nos visitar. Verá que Tirânio fez um trabalho excepcional ao organizar meus livros. O resultado foi muito melhor do que eu esperava. E eu seria grato se pudesse me enviar dois de seus bibliotecários para ajudar Tirânio com a colagem e outros procedimentos, pedindo-lhes para trazer um pouco de pergaminho para as etiquetas, ou *sittybae*, como acho que as chamam na Grécia.[17]

Como Ático viveu em Atenas grande parte de sua vida, Cícero se referiu às etiquetas de pergaminho empregando o termo grego *sittybae*. Na carta seguinte, no entanto, conta ter ficado admirado com o trabalho que os bibliotecários fizeram. A imagem que descreve aqui, com a organização das estantes trazendo vida à casa toda, é maravilhosa, mas prestemos atenção à palavra que Cícero usa para se referir às etiquetas. Dessa vez ele não usa o grego:

> E agora que Tirânio pôs meus livros em ordem, minha casa inteira parece ter ganhado vida. Seus Dionísio e Menófilo fizeram um trabalho maravilhoso. Suas estantes são a última palavra em elegância agora que as etiquetas [*indices*] iluminaram os volumes.

Vemos assim que, para um romano, um índice significava um rótulo, uma etiqueta para identificar um pergaminho. Não eram índices no sentido moderno. Ainda não. Mas estamos quase lá: indicavam o conteúdo; auxiliavam a encontrar o que se procurava em uma vasta biblioteca. Nesse meio-tempo, nos países de língua inglesa pode-se discutir se indices na forma latina, ou indexes, na anglicizada, é o plural correto em inglês, mas ao menos a história não elegeu a forma grega: *sillyboi*, que é homófono a "menino bobo" (*"silly boy"*, em inglês).

Voltando à Biblioteca de Alexandria, não podemos dizer com certeza se o princípio da ordenação alfabética foi invenção de Calímaco ou de seus colegas do *Mouseion*. Ainda assim, dadas a ausência de evidências anteriores e as exigências consideráveis impostas pelo acúmulo de informação em uma escala sem precedentes, parece, como na comedida frase de Lloyd Daly, "uma hipótese razoável e atraente".[18] A vastidão da Biblioteca — o big data da Grécia antiga — exigiu uma virada tecnológica ainda maior: do abecedário à lista alfabética, do *conhecimento* da ordem alfabética a seu *uso*. O uso da ordem alfabética representa um enorme salto intelectual: a recusa em organizar o material de acordo com suas características intrínsecas em favor de um sistema mais padronizado, arbitrário. A vantagem é a adoção de um sistema universal, baseado em informações que qualquer pessoa já alfabetizada possui de antemão e que pode ser aplicado a qualquer campo, subdividindo praticamente tudo em seções mais fáceis de manejar. No mínimo, aplicando-se a ordenação apenas à letra inicial, o alfabeto grego fornecia 24 intervalos distintos entre os quais dividir o total, um notável avanço para facilitar a busca de informações. (Isso não funciona apenas para informações independentes, como as de listas. Outra inovação do *Mouseion* foi separar os épicos de Homero, a *Ilíada* e a *Odisseia*, nos 24 livros em que os lemos hoje em dia. Um trabalho um pouco posterior atesta que esse número era significativo: os poemas foram divididos "pelo número de letras do alfabeto, não pelo próprio poeta, mas por gramáticos associados a Aristarco". Aristarco foi guardião da Biblioteca mais ou menos um século depois de Calímaco.)[19]

No mundo grego, esse uso da ordem alfabética se difundiu além da esfera acadêmica e suas listas de livros, passando à administração pública, a práticas de culto, ao comércio. Uma coluna octogonal encontrada na ilha de Cós, datada do fim do século 3 a.C., lista membros do culto a Apolo e Hércules, com instruções de que a lista deveria ser mantida "de acordo com as letras ordenadas a partir do *alpha*".[20] Em Acrefnia, na Grécia continental, duas pedras datadas do início do século 2 a.C. listam dezenas de espécies de peixes e seus preços. Os peixes estão em ordem alfabética.[21] E contas de arrecadação de taxas da Grécia antiga foram encontradas entre as pilhas de lixo de Oxirrinco com os credores agrupados alfabeticamente por nome.[22] Ademais, a estátua do dramaturgo Eurípedes, descoberta em Roma e agora no Louvre, retrata o dramaturgo sentado à frente de uma lista alfabética de suas peças.

Por mais que a Roma antiga estivesse familiarizada com a ordem alfabética, não ficou lá muito impressionada. Ela era usada em alguns trabalhos acadêmicos, mas não com o mesmo entusiasmo visto no mundo grego. Uma noção pejorativa — a de que essa ordem seria usada apenas quando não houvesse outra melhor — sempre a acompanha. Tomemos Plínio como exemplo. Nas linhas finais da seção sobre pedras preciosas em sua imponente *História natural*, ele explica como os itens remanescentes serão classificados: "Agora que as principais pedras preciosas foram classificadas conforme sua cor, as demais serão consideradas por ordem alfabética".[23]

Esta estátua de Eurípedes data do século 2 a.C. Atrás do dramaturgo há uma lista de suas obras em ordem alfabética

O alfabeto se encarregará do que sobrou, do resto, depois que os itens importantes já foram classificados mais apropriadamente. Além disso, a ordem alfabética não migrou da academia para a administração pública, como aconteceu no mundo de língua grega. Em uma sociedade tão grandiosa e altamente organizada como o Império Romano, poderíamos supor que a ordenação alfabética seria indispensável. Mas não foi esse o caso.[24]

A primeira aparição da ordem alfabética no latim não ocorre num trabalho acadêmico, mas numa comédia de enganos. Escrita por volta do início do século 2 a.C., *A comédia dos burros*, de Plauto, é sobre um velho, Deméneto, e suas tentativas de enganar a esposa, Artemona, para dela arrancar uma soma que compre a liberdade de certa prostituta, de modo que esta se case com o filho dele, Argiripo. No clímax da peça, Artemona invade o bordel e encontra pai e filho na farra com a senhorita em questão. Indignada, ela exclama: "Isso explica por que ele sai para jantar todos os dias. Diz que foi convidado por Archidemus, Chaerea, Chaerestraus, Clinia, Chremes, Cratinus, Dinias, Demosthenes".*[25] O que a ordem alfabética possibilita aqui, claro, é uma piada: há oito álibis na lista de Artemona, oito vezes que Deméneto mentiu para a esposa alegando estar com amigos, e estamos apenas nos Ds. Aos espectadores cabe calcular a escala da ofensa. Não existem exemplos anteriores no latim, mas temos que presumir que a plateia estava suficientemente familiarizada com o princípio para entender a piada. Mais tarde, no volume VII da *Eneida*, de Virgílio, quando os guerreiros da Itália estão reunidos para expulsar de sua costa os recém-chegados troianos, a ordem

---

* Mantivemos a grafia dos nomes na forma latina para preservar a sequência alfabética, fundamental para a argumentação do autor.

em que são descritos os líderes locais é familiar: Aventinus, Catillus, Coras, Caeculus...[26]

Como um aparte, então, constatamos que existe um pequeno mas intrigante gênero literário — que podemos chamar de literatura alfabética — que vai desde o *Livro das Lamentações*, passando por Plauto e Virgílio, até obras modernas como "The Index", de Ballard, ou *Alphabetical Africa* [África alfabética], de Walter Abish. Nem tudo nessa categoria, contudo, é o que parece. Em *Os crimes ABC*, de Agatha Christie, após o assassinato de Alice Ascher, de Andover, Betty Barnard, na praia de Bexhill, e Carmichael Clarke, em sua casa em Churston, a polícia corre a Doncaster para evitar o próximo crime. Nesse caso, porém, a vítima é um barbeiro chamado George Earlsfield: a sequência foi interrompida. Não apenas isso: como Poirot deduz, o assassino não é o primeiro suspeito, Alexander Bonaparte Cust, sr. A.B.C., mas sim um certo Franklin Clarke, irmão da terceira vítima, cuja única motivação era a ganância e que arquitetou os assassinatos alfabéticos como estratégia para lançar suspeitas sobre o outro homem.

Voltando à Roma antiga: os romanos podem não ter dado as boas-vindas de coração à ordem alfabética, mas, para determinado tipo de trabalho, ela teve uma utilidade que a fez persistir. Nos escritos de gramáticos, em glossários, léxicos e tratados que explicavam o funcionamento da linguagem, a ordem alfabética — pelo menos aplicada à primeira letra — perdurou na era clássica e foi além. Ou seja, quando o assunto é a linguagem em si, quando as palavras estão sendo consideradas *enquanto palavras* — em listas de substantivos e suas formas de declinação, por exemplo, ou em abreviações que os leitores podem achar em determinado tipo de literatura —, encontramos listas alfabéticas ao longo de todo o primeiro milênio da era cristã. A ordem alfabética é usada no *Léxico* (século 9) de Fócio, na Suda

— a grande enciclopédia do século 10 do mundo clássico — e no dicionário de Papias, já mencionado, que aprimora a precisão do ordenamento ao incluir até a terceira letra de cada verbete. Na Inglaterra, glosas anglo-saxônicas que listam seus termos em ordem alfabética podem ser encontradas cedo, no início do século 9.[27] Então seria exagerado dizer que, quando o primeiro grande índice de livros surge, no meio do século 13, sua organização teria sido inédita: era mais uma reabilitação de algo que por um milênio havia caído no esquecimento.

Porém, se um índice deve listar seus termos em ordem alfabética, ainda resta a questão: qual seria o alfabeto? As páginas de abertura do índice de *Orthographie*, de John Hart, um livro da metade do século 16, quando a ordem alfabética já seria um recurso familiar aos leitores, mostram uma ordenação revista que põe as vogais no começo. Ignorando os garranchos e as palavras sem sentido, olhando apenas para a sequência — a, e, i —, fica claro que há uma ordem alfabética ali, embora idiossincrática. Por que começar com as vogais? Em que ordem estão as consoantes? O que são essas letras desconhecidas?

O título do livro é *An Orthographie, conteyning the due order and reason, howe to write or paint thimage of mannes voice, most like to the life of nature* [Uma ortografia, contendo a devida ordem e razão, como escrever ou representar a voz humana de forma mais natural]. Trata-se de uma convocação para a reforma ortográfica que alinharia escrita e pronúncia. Como Hart se esforça para transcrever a linguagem oral do século 16, seu trabalho é um texto fundamental para o moderno movimento Shakespeare in Original Pronunciation [Shakespeare em sua pronúncia original]. Apropriadamente, Hart parece encontrar eco — ainda que um eco não muito simpático — em *Trabalhos de amor perdidos*, quando o ridículo Holofernes reclama que as pessoas deveriam pronunciar as palavras exatamente conforme sua ortografia:

Esses carrascos da ortografia, que, por exemplo, pronunciam *dout*, em lugar de pronunciarem *doubt*; *det*, ao invés de *debt*, *d*, *e*, *b*, *t* e não *d*, *e*, *t*; que dizem *cauf* por *calf*; *hauf* por *half*; que *neighbour* vocatur *nebour* e que abreviam *neigh* em *ne*. Isso é *abhominável* (ele pronunciaria abominável). É de fazer um homem ficar insano. (Ato 5, cena 1)*

Hart, por outro lado, quer que escrevamos da maneira como falamos e, para demonstrar o que isso significa, seu pequeno livro contém uma análise do inglês falado, identificando os sons que as pessoas emitiam na realidade. Muitos deles, é claro, já são representados por letras no alfabeto romano, mas o autor observa que algumas letras são desnecessárias: adeus ao *j*, *w*, *y*, *c* e *q*. Mais importante, ele observa que há certos sons que não podem ser divididos em unidades menores, mas que ainda não possuem letras próprias. Assim, alguns caracteres adicionais precisariam ser inventados para sons como *sh* e *th* (tanto sonoros, como em "*then*", quanto surdos, como em "*thin*").

Para mostrar que não estava de brincadeira, Hart escreveu todo o último terço do livro em sua ortografia simplificada. É um truque engenhoso: se os leitores quiserem terminar o livro, terão de se adaptar ao sistema de escrita e, desse modo (com sorte), descobrir que não é, nem de longe, tão confuso quanto parece. Quando se trata do índice, Hart inclui uma nota sobre

---

* William Shakespeare, *Obra completa, Comédias — Peças finais*. Trad. de Oscar Mendes. Rio de Janeiro: Nova Aguilar, 1988, v. 2, p. 358.

como o seu novo alfabeto deverá ser organizado, cuja tradução está na nota de rodapé.*

O exercício termina como começa, lembrando aos leitores que o índice que segue será organizado seguindo novos princípios. A ordem alfabética não é a que os leitores aprenderam na escola. Hart afirma que a lista está "organizada e definida" segundo as regras de sua nova ortografia, que é, em outras palavras, uma nova ortografia nativa (*niu-speling nativ*) criada sob o novo sistema. Com isso, Hart se poupou um esforço extenuante. Alternar dois critérios — dois alfabetos — poderia, afinal, ser um processo problemático.

Fogo pálido, de Vladimir Nabokov, lançado em 1962, é um romance travestido de poema, ou melhor, um romance sob a forma de edição crítica, o poema principal começando e terminando com um aparato editorial: introdução, notas, índice. O poeta é John Shade, falecido há pouco, membro de longa data do corpo docente do Wordsmith College, na pequena cidade de New Wye, nos Apalaches; o editor é seu colega e vizinho Charles Kinbote, recém-chegado de uma travessia do Atlântico; e o romance brinca com a relação literária entre eles, já que Kinbote faz o que nenhum editor deveria fazer: ofusca seu autor e rouba os holofotes para si. Nas notas finais, que vão ficando crescentemente hostis, ferinas e narcisistas, Kinbote por fim deixa o poema de lado para contar sua absurda história de monarca exilado, Charles, o Amado, deposto e expulso de Zembla, sua terra natal.

---

* Um aviso referente à ordem da tabela que segue. Uma vez que as consoantes e vogais já foram classificadas, manteve-se a mesma sequência: isto é, em primeiro lugar *a, e, i, o, u*; depois os quatro pares oclusivos: *b, p*; *d, t*; *g, k*; e *dj, tch*. Então os três pares fricativos, isto é, *th* [sonoro como no caso de *then*, em inglês], *th* [surdo, também em inglês, como em *thin*]; *v, f*; e *z, s*. Depois as cinco semivocálicas *l, m, n, r* e [silábica] *l*, e as duas aspiradas *sh* e *h*; ademais, não se incluíam na ordem anterior utilizada essas novas letras. Por isso essa tabela é disposta na seguinte ordem. (N.A.)

O índice, supostamente compilado por Kinbote, mantém seu tom irascível e queixoso. Rivais acadêmicos são arrogantemente esnobados na extensa entrada sobre o próprio Kinbote — "seu desprezo pelo professor H. (não indexado), 377 [...] sua ruptura final com E. (não indexado), 894 [...] sacudindo de rir com uma fofoca no livro de faculdade do prof. C. (não indexado), 929" — enquanto a esposa de Shade, Sybil, presença forte no poema, é desprezada por ciúmes em uma única linha desdenhosa: "Shade, Sybil, esposa de S., passim". Pairando acima disso tudo está o próprio Nabokov, de modo que uma sarcástica e hiperdetalhada entrada como "Marcel, o cheio de manias, desagradável e nem sempre verossímil personagem principal, mimado por todo mundo, de *Em busca do tempo perdido*, 181, 691" é ao mesmo tempo puro Kinbote em seu fraseado e uma provocação metaficcional sobre o cheio de manias, desagradável e nem sempre verossímil personagem principal de *Fogo pálido*.

Fogo pálido termina com uma entrada incompleta no índice: "Zembla, distante terra setentrional". Em uma entrevista concedida no ano em que o romance foi publicado, Nabokov ampliou o significado desse final: "Ninguém percebeu que meu narrador cometeu suicídio antes de concluir o índice do livro. A última entrada não tem referência numerada".[28] Zembla não tem localizador. Não é localizável, podendo não estar em parte alguma, a fantasia de uma mente delirante, como também por toda parte, pervasiva, um substituto idealizado da pátria perdida, a Rússia de Kinbote — e de Nabokov.[29] É um final devastador e pungente, que nos deixa sem chão, uma guinada em comparação à euforia, ao ridículo e à comédia de humilhação que veio antes. Mas essa transição, ainda que abrupta, mesmo assim é notavelmente discreta. A forma de índice permite a Nabokov esconder seus mecanismos, dissimulando a manipulação emocional em jogo. A ordem alfabética reivindica sua inocência:

é apenas arbitrariedade o fato do Z, de Zembla, vir depois de todas as outras letras que nos trouxeram até esse ponto, uma entrada inacabada, refletindo a saudade e a loucura do exílio.

Não há, é claro, nada de arbitrário aqui, e sim um truque, o mesmo de Ballard: alinhar as necessidades da narrativa, do enredo e da recompensa emocional com as posições do alfabeto. Porém, e se, após se determinar que o romance deveria terminar nessa nota específica, Zembla *não viesse* no fim do índice? Foi a viúva de Nabokov, Vera, quem primeiro traduziu *Fogo pálido* para o russo.[30] Foi Vera, portanto, quem primeiro se deparou com o problema espinhoso: a ordenação do alfabeto cirílico é diferente da do romano. Em russo a letra З, o equivalente ao Z, é a nona de 33 letras. Dada a história de emigração forçada de Nabokov — e da própria Vera —, a tradução russa de *Fogo pálido*, sobretudo seu momento final de nostalgia insuportável, é profundamente pungente. No entanto, devido à diferente organização dos dois alfabetos, o artifício simplesmente não funciona. Aquela distante terra setentrional estaria próxima do início. Para *Fogo pálido* ter o mesmo final no russo, Vera teria que encontrar um meio de associar Zembla e suas conotações de perda a uma palavra que começasse com Я, a última letra do alfabeto cirílico.

No canto três do poema central de *Fogo pálido*, Shade medita sobre a iminente vida após a morte, especificamente sobre "como não entrar em pânico ao ver-se transformado em um fantasma". Um dístico o encontra elucubrando: "Como localizar no escuro, em sobressalto,/ A Bela Terra, orbícula de jaspe" (vv. 557-8) — em outras palavras, como encontrar o caminho para a bela terra, ou a esfera de pedra preciosa. Nas notas de rodapé malucas de Kinbote, esse é "o mais adorável dístico do canto" — ele está pensando, presumo, não no paraíso, mas em sua terra natal. Assim, quando Vera traduz "orbícula de Jaspe" como ячейка яшмы (célula de jaspe), ela tem o material que precisa. A tradução de Vera termina com a entrada de índice incompleta:

ЯЧЕЙКА яшмы, Зембля, далекая северная страна
[Célula de jaspe, Zembla, uma terra distante ao norte]

É uma solução elegante. Quebra as regras, introduzindo um elemento extra, mas permite à tradutora repetir o truque original de Nabokov, manipulando a ordem em um novo alfabeto e possibilitando que o autor novamente dê a palavra final. Mas a maestria e o subterfúgio necessários para garantir que a trajetória emocionante do romance permaneça a mesma deveriam ser um lembrete de que o índice não é uma forma adequada à narrativa. Ele é difícil de penetrar. Seu compromisso não é com o autor, mas com o leitor, e com a ordem arbitrária do alfabeto.

Os nascimentos do índice

Pregação e ensino

> *Mas depois de passar das escolas para o claustro, você se tornou um homem inculto que despreza as letras, evitando a leitura e o ensino.*
> Alexander de Ashby,
> *De artificioso modo predicandi*

"*Ky bien pense bien poet dire.*" Um verso que pratica exatamente o que prega: é difícil vertê-lo para outro idioma sem comprometer seu ritmo, concisão e clareza de raciocínio. "Quem bem pensa bem se expressa", talvez. Parece dar conta. É o verso que abre o longo poema *Chasteau d'amour* [O castelo do amor], que elabora a ideia cristã da redenção em chave cortês, explica a crucificação com uma alegoria de príncipes e princesas narrada em dísticos anglo-normandos elegantemente rimados. Foi escrito na primeira metade do século 13 por Robert Grosseteste. Podemos ver o poeta na iluminura que acompanha o poema, cujo manuscrito se encontra no Palácio de Lambeth. Lá está ele, sentado à esquerda, o longo dedo indicador em riste, o gesto clássico do contador de histórias. Talvez esteja declamando esse mesmo poema para o público a seus pés, que parece arrebatado. As mulheres levam a mão ao peito; um homem ergue a mão com espanto (ou talvez em dúvida). O ouvinte à direita olha para o alto com devoção, fixando os olhos em Grosseteste. Apenas um pelicano enorme, empoleirado entre as árvores, quebra aquela conexão, talvez simbolizando o público desrespeitoso ao olhar insolente e voluntarioso para fora da cena.

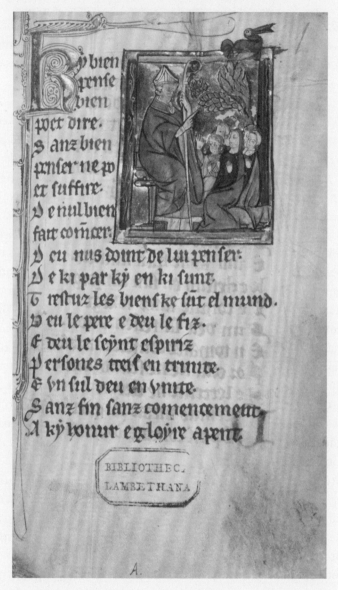

Representação de Grosseteste pregando para uma multidão, extraída de um manuscrito de seu poema *Chasteau d'amour*, do século 13

Mas aos poucos ele se esfuma, sua coloração se esvai conforme reemergem as bordas originalmente vermelhas e douradas, como se o manuscrito exigisse uma lenta punição para o pecado da desatenção.

Quem bem pensa bem se expressa. Um claro adágio — que pode servir de lema a qualquer um que inicie uma carreira como orador ou pregador. Aliás, serviria como epitáfio perfeito para o próprio Grosseteste, um dos grandes polímatas da Idade Média inglesa, um homem que foi tanto professor quanto pregador, reitor de Oxford e bispo de Lincoln (por isso a mitra e o báculo na iluminura). Um poeta, claro, mas também estadista, matemático e religioso reformista. Traduziu do grego Aristóteles, foi o primeiro a defender que os arco-íris são causados pela refração da luz, imaginou o nascimento do universo como uma esfera luminescente em expansão, usando a ciência e as Escrituras e fundindo-as numa espécie de teoria do Big Bang em que ainda havia espaço para que Deus iniciasse tudo com seu "Faça-se a luz". Não é de surpreender, então, que ele tivesse inventado — *tivesse precisado* inventar — um método para impor ordem à abrangência de suas leituras. Seu grande índice — ou *Tabula* — salva o cosmos do caos ao categorizar os conceitos que ele descobriu, tanto em patrística como em escritos pagãos, mantendo ideias similares agrupadas e arquivando suas localizações para referência futura. Uma mente enciclopédica precisa de um índice enciclopédico para dotá-la de estrutura.

A necessidade, portanto, é a mãe da invenção. Mas seria errado tomar Grosseteste por um homem fora de seu tempo, isolado de sua cultura. A necessidade que dá origem à sua *Tabula* não é prerrogativa dele, mas a versão de uma necessidade que entra em foco em sua esfera de atuação. No século 13, as ferramentas para criar um índice — o códice e a ordem alfabética — já estavam disponíveis havia tempos. A centelha que os uniu veio de duas formas de bem falar: o ensino e a pregação. Ambos assumem uma importância renovada no final da Idade Média graças ao advento de duas instituições: as universidades e as ordens mendicantes, os frades — dominicanos e franciscanos — que viviam e pregavam entre a população comum. Nessas instituições há uma demanda crescente por novas e mais eficientes formas de leitura — de *usar* o livro — que veiculem seus respectivos discursos, a palestra e o sermão. Estamos prestes a testemunhar o nascimento do índice, ou melhor, os *nascimentos* do índice, pois duas versões da mesma ideia surgem simultaneamente: uma em Oxford, outra em Paris. Consideradas em conjunto, ambas podem nos dizer alguma coisa sobre o índice em nosso momento atual, o século 21, a era da busca. As duas estabeleceram os eixos que usamos para pensar a indexação: palavra versus conceito, concordância versus índice de assuntos, particular versus universal.

Grosseteste representa o universal, sem dúvida. Sua grande *Tabula* é uma tentativa de sintetizar todo o conhecimento dos Pais da Igreja — Agostinho, Jerônimo, Isidoro —, mas também de uma tradição mais antiga e não cristã — Aristóteles, Ptolomeu, Boécio —, em um único meio, um lugar onde os conceitos não são enviesados e aparecem livremente. É o que agora chamamos de índice remissivo de assuntos, um índice de ideias e, como tal, atento ao papel dos sinônimos, capaz de identificar um conceito mesmo onde o texto não o nomeia explicitamente. É também, portanto, um índice *subjetivo*, o trabalho de um determinado leitor que pensa e analisa sua leitura de determinada forma. Conceitos são escorregadios. Fazemos uma escolha quando dizemos que um texto *trata de* algo; que, por exemplo, a história da arca de Noé trata de perdão, ou ira, ou chuva. Por contraste, outro tipo de índice — outro modo de busca — é mais objetivo. Seus termos são simplesmente as palavras encontradas no texto em análise: se o texto usa uma palavra específica, então a palavra consta do índice. Não subjetivo, esse tipo de índice deixa pouco espaço para interpretação — uma palavra está lá ou não. Juntamente com a *Tabula* de Grosseteste, esse tipo de índice — o índice de palavras ou concordância — será o segundo nascimento que testemunharemos neste capítulo. Vamos conhecer nosso segundo criador, Hugo de Saint-Cher.

No convento de San Nicolò, em Treviso, na Itália, a poucos quilômetros de Veneza, uma série de retratos cobre o teto da Sala do Capítulo. Cada um exibe um homem vestindo o manto branco e a capa preta da Ordem Dominicana — os frades negros — sentado à mesa, no ato de ler ou escrever. São as lideranças dos dominicanos. Como um todo, o afresco é uma espécie de hall da fama da ordem em seu primeiro século (ela foi fundada em 1216; o afresco, de Tommaso da Modena, é de 1352). Ele ressalta o comprometimento dos dominicanos com o estudo da Bíblia e o conhecimento, e nenhum retrato transmite isso melhor do que a imagem de Hugo de Saint-Cher. Sentado com tinteiro e pena, ele tem três pesados volumes a seus pés e outro aberto à sua frente. As borlas de seu galero — o chapéu vermelho que indica seu status de cardeal — balançam incômodas entre seu corpo e a página. O cenho está franzido; a expressão, severa. Ele escreve, mas sua atenção é sui generis. A mão esquerda, com o dedo indicador esticado, marca um ponto na página em que ele parece estar refletindo, enquanto o pulso repousa em uma segunda folha de pergaminho contendo observações adicionais. É um ato de escrita sem fluência, profusão, transbordamento de fortes emoções; ao contrário, é paciente, analítico, com o escritor sintetizando ideias de inúmeras fontes. Como se tudo isso não nos bastasse para captar a mensagem, a imagem ainda apresenta outro símbolo atemporal de empenho intelectual: o retrato de Tommaso é a mais antiga imagem conhecida de um homem usando óculos.

Na verdade, esse detalhe final é um erro, um anacronismo. Hugo morreu algumas décadas antes de poder se beneficiar dessa invenção: duas lentes de aumento com alças unidas por um rebite. Mas o afresco nos conta o que Tommaso quer que saibamos a respeito de Hugo: que a leitura e a escrita são componentes essenciais para a imagem que devemos fazer dele. Quem além de Robert Grosseteste — um contemporâneo de Hugo e outro leitor que não viveria o suficiente para usar um par de óculos — seria capaz de, em seu tratado sobre os arco-íris, vislumbrar, desfocadas, as possibilidades que a incipiente ciência da refração ótica poderia abrir?

> Essa parte da ótica, se totalmente compreendida, mostra-nos como podemos fazer com que objetos a uma distância muito grande pareçam próximos, e coisas grandes, situadas perto, pareçam muito pequenas, e permite ver coisas pequenas a uma certa distância do tamanho que desejarmos, de modo que é possível para nós ler as menores letras a uma incrível distância, ou contar areia, ou grãos, ou grama, ou qualquer outra coisa minúscula assim.[1]

Mas aqui Hugo não está contando areia, grãos ou grama. O pincenê nos diz que ele é um homem das letras.

Como escritor, o trabalho de Hugo irá traçar uma órbita estreita em torno da Bíblia. Ele produzirá um conjunto monumental de comentários bíblicos que vão perdurar até o início do período moderno, juntamente com um imenso *correctorium* — uma lista das variações entre diferentes versões das Escrituras — que não resistirá ao tempo. Em paralelo ao impulso centrífugo de um intelecto como o de Grosseteste, a escrita de Hugo oferece um diferencial: paciência, foco. Vamos considerá-lo um

Hugo de Saint-Cher de óculos em sua escrivaninha, no afresco de meados do século 14 de Tommaso da Modena para a Sala do Capítulo no convento de San Nicolò, em Treviso

miniaturista diante do maximalista Grosseteste. Imaginemos Hugo não com uma folha de papel diante de si, mas com uma Bíblia. Mas continuemos a imaginar aquele pincenê, preso anacronicamente ao nariz de Hugo para possibilitar que ele peneire palavras bíblicas como areia, ou grãos, ou grama. Ele será o primeiro a elaborar uma concordância para a Bíblia, a desmembrar o livro e reorganizá-lo num índice alfabético de suas palavras.

Esses são nossos atores, parteiros que entregarão o índice ao mundo — simultânea e independentemente — por volta de 1230. Mas ainda não temos contexto nem enredo que nos conduza ao desfecho. Robert, Hugo: quais eram suas motivações? A *ideia* do índice deveria estar no ar para que duas pessoas, separadas por centenas de quilômetros, chegassem casualmente a ela ao mesmo tempo. Qual é seu contexto, sua necessidade? Quais seus precedentes? Vamos deixar nossos dois heróis fora de cena, esperando na coxia o momento de entrar, enquanto fazemos uma pausa para considerar a *mise-en-page*, a diagramação de nossos livros, a forma como apresentam seus textos.

Imagine um livro. Uma brochura, um romance. Agora imagine uma das páginas, na metade do livro; não o início ou o fim de um capítulo, apenas algum lugar no meio. Em sua imaginação, como é essa página? Uma única coluna larga de texto cercada por espaço em branco? É diagramada de modo tal que os dois lados tenham uma margem reta? Talvez o espaço em branco faça algumas incursões no bloco de texto: uma abocanhada vinda da direita onde termina o parágrafo que não alcança a margem; uma abocanhada pela esquerda, onde o parágrafo seguinte começa. Um número de página — onde? Em cima à direita ou centralizado abaixo do texto principal? E o que temos é mais ou menos isso: uma página padrão de prosa moderna.

CABEÇALHOS PODEM DIZER MAIS DO QUE O TÍTULO DO CAPÍTULO

Exceto por não ser de forma alguma o único padrão. Imagine um tipo diferente de livro. Um livro de referência, uma enciclopédia ou um dicionário bilíngue: um livro que você usaria para consulta, mas dificilmente leria do começo ao fim. O que acontece ao layout da página agora que o livro é usado como recipiente para várias informações independentes no lugar de uma narrativa única e contínua? O texto virá em várias colunas? Talvez contenha muitas abreviações, palavras reduzidas a partículas em itálico, *subst.* para *substantivo*, *m.* para *data de morte*. Talvez esteja salpicado de referências cruzadas, **em negrito**, (entre parênteses). Como as entradas estão destacadas? Com uma fonte diferente ou caracteres maiores? Talvez algum sinal na margem, um ponto • ou uma manícula, aquele dedo indicador à la Monty Python, sinalizando o início de uma nova entrada, uma nova unidade de informação? Provavelmente haverá um cabeçalho curto acima do bloco de texto dizendo o que poderemos encontrar nessa página, ou o quanto já percorremos do alfabeto.

Todas essas características estão relacionadas à nossa história. O índice, afinal, não chegou sozinho; é o caçula de uma família de ferramentas de leitura que pipocaram nas primeiras décadas do século 13. E todas têm uma coisa em comum: são projetadas para otimizar o processo de leitura, para trazer nova eficiência à maneira como usamos os livros. Para entender, então, por que essa família de intrusos chega à página impressa no mesmo momento, precisamos examinar o motivo de tanta pressa.

"Bendito Senhor, que originou a escrita de todas as Sagradas Escrituras para nosso aprendizado; concedei-nos a graça para que possamos ouvi-las com sabedoria, lê-las, marcá-las, aprendê-las e digeri-las."[2] Avançamos agora alguns séculos, chegando a tempo de ouvir o arcebispo da Cantuária nos dizendo para desacelerar. São as palavras de abertura de uma das breves orações conhecidas como "coletas", incluídas por Thomas Cranmer no *Livro de oração comum* (1549) e que deveriam ser ditas como parte do serviço da comunhão. Ouvir, ler, marcar, aprender e digerir: é assim que devemos receber a Sagrada Escritura. De modo geral, os termos dessa salva de conselhos podem ser entendidos literalmente. Os leitores de hoje podem não estar acostumados a marcar — a escrever em — seus livros, como na congregação do tempo de Cranmer, mas a *ouvir, ler, aprender*: isso tudo é claro, previsível. De que outra forma alguém poderia compreender a Bíblia? Mas com *digerir* vem algo mais difícil, mais revelador. Com certeza Cranmer não espera que os fiéis comam seus livros. O que a metáfora implica, então? Nutrição, certamente — as Escrituras fornecem sustento espiritual, assim como a comida fornece sustento físico. Santo Agostinho traça o mesmo paralelo quando escreve a uma comunidade de freiras: "Que não apenas a boca receba o alimento, mas também o ouvido sinta fome da palavra de Deus".[3] Mas a metáfora de Cranmer implica algo mais, que poderíamos chamar de *ruminação*, palavra cujo significado estava na origem ligado à digestão, mas que se estendeu metaforicamente para indicar um processo mental: meditar, refletir.

Ouvir, ler, marcar, aprender e digerir. Um programa específico e detalhado. Afinal de contas, de que modo lemos? Algumas páginas no trajeto de ônibus a caminho do trabalho; durante o horário de almoço, enquanto tentamos ignorar os *plins* e notificações sonoras do celular; aproveitando o tempo antes que o sono nos leve ao fim do dia. Em geral lemos onde podemos. Lemos nos intervalos, enquanto tentamos conciliar trabalho, família — *a vida* — com o estreito espaço do dia. Mas ouvir, ler, marcar, aprender e digerir: implícita nessas palavras, há uma ideia de paciência, de lentidão, uma ideia de abundância de tempo, ou da leitura — a leitura espiritual, ao menos — como uma atividade situada fora de nossa habitual e atribulada corrida contra o relógio. É um apelo a um modo antigo. Como poderíamos ler se tirássemos trabalho e família da equação, se não houvesse o ir e vir diário e tivéssemos poucas distrações, se resumíssemos nossas bibliotecas ao essencial (à Bíblia, talvez a algumas obras teológicas), se ler fosse nossa única responsabilidade, não apenas momentânea, mas por toda a vida? Cranmer — ironicamente, dada a perseguição aos mosteiros que acabara de ocorrer — está nos pedindo para ler ou ouvir os ensinamentos como se vivêssemos no regular e eterno ritmo do tempo monástico.

Nos mosteiros, a leitura está no centro da vida cotidiana. Segundo a regra beneditina, depois de acordar para rezar no meio da noite, os monges deveriam dedicar duas horas à leitura, depois das quais poderiam voltar para a cama ou, "se caso alguém queira ler, que leia para si mesmo de modo a não incomodar mais ninguém".[4] No horário das refeições, um monge era indicado para ler para os outros, que deveriam manter um silêncio absoluto, "de forma que nenhum sussurro pudesse ser ouvido nem nenhuma outra voz que não a do leitor". Leitura — e escuta — têm prioridade total. A situação é a mesma no convento, onde são Cesário estabelece que se reservem duas horas para a leitura no início da manhã e se nomeie uma leitora para o momento das refeições e da tecelagem diária das freiras. E ai da pobre irmã que adormecesse: "Se alguma ficar sonolenta, a ela deve-se ordenar que permaneça em pé enquanto as outras estão sentadas, a fim de que seja banido o peso do sono".[5] A atenção era compulsória. As Escrituras não deviam ser um ruído de fundo, um rádio esquecido discretamente num canto. Na tradição monástica, leitura é meditação, não um meio de adquirir conhecimento, mas um fim em si, eternamente repetido ao longo da vida de ordenada devoção, de devotada ordem.

E embora leitores monásticos na Idade Média talvez digerissem as Escrituras, eles comiam, por assim dizer, com a boca aberta. Leitura meditativa envolvia mais sentidos do que apenas a visão. Como escreve o historiador Jean Leclercq, ele mesmo um monge beneditino, "na Idade Média, em geral lia-se em voz alta, ao menos num sussurro, e consequentemente ouvindo as frases que os olhos viam".[6] Ler implicava uma sensibilidade à imagem do texto conforme o dedo percorria a página, à memória muscular que as palavras deixavam nos lábios ao serem sussurradas, ao som das palavras murmuradas em voz alta. Ao lembrar de seus primeiros encontros com Ambrósio, bispo de Milão, no fim do século 4, Agostinho diz ter notado o modo particular como Ambrósio lia: "Seus olhos percorriam rapidamente as páginas e seu coração escrutinava seu significado — ainda que sua voz e boca permanecessem em silêncio".[7] Tal atitude — ler em silêncio — não é normal, e Agostinho se pergunta o que poderia ter levado Ambrósio a adotar tal prática. (Seria para preservar a voz? Ou uma estratégia para evitar discussões indesejadas sobre o texto que estava lendo?) Não é assim com Jean de Gorze, no século 10, que absorto na leitura dos salmos emitia um suave zumbido *in morem apis*": à maneira de uma abelha.[8] É o imersivo e sensório engajamento de Jean, o zangão, não o silencioso de Ambrósio, que constitui o modelo da leitura monástica na Idade Média.

Mas leitores não seriam como abelhas para sempre. Um século depois dos zumbidos de Jean, as reformas centralizadoras do papa Gregório VII demandaram um clero mais profissional. Os clérigos agora deveriam ser administradores capacitados, versados não apenas nas Escrituras, mas também nos princípios da contabilidade e do direito. Um decreto papal de 1079 determinou que as catedrais estabelecessem escolas para a formação dos padres e, embora essas escolas funcionassem em grande parte sob o controle de um único professor, com os alunos dispostos a viajar longas distâncias para estudar com um mestre de prestígio, às vezes a demanda superava a oferta. Em alguns centros — Bolonha, Paris, Oxford, Cambridge —, estudantes e mestres começaram a integrar o que eram essencialmente guildas, que intitularam *universitas scholarium* ou *universitas magistrorum et scholarium*. Nascia a universidade.[9]

Enquanto o foco do ensino nos mosteiros era a contemplação silenciosa, nas escolas e universidades, onde os estudantes se preparavam para carreiras na administração religiosa ou laica, novos métodos de ensino passaram a ser adotados. Debates, argumentos de autoridade, leitura em voz alta de comentários (um formato com um nome agora familiar: *lecture* [conferência]): o ensino acadêmico privilegiaria a demonstração externa em vez da revelação interior, a agilidade intelectual em vez da meditação infindável. Leitores universitários exigiriam novas ferramentas, novas estratégias para encontrar com eficiência trechos do texto — uma palavra, uma frase — em meio ao bloco de prosa.

Além disso, ao longo do século 12, diante de uma população urbana cada vez mais desenraizada e da ameaça de seitas heréticas, a Igreja se convenceu da necessidade de uma nova ênfase na pregação. Surgiu um novo modelo de ordem religiosa: os mendicantes. Franciscanos e dominicanos, vivendo na pobreza, não monges, mas frades — palavra que surge a partir de *freres*: irmãos —, não isolados em remotos mosteiros, mas trabalhando em meio à população, evangelizando e pregando, não em latim, mas na linguagem cotidiana das pessoas. Um foco renovado em comunicação e persuasão — no sermão — que exigia uma agilidade textual equivalente à praticada nas universidades. O mesmo modo rápido e ordenado de pensar as Escrituras: quem bem pensa bem se expressa. Pregadores e professores: os livros teriam de se adaptar às necessidades desses novos leitores. Suas páginas precisariam ser remodeladas, codificadas cromaticamente, salpicadas de marcações e divisões, projetadas para fornecer informação — destrinchada, identificada — de forma eficiente. Novas ferramentas, primeiro a *distinctio*, depois o índice, iriam oferecer a esses leitores ágeis e exigentes, não caminhos, mas uma solução instantânea e não linear — um *buraco de minhoca* —* através das Escrituras.

Em primeiro lugar, entretanto, o texto precisa ser subdividido. O sumário de Plínio funciona porque sua *História natural* é dividida em 37 livros. Convenientemente, a Bíblia, claro, é constituída de modo similar, composta dos livros do Antigo e do Novo Testamento — e algumas referências medievais se valem apenas disso. Uma nota à margem de uma citação, "Ezequiel disse", informa aos leitores que a passagem é do Livro de Ezequiel. Mas e se alguém quisesse realmente procurá-la? Ezequiel não é de forma alguma um livro curto. Lembremos da cena imaginada com o imperador Tito resignando-se irritado com a ineficácia de sua busca. Para não sentirem frustração semelhante, os pregadores e professores do século 13 vão precisar de uma pista melhor do que simplesmente "Ezequiel disse" para se aproximar do destino desejado. Alguma coisa mais granular do que o livro, um sistema que possa ser compartilhado entre toda a comunidade acadêmica.

A próxima imagem mostra a primeira página de um comentário sobre o Evangelho segundo são Marcos, produzido no último quarto do século 12 e agora conservado na Biblioteca Britânica. Basta olhar — os algarismos romanos descendo pela margem esquerda, as passagens um tanto curtas ao lado

---

* Expressão usada na física que explica, por analogia, a especulação topológica sobre um suposto atalho cósmico que une diferentes pontos no espaço-tempo.

de cada um deles, a posição inicial —, podemos adivinhar o que é. A linha superior, em vermelho, apresenta essa página como *capitula* — os capítulos — do Evangelho segundo são Marcos. Hoje em dia, nós a chamaríamos de sumário.

Como um sumário moderno, o texto é decomposto em seções dispostas de maneira que cada uma comece em uma nova linha; as iniciais maiúsculas, ao alternar tinta vermelha e azul, auxiliam a visão sinalizando o início de cada seção. Há também, em vermelho, um "pé de mosca" ou "caldeirão" — ¶, a marca de parágrafo ainda usada nos softwares de processamento de texto — para indicar uma quebra dentro de uma mesma entrada. O sumário decompõe o Evangelho segundo são Marcos em capítulos, resumindo seus eventos e elencando-os com um numeral vermelho na margem esquerda.

No entanto, qualquer um que tente mapear esses capítulos numa Bíblia do século 20 logo descobrirá que eles não batem. Para começar, há apenas catorze capítulos, em vez dos dezesseis que hoje encontramos em Marcos. E os episódios contidos em cada um não coincidem exatamente com a divisão moderna. Por exemplo, a entrada para o capítulo 3 diz:

iii. Os discípulos arrancam espigas de milho; ele cura o homem com a mão atrofiada; a eleição dos doze apóstolos; sobre Belzebu, príncipe dos demônios.

Numa Bíblia moderna, Marcos 3 traz de fato a história do homem com uma das mãos atrofiada, da comitiva de apóstolos e de Jesus falando de Belzebu. Mas não a cena dos discípulos colhendo grãos, que aparece no fim do capítulo 2. O comentário do século 12 foi produzido antes que a divisão da Bíblia em curtas unidades de texto se tornasse uma convenção amplamente compartilhada. No novo contexto de ensino univer-

Incipiunt capitula siue distinctiones supra scriptum euangelium;

.I. De iohanne baptista. et uictu z habitu eiusdem. baptizatus ibe
er temptatus. uiter petrum z ceteros sequi iuber. hominem a
spiritu immundo erepit;

.II. Socrum petri. a febribz liber. z alios multos curat. iacobum alphi
sequi iuber. er iudeis dicit non est opus sanis medicum.

.III. Discipuli uellunt spicas. manum aridam butrem sanar. duodeci
aptorum electio. De beelzebub principe demoniorum;

.IIII. Manum z fratres spirt. parabolam seminantis dicit. nauigans te
pestatem sedar. et demonum legionem ab homine expellit.

.V. Archisinagogi filiam mortuam suscitat. Patriam sua sine
honore dicit. Duodecim discipulos mittit cum preceptis. De capite

.VI. Regressi ad ihm apli. De quinque panibz z duobus pis iohanis;
cibo. quinque milia hominum saturat. ieche supra mare ambu
lat. La magis coinquinare hominem. que exeunt de ore.

.VII. Filiam syrophenisse a demonio liber. surdum z mutum curat. dices
ei effeta. De septem panibz in quatuor milia utrorum. caonet ca
ueri a fermento phariseorum. De spiritu ceco oculos aperit. petrum
post confessionem suam dure increpat. In monte transfiguratur. q
posse spiritum immundum eici. nisi per ieiunium z orationem dicit.

.VIII. Humilitatem docer. z non esse phibendum qui in nomine eius uir
tutem faciet. er de calice aque frigide. Vxorem non dimittendam.
Infantes a benedictione non esse arcendos. uendicis omnibus hel
lemosinam dandam. er quia diues difficile in regnum celorum
sit ingressurus.

.IX. Er uentura sibi predicit. Petitionem filiorum zebedei. de ceco in
dicante. De pullo asine;

.X. Interrogatus in qua potestate hec facere. parabolam de uinea
er colonis. er de denario cesaris. De muliere que septem fres

MVSEVM
BRITAN
NICVM

Capitula para um comentário sobre o Evangelho segundo
são Marcos (fim do século 12)

sitário, de direito canônico, de citações e debates, não é difícil perceber como um sistema padronizado, universal, era extremamente necessário.

A tarefa coube a um clérigo inglês, Stephen Langton, futuro arcebispo da Cantuária, figura decisiva nas disputas com o rei que culminariam na Carta Magna; no início do século, porém, ele era professor em Paris. Sua divisão dos capítulos, concluída no máximo em 1204, foi feita lá, talvez a pedido da universidade.[10] À medida que os alunos concluíam os estudos e voltavam a seus países de origem, o sistema de Langton se espalhava por todo o continente.[11] Sua ubiquidade foi garantida algumas décadas depois quando as *scriptoria* parisienses, os ateliês de copistas — as editoras da época —, passaram a incorporá-lo às Bíblias que produziam em larga escala.[12]

A divisão em versículos teria que esperar mais alguns séculos, até as edições impressas de Robert Estienne, no início da década de 1550, mas os capítulos de Langton — que usamos ainda hoje — criaram um ágil e preciso sistema de referência. Economizam tempo nas salas de aula e nos dão o primeiro vislumbre dos localizadores que Hugo empregará como marcadores de posição quando desmontar a Bíblia em palavras separadas. Os capítulos de Langton formarão a base do mapeamento entre dois sistemas de ordenação, entre a Bíblia e a concordância alfabética. Teremos mais a falar sobre isso. Agora, entretanto, é hora de considerar outra página e de apresentar o gênero *distinctiones,* irmão mais velho do índice.

Num encontro do concílio da Igreja na segunda metade do século 12, os representantes reunidos ouvem um sermão do bispo de Londres, Gilbert Foliot. Foliot começa com uma analogia: Cristo é como uma rocha. Para ilustrar o ponto, ele se põe a enumerar uma série de pedras bíblicas, desde a do salmo 118 ("A pedra que os construtores rejeitaram tornou-se a pedra angular") e a pedra que Jacó usa como travesseiro (Gênesis 28,10-22) até aquela que esmaga os falsos deuses do sonho de Nabucodonosor (Daniel 2,34-35). A cada etapa, Foliot faz uma pausa, descrevendo as implicações metafóricas dessas diferentes ocorrências, usando cada uma para jogar nova luz em sua analogia de abertura, enriquecendo-a ao enxergá-la por diversos ângulos. Um estudioso pertencente à congregação, Pedro da Cornualha, o observa arrebatado, impressionado com a desenvoltura e a fluidez retórica do orador, tão ágil ao deslizar suavemente, sem esforço, pelas Escrituras. Anos depois, Pedro rememoraria a experiência, registrando suas memórias sobre como o sermão "ia e voltava, a partir de seu ponto inicial, e retornava a esse mesmo ponto de partida". A oratória de Foliot era brilhante e erudita, "adornada por floreios de palavras e sentenças, e fundamentada numa imensa gama de autoridades".[13] Mas a chave para sua elegância, Pedro perceberá, está em sua organização: "Todo o sermão fazia variações sobre certas *distinctiones*".

O sermão de Foliot se baseou no princípio da *distinctio* — uma vez escolhido um tópico (no caso, a *pedra*), é dissecado até explodir numa variedade de sentidos distintos, um pouco como uma entrada de dicionário lista múltiplos significados ligados a uma única palavra. Assim como as definições do dicionário, essas *distinctiones* poderiam ser agrupadas, compiladas num grande volume. A coleção de *distinctiones* poderia armazenar um acervo de análises individuais das Escrituras, frequentemente centenas, como um livro de referência para a pregação ou um armazém de ideias. Ao contrário de uma entrada de dicionário, no entanto, uma *distinctio* individual não pretende ser exaustiva. Sua função não é definir uma palavra; ao contrário, faz um arranjo de sentidos diversos, fornece um formato memorável, uma série de etapas para o que é, basicamente, um sermão em miniatura.[14] Como Mary Carruthers define:

> dividir um tema em *distinctiones* para pregar não é tanto um dispositivo de classificação objetiva, mas um meio para facilmente associar e combinar uma variedade de assuntos e ser capaz de localizar-se em sua composição. Um simples e rigoroso esquema de ordenação é fundamental para a prática da oratória, porque indica o "caminho" [...]. Permite ao orador ampliar um ponto, divagar e, nos momentos de inspiração, fazer desvios retóricos de qualquer tipo.[15]

Cada *distincto* é um aide-mémoire [lembrete], uma bem-organizada "colinha" sobre determinado tema.

Diferentes coleções adotaram variadas formas de expor suas análises na página. A apresentação esquemática usada nas *Distinctiones* de Pedro Cantor — um dos primeiros exemplos do gênero — talvez ofereça a mais lúcida ilustração de como na realidade funciona uma *distinctio* individual. Totalizando aproximadamente seiscentas entradas e seguindo em ordem alfabética, de *Abel* a *Zelos*, a coleção de Pedro multiplica cada um de seus tópicos em um tipo de diagrama de árvore primitivo. Selecionemos, por exemplo, o tópico *Abyssus*, significando *profundidade* (ver imagem a seguir). No exemplo, a entrada rubricada leva a cinco linhas sinuosas, cada uma conduzindo a um significado diferente por meio do qual o termo pode ser compreendido — a profundidade da justiça divina ou a profundidade do coração humano —, seguido do trecho da Escritura a partir do qual o significado específico é extraído: "[Ele] junta as águas do mar [*abyssos*] como num cantil" (Salmo 33,7), "Um abismo [*abyssus*] chama outro abismo [*abyssum*]" (Salmo 42,7), e assim por diante. Não é difícil imaginar a utilidade dessa ferramenta para pregar um sermão como o de Foliot: uma ferramenta visual, mais fácil de

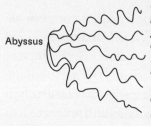

Esquema baseado no diagrama de Pedro Cantor para *Abyssus*

lembrar do que um parágrafo de texto. Oferece a segurança do básico, o andaime — ordem, erudição —, mas deixa espaço para o improviso, para o pregador usar ou abandonar determinados elementos, para tecer sua própria e elegante performance verbal.

Quando Pedro da Cornualha ouviu Foliot discursar, ficou tão inspirado que começou a compilar sua própria e imensa coleção de *distinctiones* para auxiliar pregadores. Com cerca de 1 milhão de palavras, seu *Pantheologus* pode parecer uma leitura intimidadora hoje, mas certamente não o foi para seus primeiros usuários. Joseph Goering ressalta que, embora os historiadores contemporâneos possam ler os manuscritos medievais de cabo a rabo, "a maioria das coleções de *distinctiones* parece não ter sido destinada à leitura consecutiva".[16] É verdade, mas as *distinctiones* dizem implicitamente algo mais sobre a leitura: ela nos incita a ler *outros* livros em extratos. Longe da deliberada monotonia da prática de leitura monástica, da paciente investigação bíblica que poderia durar uma vida inteira, cada *distinctio* encaminha o usuário a uma série de incursões direcionadas para o material original — uma frase dos salmos; talvez uma imagem de um dos Evangelhos; uma passagem do Gênesis. Cada *distinctio* projeta sobre as Escrituras uma forma diferente — um floco de neve único —, seu original percurso de leitura.

A coleção de *distinctiones*, portanto, representa um tipo de leitura que pode ser pensada como indexical. Um sumário, como vimos na introdução, respeita e reflete a ordem do livro que vem em seguida. Se lermos a obra do início ao fim, o sumário nos diz que é isso o que encontraremos e em que momento. O índice, por outro lado, não tem nada a dizer sobre uma leitura ordenada. Na verdade, se quiséssemos reconstruir a sequência de um livro a partir de seu índice, precisaríamos de uma planilha e de uma enorme paciência, e a tarefa provavelmente demoraria mais do que apenas ler o livro em si. A *distinctio* também oferece não tanto um mapa do livro, mas o mapa mental de um momento de leitura criativa. Não é nem metódica nem cronológica, mas *associativa* — ela emerge de uma simples palavra ou conceito e dispara, imprevisível, em múltiplas direções. Estamos avançando rumo à noção moderna do índice de livro. O que aconteceria se pegássemos a *distinctio* para *Abyssus* de Pedro Cantor e removêssemos as citações, substituindo-as por localizadores que nos diriam onde encontrá-las? A *distinctio* ainda serve a um propósito diferente daquele das entradas do índice. Focada no significado de um termo e não em suas ocorrências, ela elucida mais do que enumera. Nas mãos de um experimentalista como Grosseteste, entretanto, uma coleção de *distinctiones* oferece um formato que pode ser adaptado, reciclado e transformado em algo novo.

E agora finalmente entram em cena nossos principais atores, Robert e Hugo. Simples e obscuras são as origens de Grosseteste, que nasceu em Suffolk, por volta de 1175, provavelmente em uma família de agricultores arrendatários. Um começo humilde, que seria usado contra ele mesmo, depois de uma vida de trabalho e realizações — como bispo de Lincoln, seus subalternos reclamariam abertamente que alguém com antecedentes tão inferiores lhes fosse hierarquicamente superior. Mas os detalhes do passado de Grosseteste — tão significativo para seus pares — se perderam para nós. Não está claro nem mesmo se Grosseteste era o nome de sua família ou um apelido que lhe foi dado quando teve constatadas suas habilidades. *Grosse tête*: cabeça grande. No século 17, o historiador da Igreja Thomas Fuller afirmaria que Grosseteste "adquiriu seu sobrenome pela dimensão de sua cabeça, tendo grande estocagem para receber e espaço no cérebro para preencher".[17] De qualquer modo, o prodigioso intelecto de Robert foi logo reconhecido. Após obter alguma formação, talvez patrocinada por um nobre local, o jovem Robert se encontraria a serviço do bispo de Hereford, ao qual se apresentou com uma carta de recomendação do historiador Geraldo de Gales:

> Sei que ele será de grande valia para o senhor em vários tipos de negócio e decisões legais, e em fornecer curas para restabelecer e preservar sua saúde, pois tem habilidade confiável em ambas as áreas do conhecimento, o que hoje em dia é altamente requisitado. No mais, ele tem uma sólida base em artes liberais e vasta leitura, a qual adorna com os mais altos padrões de conduta.[18]

Até mesmo aqui, em nosso primeiro vislumbre real do jovem Grosseteste, sua "vasta leitura", a natureza enciclopédica de sua formação — comércio, direito, medicina, artes liberais —, já é a característica que chama a atenção de seus patrocinadores.

Grosseteste viria a servir a dois bispos: Hereford e Lincoln. Talvez também estude em Oxford; talvez lecione em Paris. Assim como sua juventude, sua maturidade só pode ser vista por uma lente obscura: as evidências são duvidosas, não confiáveis. Uma coisa que sabemos com certeza é que ele começa a escrever. Trabalhos científicos: *On the Calendar* [Sobre o calendário], *On the Movements of the Planets* [Sobre o movimento dos planetas], um comentário sobre *Analíticos posteriores* de Aristóteles. Quando finalmente o localizamos, estamos no fim de 1220, e Robert, agora na casa dos cinquenta anos, se encontra em Oxford, pregando tanto para universitários quanto para citadinos, e lecionando no recém-fundado convento franciscano. É no convento que Grosseteste compila sua *Tabula distinctionum*, a lista de *distinctiones*, o detalhado e até pitoresco índice de assuntos de uma vida inteira de leitura ilimitada.

O índice de Grosseteste sobrevive hoje em uma cópia única e incompleta, um manuscrito conservado na biblioteca municipal de Lyon. Um título em tinta vermelha anuncia: "Aqui se inicia a tabela do mestre Robert, bispo de Lincoln, com o auxílio do frei Adam Marsh". Abaixo, uma coluna de glifos — pontos, rabiscos, formas geométricas, pequenas ilustrações, um sol, uma flor — desce serpenteante e depois avança em três colunas, por mais quatro páginas. Cada sinal é acompanhado de um conceito: eternidade, imaginação, verdade... São esses os tópicos, ou assuntos, do índice de Grosseteste. Diferente das *distinctiones* de Pedro Cantor, em ordem alfabética, a *Tabula* de Grosseteste é ordenada conceitualmente. Os tópicos, 440 no total, são agrupados em nove categorias principais — temas mais amplos como *a mente, coisas inventadas, as Sagradas Escrituras*. Como exemplo, a primeira categoria de Grosseteste, *Deus*, está subdividida em 36 tópicos: Deus existe, o que é Deus, a unidade de Deus, a trindade de Deus, e assim por diante.

A primeira parte da *Tabula* é uma simples lista de tópicos e seus respectivos símbolos. É, em essência, uma legenda, uma forma de lembrar o que cada pequeno glifo representa. Os sinais são feitos para serem simples, mas nítidos, uma espécie de estenografia que permite a Grosseteste anotar nas margens de seus livros enquanto lê. Sempre que surge um tópico específico, ele pode desenhar ao lado o respectivo símbolo para depois

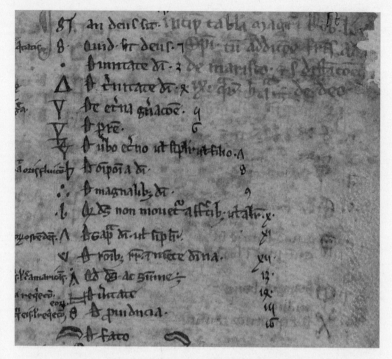

A abertura da *Tabula distinctionum* de Robert Grosseteste mostra tópicos sobre a tabela *Deus* e seus símbolos. O texto no canto superior direito identifica o índice como "a tabela do mestre Robert, bispo de Lincoln, com o auxílio do frei Adam Marsh"

usar como referência. Às vezes ele tem clara relação com o tópico — a santa Trindade é um triângulo; a imaginação é uma flor —, mas, dado que o sistema percorre centenas de tópicos, é inevitável que alguns sinais pareçam arbitrários. S. Harrison Thomson, o primeiro estudioso moderno a dedicar verdadeira atenção ao índice de Grosseteste, resume bem essa variedade: "Todas as letras do alfabeto grego e romano são usadas, sinais matemáticos conjugados, um conjunto de sinais convencionais, variações dos símbolos do zodíaco e pontos, barras e curvas adicionais".[19] Na biblioteca de Grosseteste, cada livro era decorado com essas notas pictóricas, milhares de glifos descendo as margens como cascatas de emoticons.

Mas esse não é o índice, e sim seu preâmbulo. Depois de cinco páginas listando os símbolos e seus significados, a *Tabula* retorna ao ponto de partida, preparada para o verdadeiro início. Agora cada tópico reaparecerá, em ordem. Dessa vez, porém, não são meramente itens numa lista: cada tópico remete a um conjunto próprio de dados. Abaixo de cada um há uma série de referências, de localizadores, primeiro remetendo a passagens bíblicas, depois a escritos dos Pais da Igreja, e, finalmente, numa coluna à direita, a escritores pagãos ou árabes. Uma entrada e uma lista de localizadores. A *Tabula* de Grosseteste é mais que um índice de livro, é um índice de *livros*, um índice de assuntos que aspira ser tão enciclopédico quanto a mente de seu criador.

A análise da primeira entrada — *an deus sit* (se Deus existe) — vai oferecer uma noção de como o índice funciona. É bastante natural que a entrada comece com o tópico e o símbolo equivalente de Grosseteste antes de prosseguir com a lista de localizadores. Expandindo as abreviações, temos o seguinte (sendo que ł indica *liber*, ou seja, livro):

an deus sit
ge· 1· a·
augustinus contra aduersarios legis et prophetarum· ł·1· De trinitate ·12· De libero· arbitrio· ł·1· De uera religione· epistola· 38·

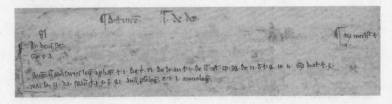

A lista de referências para o tópico "se Deus existe", de Grosseteste

De ciuitate· dei ɬ·8· 10· 11· gregorius dialogi ɬ·4 ·27· Ieronimus· 13·
damascenus· sentenciarum ·ɬ·1· c· 3· 41· anselmus prosologion· c·
2· 3· monologion·
[e na margem direita] aritstoteles methaphisice ɬ·1·[20]

Na prática, o leitor que quiser saber mais sobre a proposição
se Deus existe deve começar olhando o primeiro capítulo do Gênesis (ou seja, Ge. 1.a.). Lá, obviamente, encontraria "No início Deus criou o céu e a terra", lembrando-o que, para qualquer
coisa ser criada, antes há de existir o criador. A *Tabula* então
direciona os leitores a vários trabalhos de Agostinho — Livros
8, 10 e 11 de *Cidade de Deus* (*De Civitate Dei*), por exemplo —
ou aos *Diálogos* de Gregório, ou Jerônimo, ou João Damasceno,
ou Anselmo. E, para leitores dispostos a andar fora da pista,
enveredando pelo pensamento não cristão, a *Tabula* sugere o
primeiro livro da *Metafísica* de Aristóteles, no qual o filósofo
discute a ideia das causas primeiras.

Podemos fazer um test-drive do índice hoje, usando-o à maneira de Grosseteste, graças à sobrevivência de alguns livros de
sua coleção. Assim, seguindo as referências na cópia do próprio
Grosseteste de *Cidade de Deus*, agora na biblioteca Bodleian, em
Oxford, posso consultar o Livro 8 e deslizar o dedo pela margem até me deparar com o símbolo do tópico (algo como uma
cobra segurando uma metralhadora, ou, apertando os olhos, as
letras ST). Agostinho, nesse ponto do texto, argumenta que a
existência de Deus não pode ser pensada em termos materiais e
que os maiores filósofos sempre compreenderam isso.

Com o Agostinho de Grosseteste aberto diante de mim e
uma digitalização da *Tabula* no meu laptop, é bastante fácil
tentar o mesmo exercício no sentido contrário. Outro glifo,
uma espécie de mesa de três pés, aparece na mesma seção da
margem, marcando a mesma passagem. Representa o tópico *de*

videndo deum (*sobre ver Deus*) e, de fato, abrindo esse tópico na *Tabula*, a lista de referências inclui *Cidade de Deus*, Livro 8. Poder consultar tanto a *Tabula* de Grosseteste quanto alguns de seus livros remanescentes nos permite ver como o índice funcionava e como seu autor procedeu para compilá-lo. Uma vez que os livros têm anotações com símbolos para os tópicos, para completar o índice bastaria passar os olhos pelas margens em busca de cada sinal sucessivamente e anotar as referências.[21]

O índice está inconcluso. Apenas as primeiras centenas de itens da lista inicial de tópicos são abordados. Philipp Rosemann especula que a *Tabula* estava pela metade quando foi copiada por alunos de Grosseteste, alguns dos quais enviados para lecionar no convento franciscano em Lyon, o que explica a aparição do manuscrito lá.[22] Talvez Grosseteste pretendesse que a *Tabula* fosse um trabalho em andamento, perpétuo, tarefa que ele poderia continuar a expandir ao longo da vida, e o manuscrito de Lyon seja apenas um instantâneo, congelado no ponto em que se fez a cópia, quando Grosseteste ainda tinha décadas de leitura pela frente. De fato, são precisamente os livros que o manuscrito *não* inclui — textos que sabemos que eram familiares a Grosseteste — que nos permitem datar a cópia que temos. Por exemplo, um de seus muitos feitos literários foi a tradução do grego de uma conhecida obra de Aristóteles, *Ética a Nicômaco*. Se ele ainda estivesse compilando o índice à época da tradução, era de esperar que víssemos referências entre as citações na *Tabula*. Foi trabalhando assim, retrospectivamente, a partir do que sabemos da vida de Grosseteste como leitor, que conseguimos datar a *Tabula* de Lyon — mais ou menos 1230.

Não está claro se Grosseteste pretendia que seu índice fosse usado por mais alguém além dele e seu círculo íntimo. O que é certo é que a *Tabula*, em sua forma final, oferecia muito mais do que um conjunto de anotações de cola para padres pressionados pelo relógio. Era um instrumento de estudo sério. Os usuários precisariam ter os textos originais à mão e tempo para seguir as referências — e teriam de decidir sozinhos como interpretar os vários sentidos em que um tópico era usado. Além disso, o índice de Grosseteste é abrangente *demais* para funcionar como auxiliar adequado à pregação. Cada tópico tem dezenas de ocorrências, e o escopo é bem mais ambicioso do que o das *distinctiones*. Abrangendo Escrituras, escritos de patrística e filosofia clássica, sem mencionar pensadores islâmicos como Avicena e Al-Ghazali, a vasta *Tabula* é a ferramenta de busca do século 13, um Google em pergaminho, ou uma lente divergente que capta assuntos e os projeta em toda a literatura conhecida. Porém, enquanto Grosseteste estava em Oxford, entre os franciscanos, preenchendo suas margens, o índice estava prestes a nascer de novo no outro lado do canal da Mancha. Um modelo diferente, tão — ou mais — exaustivo que a *Tabula* de Grosseteste, mas que, fato inédito, se concentra num único texto. Em 1230, um novo abade vai assumir o posto no convento dominicano em Paris: Hugo, o tipo de homem que teria usado óculos.

Se você já foi a Paris e visitou o Panthéon, o mausoléu com imensa cúpula na margem esquerda do Sena onde estão enterrados os heróis da República francesa, é provável que tenha estado ao pé de sua escadaria admirando a vista da Torre Eiffel a oeste da rua Soufflot. Agora é uma área cheia de construções, barulho e tráfego, à sombra de altos blocos no estilo Haussmann em ambos os lados da rua, os andares térreos dedicados a outlets comerciais: uma ótica, uma imobiliária, dois cafés cujas mesas espremidas invadem a calçada. É difícil imaginar que, no mesmo lugar, oitocentos anos atrás, estaríamos em frente a um muro do convento dominicano de Saint-Jacques. A rua Saint-Jacques, que hoje se projeta ao norte em direção à Sorbonne, nos conduz ao passado, mas pouco resta para nos lembrar a calma — dos claustros, da capela, do jardim — outrora característica desse local. No século 13, contudo, na biblioteca do mosteiro, os frades de Saint-Jacques se empenhavam minuciosamente num projeto extraordinário.

Estamos no ano de 1230, e o convento, como a ordem dominicana em si, mal completara uma década. O novo abade, Hugo, é um intelectual de trinta anos. Foi criado no que hoje é o sudeste da França, a cidade de Saint-Cher, ironicamente apenas alguns quilômetros ao sul de Lyon, onde a *Tabula* de Grosseteste virá a repousar. Entretanto, por volta de 1230, Hugo já tinha passado mais da metade da vida em Paris, onde chegou aos catorze anos para estudar e, em seguida, lecionar na universidade. Ficará apenas cinco anos no convento. Seus talentos já haviam impressionado o papa; uma vida na diplomacia o aguardava. Mas enquanto ainda está em Saint-Jacques, ele supervisionará um projeto grandioso, cujo alcance e duradouro impacto terminarão por deixar seu tardio e mais prestigioso trabalho à sombra. Pois será em Saint-Jacques, sob a liderança de Hugo, que a primeira concordância verbal da Bíblia será produzida.[23]

Os frades dividem o trabalho. Cada um se encarrega de uma letra, ou de parte de uma letra, e anota todas a palavras começadas por ela e suas ocorrências. Eles escrevem em rascunhos grosseiros, a muitas mãos, com lacunas e inserções. Mais tarde, tudo isso será agrupado, ordenado, copiado e passado a limpo. Uma tarefa dessas exige colaboração; requer supervisão, um plano. Quando concluída, a Concordância de Saint-Jacques — um índice palavra por palavra da Bíblia latina — identificará mais de 10 mil termos, listando-os em ordem alfabética. Começará com a exclamação *A, a, a* (normalmente traduzida como *ah!*) e terminará com *Zorobabel* (ou Zerubbabel, um governador da Judeia do século 6). Além de nomes e exclamações, a concordância também incluirá a linguagem corrente da Bíblia — substantivos comuns, verbos, adjetivos — e, para cada termo, listará todas as suas ocorrências, informando o livro, o capítulo e a seção do capítulo em que aparece. Os frades de Saint-Jacques adotam os capítulos estabelecidos por Langton, mas os complementam com outra inovação, criada para afinar a busca ainda mais. Cada capítulo é dividido em sete partes iguais, sinalizadas de *a* a *g*. "No início": Gênesis 1a. "Jesus chorou": João 11d.

A partir da primeira entrada, a concordância fornece a seguinte linha de dados:

A, a, a. Je.i.c. xiiii.d. Eze.iiii.f Joel.i.f.

Expandindo as abreviações, informa aos leitores que o termo de busca, *A, a, a*, aparece em Jeremias 1, na posição *c* (ou seja, pouco antes do meio do capítulo), assim como em Jeremias 14*d*, Ezequiel 4*f* e Joel 1*f*. Seguindo as referências, seremos levados a:

Jer. 1:6 Et dixi: **A, a, a**, Domine Deus, ecce nescio loqui, quia puer ego sum.

[Mas eu disse: "**Ah**! Senhor Iahweh, eis que eu não sei falar, porque sou ainda uma criança!".]

Jer. 14:13 Et dixi: **A, a, a**, Domine Deus: prophetæ dicunt eis: Non videbitis gladium, et fames non erit in vobis: sed pacem veram dabit vobis in loco isto.

[E eu disse: "**Ah**! Senhor Iahweh! Eis que os profetas lhes dizem: Vós não vereis a espada, e a fome não vos atingirá; mas eu vos darei neste lugar uma paz verdadeira".]

Ez. 4:14 **A, a, a**, Domine Deus, ecce anima mea non est polluta: et morticinum, et laceratum a bestiis non comedi ab infantia mea usque nunc, et non est ingressa in os meum omnis caro immunda.

[Então eu disse: "**Ah**! Senhor Iahweh, a minha alma não é impura. Desde a minha infância até agora não comi animal morto por acaso ou despedaçado por fera, nem jamais carne avariada entrou na minha boca".]

Joel 1:15 **A, a, a**, diei! quia prope est dies Domini, et quasi vastitas a potente veniet.

[**Ai!** Que dia! Sim, está próximo o dia de Iahweh, ele chega como uma devastação vinda de Shaddai.]

Portanto, aquela compacta meia linha de texto contém tudo o que é preciso para guiar os leitores às passagens desejadas, enquanto a ordem alfabética significa que qualquer termo de busca pode ser localizado em segundos. Outra característica extraordinária da Concordância de Saint-Jacques é seu tamanho. Apesar da fabulosa quantidade de informações de referência, graças à grande quantidade de abreviações e ao formato de cinco colunas por página, ela pôde ser produzida como um único e pequeno volume. Uma cópia na biblioteca Bodleian, em Oxford, é mais ou menos do tamanho (ligeiramente menor, apenas um pouco mais largo) de um cartão de índice, ou de um smartphone dos maiores modelos. É espantoso pensar que esse livro pequeno e escrito à mão contém informações de localização de cada palavra na Bíblia.[24]

Mesmo assim, se a portabilidade era uma vantagem, trazia consigo um inconveniente considerável. Se pegarmos outro termo da primeira página, podemos ter uma ideia do problema. Aqui estão as primeiras entradas para o termo *abire*, partir:

Abire, *Gen. xiiii.d. xviii.e.g. xxi.c. xxii.b. xxiii.a. xxv.b.g xxvii.a. xxx.c. xxxi.b.c xxxv.f. xxxvi.a. xliiii.c.d*

São doze menções diferentes apenas no Gênesis. A lista completa chega a centenas de ocorrências ao longo de várias colunas. Em casos como esse — e não são poucos —, a concordância é de pouca utilidade na localização da passagem que um leitor talvez procure, já que o trabalho que ainda precisa ser feito — folhear várias páginas e localizar o termo nas extensas divisões de capítulos — continua impraticável.

A promessa do índice — um dispositivo capaz de gerar uma nova forma de leitura — está em permitir que o leitor localize uma passagem num intervalo de tempo razoável. Quando o leitor é presenteado com uma lista indiferenciada de dezenas de entradas, o índice falha em sua função básica como ferramenta de busca. Para ser justo com os frades de Saint-Jacques, se eles cometeram um dos pecados capitais da indexação foi porque tinham acabado de inventar a forma. Outros indexadores não têm essa desculpa. Ainda é comum encontrar uma fileira de localizadores desestruturados, como nesta lamentável entrada no índice da biografia do cardeal Newman, de Ian Ker:

Wiseman, Nicholas 69, 118-9, 129, 133-4, 135, 158, 182-3, 187, 192, 198, 213, 225, 232, 234, 317-8, 321, 325, 328, 330, 331-2, 339, 341-2, 345, 352, 360, 372-4, 382, 400, 405, 418-20, 424-7, 435-7, 446-7, 463-4, 466-72, 474-7, 486-9, 499, 506-7, 512, 515-7, 521, 526, 535, 540, 565, 567, 568-72, 574, 597-8, 608, 662, 694, 709.[25]

Queixando-se justamente desse índice no *The Times*, Bernard Levin vociferou: "Qual a justificativa para desperdiçar espaço com uma estupidez dessa ordem? A que propósito poderia servir? Como os editores *ousaram* publicá-lo sob o nobre e significativo título de 'Índice'?".[26] Para ser justo com a editora Jonathan Cape, que publicou a biografia de Newman, a edição seguinte trouxe um índice bem melhorado; para ser justo com os dominicanos, uma segunda versão da concordância logo estaria em elaboração.

A nova concordância ficaria conhecida como *Concordantiae Anglicanae* ou Concordância Inglesa, já que foi compilada — outra vez, em Saint-Jacques — pelos frades ingleses Richard de Stavensby, John de Darlington e Hugh de Croydon.[27] Sua inovação estava em acrescentar uma passagem de citação contextualizada para cada referência — o que hoje chamaríamos *key word in context* [palavra-chave em contexto] ou índice KWIC, que encontramos, por exemplo, na visualização de trechos do Google Livros. É assim que as primeiras entradas para *regnum* [reino] aparecem em um dos fragmentos da Concordância Inglesa mantida na biblioteca Bodleian:

Regnum
Gen. x.c. fuit autem principium. R. eius Babilon et arach
[Gen. 10:10: Os sustentáculos de seu império [**reino**] foram Babel, Arac];
xx.e. quid peccavimus in te quia induxisti super me et super. R. meum peccatum grande
[Gen. 20:9: Que ofensa cometi contra ti para que atraias tão grande culpa sobre mim e sobre meu **reino**];
xxxvi.g. cumque et hic obiisset successit in. R. balaam filius achobor
[Gen. 36:38: Saul morreu e em seu lugar **reinou** Baalanã, filho de Acobor.]
xli.e. uno tantum. R. solio te precedam
[Gen. 41:40: só no **trono [real]** te procederei].[28]

Com a nova concordância, além das informações sobre o livro, o capítulo e a seção do capítulo, os usuários podiam ver a sentença em que a palavra aparecia.

A Concordância Inglesa, contudo, também tinha suas desvantagens, a principal delas que o livro, com o excesso de citações contextualizadas, inchara a ponto de se tornar um imenso tomo multivolumes. Uma entrada que talvez ocupasse meia linha de coluna na primeira concordância agora ocupava quatro ou cinco linhas. Aplique essa escala para as palavras mais comuns — digamos, *Deus* ou *pecado* —, que já preenchiam várias páginas mesmo sem o acréscimo de uma sentença para cada localizador, e a dimensão final do livro compromete sua funcionalidade. Foi então que antes do fim do século uma terceira versão foi compilada em Saint-Jacques, mantendo a visualização de trechos mas enxugando-os a três ou quatro palavras — e é esse formato que se tornará o padrão dos séculos seguintes. A história da concordância é como o conto da Cachinhos Dourados: um livro que é muito pequeno, outro que é muito grande e um terceiro formato que, finalmente, tem o tamanho ideal.

Com o sucesso da concordância, o índice chega ao *mainstream*, e de forma monumental. Para se ter uma ideia dessa escala — da mudança de paradigma que representou —, podemos pensar na *distinctio* para *Abyssus*, de Pedro Cantor, que apresentava cinco exemplos bíblicos diferentes do termo. A concordância nos dava mais de cinquenta. E enquanto uma coleção de *distinctiones* poderia chegar a várias centenas de entradas, a concordância incluía muitos milhares. Podemos nos perguntar se essa extensão é vantajosa, ao menos para padres que antes usavam *distinctiones*. Mesmo assim, no começo do século 14 a coleção de *distinctiones* estava fora de moda, enquanto Thomas Waleys, mestre em teologia em Oxford, podia escrever louvando a concordância alfabética:

> Esse modo de pregar, ou seja, valendo-se das Escrituras, é muito fácil, porque graças às concordâncias da Bíblia as Escrituras ficam à mão [...] e em ordem alfabética, uma citação pode ser encontrada com facilidade.[29]

Além do mais, alguns anos após a primeira concordância de Saint-Jacques, começava-se a testar o formato do índice. Dois florilégios — livros de extratos de autores patrísticos ou da Antiguidade — agora arquivados na biblioteca municipal de Troyes, no norte da França, continham índices alfabéticos extensos, claros e fáceis de usar.[30] Foram compilados por William Montague, morto em 1246, o que os torna quase contemporâneos da concordância de Saint-Jacques.

Os índices de Montague são essencialmente concordâncias, mesmo quando pensamos em trabalhos bem menores que a Bíblia. Consistem em mapas de uso de palavras avulsas extremamente detalhados. Outros escribas, entretanto, experimentavam diferentes variações no formato dos índices, procurando unir à abordagem parcial das coleções de *distinctiones* — que não visam à integralidade, escolhendo um número de temas-chave — os simples localizadores da concordância. O manuscrito conhecido como Oxford, Lincoln College MS 79 é uma das quatro cópias que restam do trabalho *Moralia super Evangelia* [Moralidade nos Evangelhos], que se acredita ter sido obra de nosso velho amigo Grosseteste. Datado provavelmente do segundo quarto do século 13, destaca-se por ter não apenas um, mas dois índices.[31] (Na verdade, o que é meio bizarro, ele tem quatro: dois na frente e, ao final, os mesmos dois, copiados em outra letra.) O primeiro é não alfabético, ainda que suas palavras-chave estejam grosso modo agrupadas com entradas tematicamente semelhantes e próximas umas das outras. O princípio ordenador parece ser o de uma invisível lista de *distinctiones*, uma compilação em que as entradas, as linhas sinuosas e a separação entre as entradas foram removidas, de modo que uma sequência de pecados — ira, discórdia, ódio, calúnia, maldizer, assassinato, mentira — agora flui tranquila em direção a um conjunto de virtudes — clemência, paciência, serenidade. Segue-se — imediatamente, com a mesma letra, na mesma página — um índice alfabético bem mais granular, cuja ênfase recai menos no abstrato e mais no mundo material.

No meio do século 13, então, o índice alfabético de assuntos chegou. E se, como E. J. Dobson especula, a *Moralia* de Grosseteste foi escrita com seu índice já em mente, não demorou muito até os leitores começarem a acrescentar seus próprios índices a livros que não haviam sido planejados desse modo. Aqui, talvez, reconheçamos algo que temos em comum com esses leitores medievais. Sei disso porque eu mesmo o faço: os livros que uso em sala de aula, quase todos, têm uma lista com números de páginas — cenas importantes, citações úteis, passagens para leitura atenta — rabiscados a lápis no verso da capa enquanto preparo a aula. Extração, navegação, uso do índice para achar palavras de que precisamos: é uma forma de leitura tão antiga quanto a própria universidade.

Onde estaríamos sem isso?

O milagre da numeração de página

> *Isso quanto ao meu capítulo sobre os capítulos, que considero o melhor capítulo de toda a minha obra.*
>
> Laurence Sterne, *Tristram Shandy**

Estou sentado na biblioteca Bodleian em Oxford com um pequeno livro aberto à minha frente. É o texto de um sermão impresso em 1470, em Colônia, na gráfica de um homem chamado Arnold Therhoernen. O volume é do tamanho de um livro de bolso, o texto em si é curto, apenas doze folhas — 24 páginas. Mas me sentar aqui na biblioteca com o livro à frente e abri-lo na primeira página é, penso, a experiência mais intensa que já tive de sublime arquivístico, aquele sentimento de incredulidade por uma coisa tão importante, de tal magnitude conceitual, estar aqui, entre meus prosaicos itens de trabalho — laptop, caderno, lápis. É surpreendente que me seja permitido pegá-lo, segurá-lo, folhear suas páginas como se fosse um romance que comprei na estação de trem. Por que não está sob um vidro, lacrado, identificado e exposto onde multidões de estudantes poderiam olhar, mas não tocar? Há um nome para esse sentimento, síndrome de Stendhal, homenagem ao romancista francês que, numa visita a Florença,

---

* Laurence Sterne, *A vida e as opiniões do cavalheiro Tristram Shandy*. Trad. de José Paulo Paes. São Paulo: Penguin, 2022, p. 340.

descreveu as palpitações que o acometeram por se encontrar tão perto das tumbas dos mestres renascentistas. Sinto que estou à beira das lágrimas.

O sermão foi escrito por Werner Rolevinck, um monge da cartuxa de Colônia. Rolevinck se tornaria famoso por seu *Fasciculus temporum* [Pequeno conjunto de datas], uma história do mundo desde o primeiro dia da criação até o limiar sangrento daquele momento — no caso, 3 de maio de 1481, a data em que, Rolevinck nos informa, o sultão otomano Maomé II foi para o inferno por sua iniquidade contra a cristandade.[1] Mas o longo e complexo *Fasciculus* ainda era um trabalho em andamento quando o monge redigiu esse breve sermão para pregar na festa da Apresentação da Bem-Aventurada Virgem Maria, em 21 de novembro. Contudo, verdade seja dita, não é nem Rolevinck nem sua pregação que tornam esse livro especial para mim. É outra coisa, concernente ao livro em si, ali na margem direita, na metade da página: um solitário J maiúsculo. A tinta sangrou um pouco, e a impressão também foi um pouco carregada demais, de modo que a letra está meio borrada, sem o detalhe e a nitidez da fonte gótica no bloco de texto principal. Mas o borrado me faz amar ainda mais esse J. Prefiro que seja assim — cheio de personalidade, digamos — e não como o outro J (cristalino, uma impressão perfeita), à sua esquerda, no texto principal, no início do nome *Joachim*. Nosso J marginal não tem nada a ver com Joachim; é pura coincidência que tenham aparecido lado a lado. Na verdade, nosso J nem J é. Está lá como numeral — 1 — anunciando que essa é a primeira folha do livro. Nosso J é o primeiro número de página impresso. Irá revolucionar o modo como usamos livros. E, ao fazê-lo, se tornará tão lugar-comum que quase desaparecerá de vista, passando despercebido aos nossos olhos apesar de bem ali na borda de cada página.[2]

Um índice é uma ferramenta com dois sistemas de ordenação, uma tabela de conversão da ordem alfabética de suas entradas para a ordem sequencial das páginas. O primeiro sistema permite que passemos os olhos rapidamente até encontrar a palavra-chave de que precisamos; o segundo, que, munidos de nosso localizador, nos desloquemos facilmente à passagem indicada. No primeiro capítulo, traçamos a história da ordem alfabética; neste capítulo, vamos olhar para os localizadores — números de página, localização digital, os próprios capítulos —, que fornecem, com maior ou menor precisão, as coordenadas de chegada para penetrar numa obra por meio do índice.

Um momento, olhe o número da página. Não é possível! Da página 32 você retornou à 17! O que você considerava um rebuscamento estilístico do autor não passa de erro de impressão: repetiram duas vezes as mesmas páginas. O erro se deu durante o processo de encadernação: um livro é feito de cadernos; cada caderno é uma grande folha na qual se imprimem dezesseis páginas, que depois são dobradas em oito; no momento da colagem dos cadernos, pode ocorrer que dois cadernos iguais sejam inseridos no mesmo volume.[*]

Um acidente na encadernação, o mesmo grupo de folhas inserido em duplicata. Essa é a falha técnica que inicia o acúmulo vertiginoso de narrativas que compõem *Se um viajante numa noite inverno*, o romance pós-moderno de Italo Calvino. A partir desse ponto, as coisas rapidamente saem de controle. Páginas de outros livros aparecem, fragmentos de um thriller policial, um faroeste macarrônico, naturalismo tchekhoviano, fantasia borgiana... É um romance de interrupções calculadas,

---

[*] Italo Calvino, *Se um viajante numa noite de inverno*. Trad. de Nilson Moulin. São Paulo: Companhia das Letras, 1999, p. 32.

um romance antiordem. Mas o caos, na configuração de Calvino, surge do formato do próprio livro, o códice. Como seria se ele não fosse montado de maneira apropriada, se as coisas dessem errado durante a produção? É, como diz Calvino, "o tipo de acidente que acontece de vez em quando". Todos já nos deparamos com erros de impressão, talvez até com outros erros, páginas com tinta demais ou de menos, fonte torta ou desalinhada. Um livro é, afinal de contas, apenas outro produto da tecnologia de produção em massa.

Na maioria das vezes, quando falamos de livros, de literatura, não temos nenhum formato específico em mente. Não é o livro real, o objeto material, mas o texto em sua abstração — palavras, enredo, personagens — que nos interessa. Seu exemplar ou o meu, primeira edição ou reedição barata, capa dura, brochura ou download digital, não importa: Jane ainda casa com o sr. Rochester no final.* Porém, leitor, não existe algo como um texto imaterial. Seja como for concretizado — qualquer que seja sua forma física —, precisamos saber que funciona, que as palavras que transmite são as certas, na ordem certa. O que Calvino faz é nos lembrar do livro em si, pondo em primeiro plano seu sequenciamento físico — algo que damos como certo — ao desorganizá-lo.

O número de página, claro, não é a única sequência que perpassa uma obra escrita. Vimos como, na Biblioteca de Alexandria, a *Ilíada* e a *Odisseia* de Homero foram divididas em 24 livros — o número de letras no alfabeto grego — e como os frades de Saint-Jacques usaram os capítulos da Bíblia para sua concordância. São divisões significativas, sensíveis aos textos. Procuram interromper a ação quando o ponto de vista ou assunto muda, ou quando o cenário se desloca. Como leito-

* Personagens do livro *Jane Eyre,* de Charlotte Brontë.

res, ainda usamos divisões como essas — seções, capítulos — a cada dia para nos orientar numa obra ou calcular nossa leitura. No entanto, o índice moderno dificilmente seguirá esse exemplo. Um breve olhar sobre o capítulo ilustrará por quê.

Quando chegamos a obras modernas — ou seja, obras um pouco mais recentes que a *Odisseia* ou a Bíblia —, presumimos que o escritor tenha usado sua própria divisão, que os capítulos tenham sido planejados à época da escrita, uma unidade intencional. Nem sempre é o caso: a sra. Gaskell apresentava seus romances em torrentes de manuscrito contínuo, deixando que o editor — provavelmente Dickens — os dividisse em partes.[3] Mas a maioria dos autores, justiça seja feita, dedica alguma atenção ao assunto. Como Henry Fielding, por exemplo, cujo romance *Joseph Andrews*, de 1742, é dividido em quatro livros, sendo que o segundo se inicia com uma dissertação do tamanho de um capítulo sobre o porquê de escritores dividirem suas obras em livros e capítulos. Fielding descreve essa divisão da narrativa como um tipo de segredo comercial, uma arte misteriosa da guilda dos romancistas, que ele vai revelar ao leitor não iniciado. As quebras de capítulo, declara Fielding, fornecem pontos de parada numa longa jornada: "aqueles pequenos espaços em branco entre os capítulos podem ser considerados como um hotel de beira de estrada ou um posto de serviço onde talvez [o leitor] pare para tomar um gole". Muitos leitores, ele prossegue, leem num ritmo de não mais que um único capítulo por dia. A extensão, então, deve corresponder ao que se pode ler numa única sentada. Ao persuadir os leitores a fazer pausas em momentos predeterminados, em vez de seguir uma leitura por conta própria, a divisão em capítulos "evita que se estrague a beleza de um livro ao dobrar suas folhas".

O comentário pode ter um claro tom de gracejo, mas a ideia faz sentido: um capítulo, de forma geral, é uma unidade baseada em nossa disponibilidade como leitores. Diferentes livros, diferentes gêneros, calibram isso de forma diferente: doses de meia hora numa história para dormir; as passagens curtas e instigantes do thriller ou da leitura de praia. Seja como for, o que deve ficar claro é que capítulos visam sobretudo facilitar a leitura, não a pesquisa. Como localizadores de índice, falta-lhes granularidade. A extensão de texto que lemos numa sentada ainda é um grande palheiro onde procuramos por uma agulha — uma única frase ou detalhe. "É tarefa do autor, na maioria das vezes, dividir um livro, da mesma forma que o açougueiro o faz ao cortar a carne em peças", explica Fielding, "porque esse auxílio é muito útil tanto para o leitor como para cozinheiros." Com o indexador, no entanto, ninguém se importa.

Antes do fim do século 13, então, indexadores medievais começaram a recorrer a outro tipo de localizador, com alto grau de granularidade e disponível em qualquer obra, independentemente da divisão prévia em seções pelo escritor ou pelo editor. O novo localizador, no entanto, teria uma nova relação com o texto; sem consideração pelo curso do pensamento, seria, ao contrário, impiedosamente alheio, capaz de interromper uma frase — até mesmo uma palavra — no meio do fluxo. Sua fidelidade não seria à história ou ao tema, mas ao livro físico. Na sequência deste capítulo — ou, talvez devêssemos dizer, nas páginas que seguem — teremos razões para pensar sobre como nossos livros são feitos, sua materialidade. O que é uma página, uma folha, um submarino, um loc? E como sua numeração pode falhar, tornando-se duvidosa tanto no século 14 quanto no 21?

Outra biblioteca, outro livro antigo. É meio de dezembro, final da tarde. Lá fora está frio, escuro, e uma chuva de inverno açoita a janela. Mas estou confortável e abrigado, satisfeito, caçando palavras. Encontro-me na biblioteca do St. John's College, em Cambridge. Os estudantes foram para casa, de férias, e não há ninguém aqui além de mim mesmo e do bibliotecário, que me trouxe um abajur, um suporte para leitura e um manuscrito: St. John's MS A.12. Ele contém uma obra conhecida como *Polychronicon*, escrita por um monge chamado Ranulf Higden, de Cheshire, no norte da Inglaterra, no meio do século 14. O *Polychronicon* de Higden é um livro de história e, como o *Fasciculus* de Rolevinck, tem um escopo ambicioso, para dizer o mínimo. Ele abarca, como diz seu primeiro tradutor inglês, "do começo do mundo até nossos tempos". Para tanto, Higden entrelaça histórias clássicas, bíblicas e medievais, fundindo-as numa narrativa que começa com a divisão da Terra em três continentes (Ásia, Europa e África) e termina com a coroação de Eduardo III. Foi um sucesso popular imediato, um best-seller medieval. Mais de cem manuscritos contendo a obra sobreviveram, e não há como saber quantos mais foram perdidos ou destruídos no decorrer dos séculos.

Isso quanto ao texto, mas e o livro em si? A cópia à minha frente foi feita em 1386, algumas décadas depois do original de Higden. Suas duzentas e tantas folhas amareladas, com bordas escurecidas até um preto acinzentado, trazem manchas das imperfeições da pele dos animais de que foram feitas. Têm o cheiro doce de mofo dos manuscritos de couro medievais. Como incenso, ligeiramente acre. Um cheiro que impregna nos dedos e nas roupas. O pergaminho é grosso, um pouco enrolado nas margens, e as páginas crepitam quando as folheio. Os cantos inferiores, contudo, foram desgastados pelo toque, às vezes até ficarem quase translúcidos. Este é um manuscrito bastante manuseado, que teve muitos donos até ser do College. John Dee — conselheiro da rainha Elizabeth, matemático, astrólogo e mago — assinou seu nome na primeira página. Mas o manuscrito já tinha quase duzentos anos quando Dee pôs as mãos nele. A assinatura mais antiga aparece não na primeira, mas na última página. Abaixo do parágrafo final, em letras grandes, é um colofão, uma breve nota do escriba: "E este é o fim. Que ele que escreveu este livro, John Lutton é seu nome, seja para sempre abençoado". Lutton acabara de copiar a história do mundo à mão, transcrevendo-a pacientemente, palavra por palavra, a partir de outra cópia. Não é de estranhar que esteja abençoando a si mesmo. Porém, na verdade, o trabalho de Lutton não estava acabado. O colofão não é a palavra final deste manuscrito. Como qualquer bom livro de história, o *Polychronicon* tem um extenso índice, provavelmente compilado pelo próprio Higden. De fato, após assinar seu nome, Lutton iniciou uma nova coluna e recomeçou a copiar.

Como muitos dos primeiros índices, este é introduzido por um parágrafo com explicações, um manual de instruções para o leitor medieval. Com o livro à minha frente, resolvo testá-lo. "Em primeiro lugar, observe os números da folha no canto superior direito; representam o número de cada folha escrita." Um pouco de tautologia, talvez, mas entendo o ponto. E depois? "Então consulte o índice a partir de onde lhe aprouver." Em outras palavras, encontre a entrada para o que quer que esteja procurando. Próximo:

Por exemplo, "*Alexandre destruiu a cidade de Tiro com exceção da família de Strato 72.2.3*". Esse número, 72, indica que o tópico pode ser encontrado na folha em que está escrito 72 no canto superior.

E logo depois do número 72 estão também o número 2 e o 3, o que indica que a questão de Alexandre e Strato é discutida na segunda e na terceira colunas.[4]

Hum... um pouco prolixo, mas acho que captei. Vamos dar uma chance. Abro na folha onde está marcado 72 e... que esquisito. Alexandre não está em lugar nenhum, nem na segunda coluna nem em qualquer outro lugar nesta folha, frente ou verso. Em vez disso, há a história de Seleuco, um dos sucessores de Alexandre. Alexandre parece estar morto a essa altura da narrativa. Claramente a história seguiu em frente. Folheio algumas páginas precedentes em busca da morte de Alexandre e suas últimas campanhas, virando as páginas até que, finalmente, como era de esperar, chego à história da destruição da cidade de Tiro. Está no verso da folha número 66.[5] O que está acontecendo? Por que o manual de instruções não funciona? Como esse livro pode ter acabado com um índice inutilizável?

A resposta é que o índice provavelmente pode ser usado — ou ao menos *podia* —, só que não para esse livro específico. Seis séculos atrás, quando Lutton copiou o *Polychronicon* à mão, ele deve ter tido outra cópia da mesma obra à sua frente para usar de modelo. Mas em geral os escribas não atentavam à paginação de sua escrita — afinal, poderiam estar copiando de um livro de formato maior para um pequeno ou vice-versa. A cópia do St. John's College é mais ou menos do tamanho do meu laptop — um livro de tamanho médio. Se o livro que Lutton copiava era um pouco menor, é bem possível que as palavras da página 72 do modelo fossem para a página 66 na cópia. Para os localizadores do índice, é claro, isso é de importância fundamental. Mas o pobre e velho John Lutton, ao que parece, não estava familiarizado com a tecnologia do índice. Simplesmente transcreveu os números como estavam. Uma cópia perfeita — mas não um índice perfeito.

Uma rápida olhada no índice em si confirma essa hipótese. O parágrafo introdutório escapou ileso, mas na lista principal todos os localizadores foram apagados: literalmente raspados do pergaminho com uma lâmina afiada por um leitor tardio, frustrado diante de todas as remissões inúteis. Pode-se perceber onde isso aconteceu porque a pele da página é ligeiramente mais clara onde sua primeira camada foi raspada. No topo, ou às vezes ao lado, em vermelho e numa caligrafia do fim da Idade Média (mas claramente diferente daquela de Lutton) está uma série de novos localizadores — que *funcionam*. Claro que o índice foi reconhecido como um fracasso no início. Simplesmente não servia. Leitores, ainda que medievais, querem poder *pesquisar coisas* em seus livros de história. O número da página — ou, a rigor, o número da folha, pois apenas um de seus lados é numerado — trouxe granularidade à custa da portabilidade: o índice tem que ser refeito cada vez que é recopiado. Mas o problema do índice inutilizado é algo especificamente medieval, um problema da era do manuscrito. Na metade do século 15 — ainda que tarde demais para Lutton —, desapareceria de uma vez.

A vida de Enea Silvio Piccolomini foi nada menos que memorável. Quando morreu, ele já não era mais Enea, mas o papa Pio II; nesse meio-tempo, foi emissário do embaixador do papa na Inglaterra, poeta laureado pelo sacro imperador romano-germânico em Viena e pai de duas crianças — uma em Estrasburgo, outra na Escócia —, embora nenhuma tenha sobrevivido até a idade adulta. Mais tarde, como papa, persuadiria o príncipe de Valáquia, um certo Vlad Drácula — também conhecido como Vlad, o Empalador — a ir à guerra contra o sultão otomano, conselho que Vlad pôs em prática com sua brutalidade característica: pregando o turbante dos emissários do sultão à cabeça deles. Como se não bastasse, com sua escrita, Piccolomini também é — quase seiscentos anos depois — nossa primeira testemunha a sobreviver a algo da mais extrema importância para o mundo, mais até do que as guerras e as cruzadas das quais foi protagonista.

Estamos na primavera de 1455. Piccolomini, a poucos meses de completar cinquenta anos, ainda se encontra no início da escalada de sua carreira eclesiástica tardia. Tornou-se bispo de sua Siena natal, mas reside em Viena, na corte de Frederico III. Em 12 de março, senta-se para escrever uma carta a seu mentor, o cardeal Juan de Carvajal. Depois de algumas preliminares, retoma o assunto de sua carta anterior, um boato que havia transmitido a seu velho amigo e que claramente lhe despertara a atenção. Piccolomini brinca: "Posso imaginar o grande desejo de vossa eminência em saber mais sobre

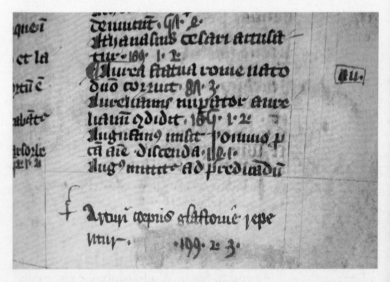

Uma remissão medieval inútil. A parte mais escura do pergaminho sob os numerais mostra como o localizador original incorreto foi raspado e substituído por um novo — e correto — número de fólio

o assunto, já que o mensageiro que enviou foi mais rápido que Pégaso!".[6] A notícia é que um "homem admirável" vinha alardeando uma nova invenção na feira comercial de Frankfurt: um modo de produzir Bíblias em série sem a necessidade de copiá-las manualmente. O homem, claro, era Johannes Gutenberg. E se na ocasião anterior Piccolomini só fora capaz de relatar uma fofoca, agora conta que viu com seus olhos o resultado da prensa de tipos móveis de Gutenberg:

> O que me foi escrito sobre aquele homem maravilhoso visto em Frankfurt é totalmente verdadeiro. Não vi Bíblias completas, apenas alguns cadernos de diferentes livros [da Bíblia]. A escrita é extremamente nítida e legível, de modo algum difícil de acompanhar.

Com uma reflexão posterior que poderia nos lembrar outro cardeal afeito à leitura, ele acrescenta: "Vossa eminência seria capaz de ler sem esforço, mesmo sem óculos". Piccolomini promete que tentará adquirir uma cópia em nome do amigo, mas antes adverte: "Temo que não será possível [...] porque já há uma fila de compradores antes mesmo de os livros estarem prontos". A Bíblia de Gutenberg — a primeira grande produção da prensa móvel — esgotou já na pré-venda.

Embora a invenção de Gutenberg (melhor dizendo, a série de invenções: os tipos metálicos — minúsculos, individuais, reutilizáveis — e o método de arranjá-los; a tinta a óleo que, à diferença da tinta de escrever à mão, podia ser usada na página tipográfica sem escorrer; a prensa que distribuiria pressão uniforme em toda a página) tenha sido num primeiro momento um segredo comercial em sua cidade natal, Mainz, breve e inevitavelmente iria se espalhar pela Europa. Em 1462, Mainz foi saqueada em meio a um conflito cruel que levou muitos de seus cidadãos a abandonar a região. Entre os refugiados se encontravam tipógrafos experientes, por isso em pouco tempo surgiriam gráficas em Ulm, Basel, Veneza e Roma. Por volta de 1473, um comerciante inglês, William Caxton, visitava Colônia e viu uma prensa. Essa invenção, pensou, talvez fosse o que ele precisava para superar o problema que vinha enfrentando numa atividade extracurricular. Por alguns anos, Caxton viveu em Bruges, onde se tornou próximo do círculo de Margarete de York, mulher do duque de Borgonha. Pouco antes ele traduzira para o inglês um poema popular sobre as lendas de Troia, e sua versão encontrou boa receptividade entre os falantes de língua inglesa da corte de Margarete. Mas o poema era longo, e copiá-lo para todos que o queriam era desencorajador. "Minha pena está gasta", escreveu Caxton: "minha mão cansada e trêmula, minha vista turva de tanto olhar o papel branco e minha coragem não está tão propensa e pronta para o trabalho como de costume."[7] Ao estabelecer uma prensa, Caxton seria capaz de adiantar cópias suficientes para satisfazer a demanda sem forçar a vista ou abusar do pulso. (Empregaria tipógrafos experientes para trabalhar o dia todo no arranjo dos pequenos tipos móveis e impressores incansáveis para operar a pesada máquina.)

Recuyell of the Historyes of Troye [Memória das histórias de Troia], de Caxton, seria o primeiro livro impresso em inglês. Em uma nota ao fim do texto, Caxton afirma que a impressão "começou em um dia e terminou também em um dia". Isso certamente é um exagero, um momento de fanfarrice empreendedora, mas ressalta o ponto crucial: o tempo necessário para produzir livros em massa foi radicalmente reduzido. A invenção de Gutenberg marcou o início da era da tiragem, da produção em massa de literatura. Caxton alardeou a velocidade da prensa, mas havia também um aspecto não documentado — um efeito colateral, talvez, cuja importância duradoura ainda não tinha sido abordada à época em que ele escrevia. Produção em massa traz uniformidade. Em uma mesma tiragem, cada cópia vai conter não apenas o mesmo texto, mas o mesmo layout e a mesma paginação. Leitores não precisariam mais de capítulos para compartilhar referências uns com os outros. Se estivessem olhando a mesma edição, poderiam usar o livro físico. "Última folha, lado direito, na metade inferior: afirma que imprimiu tudo em um dia." Pronto. Agora estamos na mesma página.

Isso é simples quando a referência em questão está na página final, uma localização fácil de descrever. Mas e se a passagem desejada estivesse enterrada no meio de um texto, a centenas de páginas? Alexandre em Tiro, digamos, no primeiro terço da história do mundo? A invenção de Gutenberg pode ter trazido padronização à página, mas foram aqueles numerais borrados e às margens de um sermão obscuro em Colônia, uma década e meia depois, que apontaram como essa uniformidade poderia ser explorada, com um localizador compartilhado entre diferentes leitores. O número da página se tornou a unidade de referência universal, o segundo ingrediente básico — junto à ordem alfabética — de praticamente qualquer índice dos últimos quinhentos anos. Dê uma olhada em qualquer nota bibliográfica deste livro que tem em mãos, ou em *qualquer* livro: ela direcionará os leitores a uma página numerada, algum descendente daquele primeiro J marginalizado.

A não ser que... você estiver lendo num e-reader, com sua barra de porcentagem e sua mensagem de "tempo de leitura restante" (uma métrica que poderia ter sido sonhada por Fielding?). Como o texto na tela é "ajustável" — porque os leitores podem expandir ou contrair as margens e reduzir ou aumentar a fonte, trocando-a para uma generosa Palatino ou uma parcimoniosa Times —, a página, tão confiável por tanto tempo, saiu dos trilhos novamente. Ou, para dizer de outra forma, uma tela não é uma página. Para nossa comodidade, e para a continuidade entre os formatos, e-books *podem* vir com a numeração de página codificada para que os leitores — independente de qual seja a configuração da tela — ainda possam seguir uma referência da edição impressa. Mas isso não é, de maneira alguma, garantido. Os e-books podem nos arremessar de volta ao mundo de John Lutton, onde Alexandre chega a Tiro, no seu dispositivo, seis telas antes do que no meu.

Ainda assim, por trás de suas barras de busca, os e-readers ainda mantêm um índice (uma concordância, na verdade) de cada livro que armazenam. Digite um termo de busca e o dispositivo exibirá uma lista com todas as ocorrências; clique numa delas e o dispositivo o conduzirá até o trecho em que o termo aparece. Como essas localizações são indicadas, senão por um número de página? No e-reader, a estabilidade de localização deve-se não ao dispositivo físico, mas ao arquivo que baixamos na compra de um e-book. Como o livro impresso, o arquivo oferece portabilidade à edição: no seu dispositivo ou no meu, com a fonte grande ou pequena, se baixarmos o mesmo arquivo podemos dividi-lo da mesma maneira para compartilhar localizações. No Kindle, o localizador escolhido é o loc#, uma divisão baseada em unidades numeradas de 150 bytes. Como o número de página, essa é uma combinação cega, que não considera o que está sendo dito, a linha de raciocínio, a pausa apropriada. O loc# não considera o que qualquer um desses 150 bytes representa, se são letras do texto autoral ou instruções de marcação dizendo ao e-reader que a passagem deve ser exibida em itálico ou com recuo ou como um hyperlink. É um algoritmo bruto, mas constrói um sistema de localização extremamente minucioso, que pode identificar com precisão um termo de busca num texto menor que um tweet.

Mesmo com toda sua precisão, as localizações de arquivo ainda estão longe de ser socialmente aceitas. O célebre *The Chicago Manual of Style*, por exemplo, não é um entusiasta, e sugere que as divisões *textuais* — capítulos ou parágrafos numerados, não arbitrários, de formato neutro — são preferíveis quando se cita um e-book. A portabilidade supera a granularidade. Se alguém precisa fazer uma citação usando um localizador de e-book, o manual recomenda incluir tanto a localização específica quanto o número total de localizações — "loc 444 de 3023" — para que leitores de outros formatos possam calcular, ao menos aproximadamente, em que ponto da obra a referência aparece.

Cinco séculos e meio atrás, a situação não era muito diferente. Folhas numeradas, na verdade, não se popularizaram tão rápido quanto o esperado. Várias décadas depois do J primordial, o número de página impresso continuava uma raridade. Ao final do século 15, só era encontrado em cerca de 10% dos livros impressos.[8] Para entender por que isso ocorreu, vamos inspecionar dois documentos, pensando em como foram produzidos e usados. São do mesmo ano, 1470. O segundo, naturalmente, é o *Sermo* de Rolevinck impresso por Arnold Therhoernen. Quanto ao primeiro, devemos voltar a Mainz, ao berço da prensa móvel, e ao homem que esteve lá desde o início.[9]

Estamos na gráfica de Peter Schöffer, que foi braço direito de Gutenberg até a relação azedar. Schöffer é agora um tipógrafo independente e, neste momento, há em sua prensa uma lista de vendas, uma folha única, impressa em apenas um lado, anunciando seus produtos. Será distribuída aos caixeiros-viajantes que vendem seus livros pelo país, a estudantes, clérigos e outros leitores instruídos. Ao chegar a uma nova cidade, o vendedor deixa cópias dos folhetos onde quer que compradores interessados possam encontrá-los, adicionando detalhes de como contatá-lo. Não sabemos quantas cópias da lista foram impressas; resta apenas uma delas hoje, descoberta no fim do século 19, depois de passar quatro séculos recheando o interior da capa de outro livro. Agora está na Bayerische Staatsbibliothek, a biblioteca estadual da Baviera, em Munique. É a mais antiga lista de livros impressa conhecida.

Na verdade, ainda que seja normal descrevê-la assim, chamar essa folha de "lista de livros impressa" é simplificar o modo como realmente funcionava. Essa lista é um pouco mais complexa e mais híbrida do que isso. No topo da folha, um parágrafo impresso em tipo gótico lustroso instrui qualquer um que deseje adquirir um dos livros a "ir até o local de habitação escrito abaixo"; ao fim, em tinta marrom desbotada, há um endereço rabiscado à mão. *Venditor librorum reperibilis est in hospicio dicto zum willden mann*: "O vendedor pode ser encontrado na hospedaria conhecida como Wilden Mann". Esse é um documento em que a impressão e a caligrafia interagem. Tem a mecânica de um formulário, "insira o endereço abaixo". Remonta ao mesmo tempo à reprodutibilidade da impressão e à flexibilidade da escrita. Hoje, vá até a hospedaria Wilden Mann, em Nuremberg; amanhã, às células monásticas em Munique: a mesma folha, o mesmo panfleto de publicidade dá conta do trabalho, contanto que o vendedor tenha várias cópias, além de tinta e pena. Essa lista nos lembra que, ao falar da era da impressão, estamos fazendo uma generalização conveniente; mesmo agora, os manuscritos ainda não desapareceram e, nas décadas logo após a revolução de Gutenberg, a relação entre escrito e impresso era complicada. Logo teremos mais a dizer sobre isso, mas antes vamos examinar os itens da lista de Schöffer.

Os vinte livros elencados começam, naturalmente, com "uma bela Bíblia impressa em pergaminho" antes de percorrer um medley de clássicos religiosos, jurídicos e humanistas: salmos e escrituras, Cícero e Boccaccio. A descrição da maioria dos itens não ocupa mais de uma linha, com apenas o nome da obra e seu autor. Mas o quinto, *A doutrina cristã*, de Santo Agostinho, vem com um pequeno atrativo: "com um índice notável de grande utilidade para a pregação". Para Schöffer e seu vendedor, em outras palavras, o índice de livro era considerado um diferencial, um detalhe a não ser negligenciado. Era, afinal de contas, o primeiro de seu gênero em um livro impresso.[10]

Mas Schöffer não está divulgando seu índice como uma inovação. O folheto não alega que é o primeiro. É, afinal, um ótimo índice por méritos próprios, tanto abrangente — são sete páginas para uma obra de apenas 29 — quanto sofisticado, com subentradas, referências cruzadas e múltiplos pontos de entrada para a mesma frase complexa.[11] O prefácio do livro, algo que potenciais compradores poderiam inspecionar antes de se comprometer com a aquisição, novamente enaltece o "extenso índice alfabético que foi compilado com muito cuidado" e acrescenta que por si só já valeria o preço cobrado, porque torna o restante do livro muito mais fácil de usar.[12]

Tanto no folheto de venda quanto na obra em si, Schöffer quer chamar a atenção para o índice por sua qualidade e utilidade, não pela originalidade. Índices manuscritos, às vezes abrangentes e sofisticados, circulavam havia séculos e, como muitas das outras novidades nos primórdios da impressão, a intenção de Schöffer não era romper ostensivamente com o passado, e sim, ao contrário, imprimir livros que parecessem tanto quanto possível com os manuscritos, de modo que os leitores mal notassem a diferença. *Mais barato, mas tão bom quanto* talvez tenha sido o mote cauteloso do comércio de livros impressos em seus primórdios. As fontes eram projetadas para se assemelhar às letras manuscritas, e iniciais ornamentadas e retoques de tinta vermelhos eram acrescentados após a impressão para fazer a página parecer produto da tradição meticulosa do escriba. A Bíblia de Schöffer, o item mais famoso da lista, chegou a ser impressa em pergaminho. Como localizadores, o índice de Agostinho usava parágrafos numerados — divisões do texto, não do livro. Não há nada radical nesse índice, nada que não pudesse ter sido produzido um século antes. Quando o índice impresso fez sua primeira aparição, foi como uma importação direta da tradição do manuscrito, elegante e corriqueiro na forma, tentando não parecer uma impressão, com uma omissão intencional das novas possibilidades da página impressa.

Enquanto Schöffer se ocupa de sua lista de livros, usando sua prensa como uma fotocopiadora para fazer folhetos, Arnold Therhoernen se encontra em sua gráfica em Colônia, 160 quilômetros ao norte. O *Sermo* de Rolevinck está na prensa, e a primeira prova, com a tinta ainda fresca, acabou de ser pendurada num fio que atravessa a sala. Therhoernen, de avental, está parado à sua frente, inspecionando a folha, sondando as letras reluzentes com uma lupa. Sua mão para. Ele se inclina, apertando os olhos. Olha para baixo, depois se dirige a seu empregado, balançando a cabeça. O J está borrado.

Por que será? Se olharmos atentamente a primeira página do *Sermo* — ignorando a serpenteante inicial vermelha que foi adicionada à mão —, notaremos que o texto, praticamente inteiro, se encaixa num único bloco retangular. Só o J ficou de fora. Para fixar os tipos sem que respingue tinta no chão durante a impressão, quanto menos elementos houver na página, melhor. Um único retângulo é perfeito. Qualquer outra coisa, qualquer anexo ou apêndice, representa uma carga extra de trabalho e multiplica as chances de erro ou inconsistência. Esse pequeno J é problemático, trabalhoso. Precisa ser fixado separadamente e pode sair deslocado — uma fração de milímetro acima das outras letras — ou absorver tinta extra.

Imaginemos Therhoernen olhando sua página e raciocinando rápido. Um pouco de tinta a mais, pensa, mas nada que um pequeno ajuste não conserte. Desprende o tipo, retoca, bota de novo na caixa e tenta uma nova impressão. (O J da Bodleian pode estar borrado, mas a Biblioteca Estatal de Berlim tem uma cópia do *Sermo* em que ele está nítido, bem definido, uma impressão perfeita.) O processo pode ser um pouco imprevisível, diz a seus funcionários, mas ao menos o número está legível. Não é o fim do mundo. Ao afastar-se, contudo, faz um cálculo silencioso. O esforço extra compensou? Quem usará esses números? Ajudarão a vender esse pequeno sermão numa data de celebração religiosa menor?

Um índice representa valor agregado, um extra que os livreiros devem trabalhar com lábia, "vale o preço cobrado por si só"; o pobre e velho número de página, porém, ainda tem de provar a que veio. Na verdade, alguns dos primeiros tipógrafos estavam atentos às possibilidades que a página impressa criava para a indexação, mas não viam a numeração de páginas como um passo avante porque havia outro marcador que talvez fizesse o trabalho. Tomemos como exemplo as *Chronicles of England*, outro livro de história imenso, impresso em St. Albans, por volta de 1486. Assim como no *Polychronicon* de St. John, seu índice vem com um breve parágrafo de instruções:

> Aqui tem início um breve índice dessas Crônicas. E o leitor deve entender que cada folha é marcada abaixo com A e em seguida ij. iij. & iiij, e assim por diante até viij, todas as letras. E tudo o que encontrar resumido neste índice encontrará na íntegra abrindo na mesma letra.

Se você está lendo isso e pensando que não parecem números comuns — para que serve o A maiúsculo? O que significam "todas as letras"? —, tem toda razão. Não são números de páginas; são marcas de submarino — os códigos usados por encadernadores para evitar os desastres de sequenciamento que desencadeiam a ação de *Se um viajante numa noite de inverno*, de Calvino.

Funciona assim: imagine um jornal. Um jornal curto, de dezesseis páginas. Agora se imagine abrindo-o ao meio, na dobra central. Essas páginas — 8 e 9 — são, claro, duas metades da mesma folha, dobrada ao meio. E se pegássemos a folha e virássemos, encontraríamos as páginas 7 e 10 no verso.

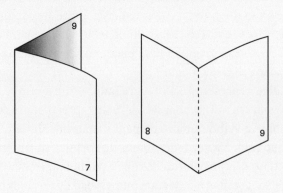

Duas folhas, oito páginas

Na verdade, nosso jornal é todo feito de apenas quatro folhas empilhadas, cada uma com uma dobra no meio. Como leitores, queremos nossas páginas numeradas sequencialmente da 1 a 16. Mas a pessoa que monta o jornal só precisa ter certeza de que essas quatro páginas — vamos chamá-las de i a iv — estejam dispostas na ordem certa. A relação entre números de folha e números de página, no entanto, não é simples:

Folhas	Páginas
i	1, 2, 15, 16
ii	3, 4, 13, 14
iii	5, 6, 11, 12
iv	7, 8, 9, 10

Para evitar que nosso jornal desmonte, precisamos grampear as folhas juntas no vinco ao centro, como uma revista ou um gibi, ou costurá-las ao longo da dobra, como um *chapbook** ou uma plaquete de poema. Um livro — um livro de capa dura, ao menos — é composto de séries de agrupamentos costurados, também conhecidos como submarinos. Quanto mais longo o livro, mais submarinos são necessários.

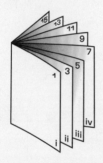

Quatro folhas, dezesseis páginas

Se chamarmos nosso primeiro submarino de A, o segundo de B, depois C e assim por diante, podemos identificar cada folha com uma marca indicando seu submarino e sua posição nela.

---

* Termo genérico para uma primeira forma de literatura popular impressa em papel barato, em uma única folha dobrada, que foi comercializada e disseminada do século 16 à segunda metade do século 19.

Submarino	Páginas
Ai	1, 2, 15, 16
Aii	3, 4, 13, 14
Aiii	5, 6, 11, 12
Aiv	7, 8, 9, 10
Bi	17, 18, 31, 32
Bii	19, 20, 29, 30
Biii	21, 22, 27, 28
Biv	23, 24, 25, 26
Ci	33, 34, 47, 48
Cii	35, 36, 45, 46
Ciii	37, 38, 43, 44
Civ	39, 40, 41, 42
...	

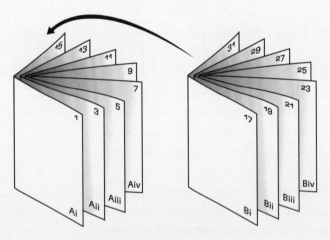

Dois submarinos, 32 páginas

No romance de Calvino, em vez do submarino B ser seguido pelo C, o encadernador inseriu outro agrupamento de folhas

B. "Um momento, olhe o número da página. Não é possível! Da página 32 você retornou à 17!"

Retomando as *Chronicles of England*, então, o que o tipógrafo de St. Albans fez foi muito engenhoso. Sem se ater aos capítulos ou à numeração de parágrafos, seu índice usa o livro em si, valendo-se das marcações que teria precisado inserir de qualquer forma para evitar que os submarinos fossem unidos aleatoriamente. Uma excelente ideia, mas há um problema. Voltando ao nosso jornal de dezesseis páginas: como as folhas são dobradas ao meio, só são necessárias marcas de submarino em *metade* delas. Coloque essa metade na ordem certa e a outra metade também estará na ordem, já que são feitas a partir da mesma folha de papel. Frequentemente, portanto, quando os livros são encadernados em agrupamentos de oito folhas, o tipógrafo inclui submarinos apenas nas quatro primeiras. Conforme alguém vira as páginas, no canto inferior verá *a1, a2, a3, a4, em branco, em branco, em branco, em branco, b1, b2, b3, b4, em branco, em branco, em branco, em branco, c1* etc. O que significa que o tipógrafo de St. Albans não encontrou uma solução fácil para seu índice; na verdade, ele se desviou do seu caminho — mesmo que só um pouco — para fornecer os ganchos em que pendurar os localizadores de seu sumário.

Outros tipógrafos não foram tão cuidadosos. Um livro didático de direito conhecido como *New Tenures* [Novos títulos de posse], produzido em Londres em 1482, também incluía um sumário vinculado a marcas de submarinos. Aqui, no entanto, o tipógrafo seguiu a prática comum de só marcar as folhas da primeira metade de cada grupo. O que significava que metade das entradas do sumário indicava locais no livro que na verdade estavam sem marcação. Quer saber sobre a lei de *conluio*? Está na página *b viii*. Encontre *b iv* e conte quatro a partir daí...

Pode parecer uma preguiça que beira a inutilidade, um apático dar de ombros a um dispositivo que *poderia* ter sido útil se tivesse sido feito de forma correta. Mas é mais um lembrete de que o livro impresso, nessa fase, ainda tem um pé no universo do manuscrito. Os leitores, ao que parece, estavam dispostos a contornar a omissão e completar a numeração das folhas por conta própria. Na Biblioteca Britânica há uma cópia do *New Tenures* em que as marcas de submarino foram escritas à mão, mas apenas nas folhas mencionadas no sumário. Mesmo Aldo Manuzio, o grande tipógrafo da época, não deixou de exigir tal esforço de seus leitores. Seu *Dictionarium graecum*, de 1497, incluía um prolixo índice, mas sem a necessária numeração de folhas para o uso. Em vez disso, há apenas uma nota que orienta os leitores a "marcar o livro com um número no canto de cada folha".[13] Em outras palavras: faça você mesmo. O índice, no início do século 16, ainda está numa zona híbrida, a meio caminho do manuscrito e do impresso. Porém, entre o *New Tenures* e o dicionário de Manuzio houve uma guinada do semipresente submarino para os então inexistentes números de página.

Ainda que os índices existissem havia séculos, o número de página impresso turbinou sua difusão. No século depois de Gutenberg, eles aparecerão em obras de todos os tipos: religiosas, históricas e jurídicas, como vimos, mas também em livros de medicina e matemática, de histórias e de música. No grande épico de Ludovico Ariosto, *Orlando furioso* (1516), há um adorável detalhe quando o cavaleiro inglês Astolfo — que, muitos capítulos antes, foi presenteado com um livro de feitiços por uma fada generosa — encontra-se num castelo encantado. Inabalável, Astolfo sabe exatamente o que fazer:

Triste e cansado de esfalfar-se tanto,
Entendeu que é o lugar enfeitiçado;
Sempre o livro consigo está, entretanto,
Que Logistia lhe há nas Índias dado,
Por que, se recair em novo encanto,
Possa livrar-se (e disto está lembrado).
Rebusca, atento, os índices e olha
Logo onde está de seu remédio a folha.*

À época de Ariosto, até os livros de contos de fadas vinham com um índice minucioso (um índice que, ainda que o tradutor elisabetano tenha omitido esse detalhe, estava associado às páginas).

Conforme o uso do índice se propagou, eles também foram ficando mais sofisticados, de tal forma que, em meados do século 16, índices de alto padrão, como os de Theodor Zwinger, na Basileia, e o de Conrad Gessner, em Zurique, alcançariam um nível de detalhamento que permanece insuperado.[14] Enaltecendo a importância do índice para o conhecimento, Gessner o relaciona à impressão gráfica, classificando-o abaixo apenas da extraordinária invenção de Gutenberg:

Agora é aceito de modo generalizado que índices extensos e estritamente ordenados pelo alfabeto precisam ser compilados, em especial no caso de volumes longos e complexos, e que índices são de grande utilidade para estudiosos, perdendo apenas para a invenção deveras divina da impressão de livros por tipos móveis [...]. Na verdade, parece-me que, por ser a vida tão curta, índices de livros deveriam

* Ludovico Ariosto, *Orlando furioso*. Trad. de Pedro Garcez Ghirardi. Cotia/Campinas: Ateliê Editorial/Ed. da Unicamp, 2011, p. 587.

ser tidos como absolutamente necessários para aqueles que se veem às voltas com estudos diversos.[15]

Mesmo assim, Gessner lançará um alerta sobre como usar essas ferramentas. Numa passagem curiosa, sugere que há um jeito certo e um errado de usar o índice:

> Por causa do descuido de alguns que se fiam apenas nos índices [...] e que não leem o texto completo de seus autores, na ordem devida e com método, a qualidade de tais livros não é de maneira nenhuma prejudicada, porque a excelência e a praticidade das coisas não devem ser diminuídas devido a homens ignorantes ou desonestos que delas fazem mau uso.

A reputação do índice do livro foi maculada por "homens ignorantes ou desonestos" que o usam *no lugar* do texto principal. Gessner é rápido em inocentar o índice; outros, como veremos no próximo capítulo — nas páginas ou locs que seguem —, não serão tão generosos.

O mapa ou o território

O julgamento do índice

> *Não posso prometer tal precisão em nosso Índice, que nenhum Nome tenha escapado de nosso levantamento.*
>
> Thomas Fuller,
> *A Pisgah-Sight of Palestine*

Em 2 de novembro de 1965, os nova-iorquinos foram às urnas para eleger um novo prefeito. A disputa foi acirrada, com o candidato republicano John Lindsay à frente de seu opositor democrata Abraham Beame por 45% a 41%. Distante, em terceiro lugar, estava outro candidato, William F. Buckley Jr., um intelectual conservador, editor da *National Review*. Buckley não tinha a menor chance. Em junho, quando anunciou sua decisão de concorrer, o *New York Times* fez uma provocação irônica sobre o abismo entre sua opinião sobre si mesmo e a do público geral:

> Ele considera Nova York uma cidade a ser salva de uma crise e, com a imodéstia de sempre, julga-se o homem certo para isso. Se Nova York também está pronta para o sr. Buckley é outra história. Uma demanda popular por sua candidatura tem sido estrondosamente inexistente.

Seu conservadorismo linha-dura, entretanto, começou a exercer influência na campanha, angariando votos à direita, o que acabou favorecendo Lindsay. Enquanto isso, a oratória de Buckley — pomposa mas espirituosa, uma combinação que em pouco tempo, e até o fim do século, o transformaria em apresentador do talk show televisivo *Firing Line* — captou o imaginário popular. Ainda que recebendo apenas 14% dos votos, teve o papel de inflamar as eleições e proferir algumas das melhores falas da campanha, incluindo a famosa e improvisada resposta sobre o que faria se vencesse: "Exigiria recontagem". Na esteira da atenção pública que recebeu, não surpreendeu quando, no inverno seguinte, seguiu o caminho já conhecido de políticos experientes com tempo de sobra depois de uma derrota eleitoral e escreveu um livro sobre o assunto.

The Unmaking of a Mayor [Como não se tornar um prefeito], de Buckley, saiu no outubro seguinte. Uma de suas menores querelas — entre tantas outras mais importantes — está em uma nota de rodapé sobre seu amigo Norman Mailer, com quem rivalizava intelectualmente. (Era, nas palavras de Mailer, "uma amizade difícil".) Buckley acusa Mailer de não autorizá-lo a citar a correspondência entre eles em seu livro, "talvez porque se arrependa de ter me tratado com gentileza", um sarcasmo que diz muito sobre a amizade e também sobre a animosidade entre eles. Dado que a dupla discordava sobre tornar pública sua comunicação privada, era apropriado que Mailer recebesse uma cópia do livro impresso. Na página 339 do exemplar destinado a ele, ao lado da entrada do índice "Mailer, Norman, 259, 320", Buckley escreveu uma mensagem pessoal com esferográfica vermelha: "Hi!".

É uma boa piada: Buckley sabia que assim que Mailer recebesse o livro ele iria abrir direto no índice para procurar todas as referências a si mesmo. É uma brincadeira com o narcisismo do amigo, outra provocação irônica na amizade aguerrida e irascível dos dois. A atração de Mailer por si mesmo pode nos fazer sorrir, e se por acaso pensamentos culpados nos passarem pela cabeça por termos talvez, vez ou outra, dado um

Google em nós mesmos — e não é de fato a mesma coisa? —, sem dúvida podemos nos convencer de que, não, é uma coisa completamente diferente. Talvez você já conhecesse a história acima. É a anedota que mais ouço quando conto às pessoas que estou escrevendo este livro. E é verdade. O livro e sua anotação à mão estão arquivados com o resto da biblioteca de Mailer, no Harry Ransom Center, em Austin, Texas.

Republican, 63-74, 77, 104-105; style of, 83-88; ten-point program of, 190-91; on transit, 227; on water crisis, 175-76; on welfare, 182; at Yale, 261-64
Lippmann, Walter, 49, 293-94
Liuzzo, Viola, 12-13, 19, 249, 311, 312
Lobel, Lester H., 196
Lounsbury, Bob, 262
Low, Seth, 45
Lubell, Samuel, 158
Luce, Clare Boothe, 100-101, 149, 274
Lynn, Frank, 100

Maas, Peter, 42, 284
Macdonald, Dwight, 265
Madden, Richard, 111
Mahoney, J. Daniel, 52, 56, 58-60, 90, 94, 129, 173, 206, 301
Mahoney, Walter J., 58
Mailer, Norman, 259, 320
Maniscalco, Albert V., 294
Mann, Arthur, 46, 47, 129
Markey, Hugh, 120, 129, 173, 206, 259
Marx, Karl, 36
Mazo, Earl, 59
McCarthy, Joseph, 22, 51, 134, 319
McCulloch, William, 85
McEwen, Robert, 59
McGill, Ralph, 280-81
McCrory, Mary, 280

"Hi!", cópia de Norman Mailer de *The Unmaking of a Mayor*, de William Buckley

Sempre que ouço essa história me pergunto como ela acabou. É curioso imaginar como *poderia* ter acontecido. Quem sabe num coquetel, em Uptown Manhattan, em um apartamento rico, chique, abarrotado de personalidades dos variados *milieux* de Buckley e Mailer: TV, política, literatura. Nenhum dos dois se surpreende ao encontrar o outro. Buckley, estoico, sério, entrega o livro em mãos a Mailer — "Obrigado, amigo, pelo seu apoio nesse último ano difícil" — e Mailer, cerimoniosamente, o recebe constrangido, abre sem sequer levantar o olhar, folheando com avidez, num fôlego só, até o índice, até a piada. Sorrindo, Buckley aponta o dedo ossudo para a dedicatória que fez apenas algumas horas antes. Não, digamos alguns minutos antes. Vamos imaginar que foi a última coisa que ele fez, apoiado no batente da porta, rindo sozinho, o livro equilibrado no joelho, antes de entrar na festa. Mailer olha para ele, perplexo, boquiaberto: "O que é isso?". "Você é tão previsível, Norm", fala pausadamente Buckley. Xeque-mate. O ambiente mergulha num silêncio profundo antes que irrompam as gargalhadas, uma sinfonia dissonante, cacofonia feita de uivos, gritos e escárnio, dedos apontados, um círculo em *Schadenfreude* extático, enquanto os literatos vão ao delírio cercando seu ídolo caído. Mailer — suando e encolhendo-se, humilhado e emasculado — deixa o livro cair no chão, envergonhado por ter dado um Google em si mesmo, por ler o índice antes de ler o livro...

Mas espere! Não foi nem de longe o que aconteceu. Saberíamos se tivesse sido assim: o grande acontecimento maileriano de 1966, a sensação literária do ano. É bem mais provável que Mailer tenha recebido o livro com a correspondência matinal. J. Michael Lennon, que tinha a tarefa desafiadora de catalogar a biblioteca do escritor veterano, lembra que Mailer recebia dezenas de livros todo dia.[1] Talvez ele tenha ido direto para o índice nesse momento, parado à frente da caixa de correio de roupão e pantufas; talvez o livro tenha ficado esquecido em sua mesa por dias, semanas, para sempre, sem nunca ter sido aberto. Na verdade, não importa. A graça da pegadinha de Buckley está em *não podermos* saber se Mailer pesquisou a si mesmo; apenas imaginamos que sim. Na realidade, ninguém chegou a ver Mailer abrir o livro, mas, como a dedicatória está escrita, a anedota tem *potencial* de ser verdadeira. É uma piada que acontece no instante em que Buckley faz a dedicatória, uma armadilha acionada assim que é armada. Mesmo que Mailer tenha *de fato* checado o índice primeiro, qual o problema? A dupla brigou por causa do conteúdo desse mesmo livro, com Mailer dizendo: "Você não pode publicar minha carta". Não é razoável que, antes de tudo, verifique se sua instrução expressa foi acatada ou não? Afinal de contas, ler um livro do início ao fim é um investimento de horas, algo para o qual temos que reservar tempo; com o auxílio de um bom índice, checar uma referência é questão de segundos.

E esse, para mim, é o ponto crucial da história. É péssimo arruinar uma boa piada pensando demais sobre ela. Afinal, trata-se apenas da história de dois homens desagradáveis, um tentando levar a melhor sobre o outro, mas para mim é também uma história sobre um tipo interessante de duplipensar—[*] uma dissonância cognitiva sobre a forma como lemos, a quantidade relativa de tempo que levamos para ler um livro inteiro e nele pesquisar algo, e a hierarquia resultante desses dois atos. *Não devemos* recorrer ao índice antes de ler o livro? É errado? Em 1532, o grande erudito da época, Erasmo de Roterdã — intelectual público numa escala com a qual Buckley e Mailer poderiam apenas sonhar —, escreveu um livro inteiro em forma de índice, gracejando no prefácio ao dizer que teve de fazê-lo dessa forma porque, naqueles

---

[*] *Double think:* o ato de sustentar um argumento e seu contrário. Termo criado por George Orwell em seu romance distópico *1984*.

tempos, "é só o que muitas pessoas leem".[2] É um delicioso exemplo de sarcasmo, versão maliciosa da preocupação mais melancólica de Conrad Gessner, que uma década depois alegaria que os índices eram "usados de maneira errada por homens ignorantes e desonestos". O índice impresso estava apenas começando a se estabelecer e já se ouviam queixas sobre como estavam *substituindo* os livros, como as pessoas não liam mais de maneira *apropriada*, como havia algo insidioso, vergonhoso — algo maileriano — em começar pelo fim. É uma ansiedade que vai se elevar a um nível febril por volta do início do século 18 — assunto do próximo capítulo — e cuja versão digital talvez estejamos experimentando hoje: o Google está nos tornando estúpidos? Contudo, alguém estaria *realmente* lendo apenas o índice, ou Erasmo e Gessner exageravam, fazendo uma profecia apocalíptica que implicitamente exaltava o rigor erudito de ambos?

A primeira testemunha de acusação dá um passo à frente: uma edição do historiador romano Lucius Florus, publicada em Veneza em 1511. Ao fim da obra, há um extenso índice alfabético organizado em duas colunas com a característica tipologia exótica do período. E, no topo do índice, aparece uma pequena estrofe:

Leia, caro leitor, o índice que segue,
E, em breve, sob sua orientação, terá a obra completa em sua mente.
O primeiro número escrito é o do capítulo, depois o do livro,
O terceiro informa o parágrafo.[3]

É muito mais elegantemente expresso no original [em latim] do que em minha tradução, uma versão mais refinada dos parágrafos com instruções de uso do índice que vimos antes. As duas últimas linhas explicam que tipo de localizadores estão em uso, já que, como vimos, a numeração de páginas ainda não era dominante, enquanto fólio, submarino, capítulo e parágrafo continuavam sendo opções comuns. Entretanto, o que mais nos interessa aqui não são os localizadores, mas as instruções das primeiras duas linhas. Leia o índice — ou melhor, leia *todo* o índice: leia-o integralmente (no latim é *perlege* — ler *tudo* — em vez de meramente *lege*). É uma sugestão surpreendente: não estamos acostumados a realmente *ler* índices. Nós os *usamos*, nos *remetemos* a eles, *mergulhamos* neles e os pilhamos para atender a nossas necessidades imediatas — afinal, é por isso que estão em ordem alfabética. Mas não é isso o que está sendo proposto aqui. Percorra o índice e logo você terá a *obra inteira* em sua mente. Não acho que a frase encoraje as pessoas a lerem o índice *em vez* do livro — lê-lo primeiro e não se incomodar com o resto —, mas sua afirmação sobre a completude oferecida é reveladora. Se essa é a forma como o índice é concebido — continente da obra completa —, então é fácil imaginar o tipo de acadêmico sem tempo denunciado por Gessner e Erasmo, o tipo que lê apenas índices. A vida é curta. "O tempo passa rápido demais", como diz Tristram Shandy. O que se pode ganhar lendo um livro se tudo está mais sucintamente expresso no índice?

Outra testemunha de acusação: no inverno de 1565, Peter Frarin, um ilustre advogado da Antuérpia, foi convidado a dar uma conferência na Universidade de Leuven. Em 14 de dezembro, Frarin ficou em pé no frio durante duas horas, acusando o protestantismo de ser uma heresia de "açougueiros, traidores, loucos [e] perversos saqueadores de igrejas".[4] A palestra, um sucesso retumbante, foi rapidamente publicada. Em cinco meses estava disponível tanto no original em latim quanto na tradução inglesa, *An Oration Against the Unlawfull Insurrections of the Protestantes of Our Time* [Um discurso contra as insurreições ilegais dos protestantes do nosso tempo], impresso na

Antuérpia e pronto para ser despachado pelo canal da Mancha. O editor claramente esperava alcançar o maior público possível, já que o livro fornecia um intrigante índice sob o seguinte título: "O índice deste livro está organizado não por ordem alfabética ou numeração, mas por ilustrações, para o olho e a visão do leitor cristão, e também para aqueles que não sabem ler". Há muito o que extrair daqui, mas certamente o detalhe que mais salta aos olhos é a ideia de um índice que pode ser usado por "aqueles que não sabem ler". O que se segue é uma série de xilogravuras ilustrando os trechos mais importantes do texto principal: uma igreja sendo incendiada, um homem com as vísceras arrancadas numa execução pública, uma pira de livros em um pátio de universidade. Essas ilustrações são, na realidade, as entradas do índice. Abaixo de cada uma delas, há um localizador direcionando os leitores à passagem em que Frarin considera retratada determinada atrocidade. Portanto, é um índice visual, razão pela qual não pôde ser organizado em "ordem alfabética".

Cada entrada, entretanto, tem mais um elemento além das imagens e dos localizadores. Cada uma é acompanhada de um poema curto, sintetizando a cena, resumindo-a a uma quadra. A primeira entrada, por exemplo, consiste em uma xilogravura na qual homens em gibões rebelam-se pelas ruas com espadas na mão. Dos lábios de um sai uma única palavra: "EVANGELIE", ou seja, "o Evangelho". Um localizador abaixo da imagem conduz o leitor a uma passagem em que Frarin denuncia a hipocrisia dos protestantes que pregam a paz enquanto praticam a violência. Especificamente, ele descreve uma "companhia de pessoas desesperadas e perversas que corriam para cima e para baixo pelas ruas de Paris com espadas reluzentes em punho e berrando 'O Evangelho, o Evangelho'". O texto de Frarin — um discurso, afinal de contas — é uma inequívoca exaltação, mas, quando no índice, essa cena é convertida em uma vinheta rimada e se torna estranha:

> A primeira nota c história que neste livrinho pode-se folhear,
> É a de evangelistas nas ruas de Paris correndo sem parar,
> Com a Palavra na boca e a espada a brandir,
> Não vejo como essas duas coisas podem coincidir.

Versos como esses chegam até nós num tom hoje difícil de compreender. Aquele último verso — "não vejo" — é escárnio ou indignação, malícia ou espanto? Nas rimas do índice, desdém e horror parecem assumir a mesma voz, tornando-se indistintos. Outra entrada inicial se refere à acusação de Frarin de que o teólogo João Calvino teria tido um filho com sua locatária, uma ex-freira:

> Por cinco anos Calvino ensinou a uma freira em seu aposento
> Até que ela ficou perita no Evangelho e inchada de um rebento

Aqui o tom é brincalhão, a calúnia feita com deleite retórico, valendo-se paralelamente do sagrado e do profano: "perita no Evangelho e inchada de um rebento". Se é que você me entende — Calvino ensinava mais do que as Escrituras a ela. Porém, quando o índice prossegue numa longa série de exemplos da brutalidade protestante, suas rimas permanecem presas à mesma forma. Como aqui, por exemplo, nesta história extraordinária de um padre forçado a comer seus genitais antes de ter a barriga aberta:

> Outro velho Padre eles executaram com a maior crueldade,
> E cortaram seus membros com a maior maldade,
> E cozinharam-nos nas brasas e o fizeram comê-los,
> E rasgaram sua barriga para ver como ele podia absorvê-los.

Comê-los, absorvê-los. É preciso fazer um esforço para não ver a mesma malícia, a mesma ironia de antes. O que decerto não seria fiel à intenção de Frarin. Mas é difícil: o índice já ficou tão bizarro, tão singular, que não admite mudanças de tom. Conciliar as duas características — ser satírico numa página e piedoso na seguinte — exige uma flexibilidade, uma mudança de registro que a forma compacta do instrumento dificilmente propicia.

Na verdade, o índice multimídia de *Oration* tem um pé em cada canoa. De um lado, para alguns leitores, é realmente um índice funcional, um jeito de navegar pelo livro: pode-se identificar uma cena a partir de sua ilustração e depois seguir o localizador para o texto principal. Ao mesmo tempo, o índice é também uma compacta e independente adaptação da obra de Frarin, ainda que transposta para uma chave diferente, um tom de tabloide, mais irônico e duro. Por fim, num terceiro nível, ele funciona, como prometido, até mesmo para pessoas que de fato não "sabem ler", apresentando o *Oration* em forma de *graphic novel*, num longo desfile de enforcamentos, esquartejamentos e incêndios. Para esses leitores — ou melhor, espectadores — o índice é a própria obra, operando sem palavras e sem o suporte da conferência original de Leuven.

Nossa terceira testemunha de acusação, o *Proedria Basilik* (1664), de James Howell, não tem nenhum índice: sozinha na metade da última página, há uma nota assinada pelo editor, Christopher Eccleston:

Do editor para o leitor

A razão de não haver sumário ou índice incluído aqui é que cada página desta obra é tão cheia de referências que, se fossem estruturadas em índice, teriam um volume tão grande quanto o livro, resultando num portão desproporcional à fortificação.

Chr. Eccleston[5]

É uma justificativa bem ousada. Há uma nítida *arrogância*, um tom desdenhoso que certamente é intencional.[6] Faz parte do ardil de Eccleston: se não vai se desculpar, não se preocupará em parecer arrependido. Porém, ele não só é apologético: mais do que isso, transforma a falta de índice em mote de venda. Teria sido mais fácil não dizer nada, terminar o livro na última página do texto de Howell e torcer para os leitores não se incomodarem demais: um fim súbito e um silêncio culpado. Ao contrário, Eccleston chama a atenção para a omissão, argumentando que tinha de ser dessa forma, que a obra já é de modo singular repleta de "referências", o que tornaria impossível a tarefa de seleção e compactação. Nada de cola, então, para os leitores de Howell; eles simplesmente terão que começar do início e ler até o fim.

Isso, claro, é puro descaramento. Não há nada de extraordinário no conteúdo desse livro, nada na densidade das observações de Howell que se destaque e o faça ser considerado uma categoria à parte, distinto de todos aqueles livros menores de história cuja inferioridade estaria indicada por aquele sinal claro, o índice. Ainda assim, há algo interessante — e revelador — nos termos em que essa justificativa é expressa, a metáfora arquitetônica e a forma como ela torna explícito algo que parece óbvio: que há uma relação de escala implícita entre o índice e a obra do qual faz parte. É claro que há! Por definição, um precisa ser menor do que o outro. Podemos pensar naqueles fantásticos cartógrafos imaginados pelo escritor argentino Jorge Luis Borges:

[...] Naquele Império, a Arte da Cartografia alcançou tal Perfeição que o mapa de uma única Província ocupava todo um Império, toda uma Província. Com o tempo, esses Mapas Desmesurados não foram satisfatórios e os Colégios de Cartógrafos levantaram um

Mapa do Império, que tinha o tamanho do Império, e coincidia pontualmente com ele.*[7]

A piada está no oxímoro: desmesurada perfeição. O mapa não deve coincidir com o território, o índice não deve ser tão longo quanto o livro. Criar uma correspondência seria basicamente interpretar de forma errada sua função.

Para Shakespeare, a questão é justamente essa diferença de escala. Em *Tróilo e Cressida*, peça ambientada na Guerra de Troia, anuncia-se um duelo entre Aquiles e Heitor, campeões dos gregos e dos troianos, respectivamente. Ainda que tal duelo seja proposto apenas como esporte, o príncipe ancião Nestor conclui que a disputa seria um presságio para o rumo da guerra em si:

[...] porque o sucesso,
Embora seja individual, será tomado
Por bem ou por mal, como uma amostra do que somos
E tais indícios, embora pequenos
Em relação com a grandeza dos volumes que o seguem,
Deixam ver em miniatura a forma gigantesca
Da massa de coisas que ainda há de vir.**

"Em miniatura a forma gigantesca da massa de coisas", ou a versão reduzida do todo: como um índice [indício] *poderia* ser diferente disso? Mas o problema que Borges e Eccleston trazem de modo tão espirituoso é que, se o único mapa perfeito está na escala de 1:1, então talvez devêssemos nos preocupar com as im-

---

* Jorge Luis Borges, "Do rigor na ciência". *O fazedor*. Trad. de Josely Vianna Baptista. São Paulo: Companhia das Letras, 2008, p. 155.

** William Shakespeare, *Tróilo e Cressida*. In: *Obra completa*. Trad. de F. Carlos de Almeida Cunha Medeiros e Oscar Mendes. Rio de Janeiro: Nova Aguilar, 1988, v. I, p. 82.

perfeições de nossas "miniaturas". É inevitável que algo se perca no processo de redução. Importa? Talvez não seja um problema quando falamos da Bíblia num ambiente monástico medieval. Nesse caso um índice pode sem dúvida acelerar o processo, mas aqueles leitores específicos estavam profundamente familiarizados com o texto em questão. Nada lhes escaparia, por assim dizer. Entretanto, conforme o índice se difunde, cresce a probabilidade de os leitores usarem-no *em primeiro lugar*. Ao invés de um aide-mémoire — um lembrete sobre um conteúdo que já conhecemos —, o índice pode ser útil como uma entrada para o livro. Do mesmo jeito que hoje muitas leituras se iniciam em uma busca no Google, o índice sempre trouxe consigo a possibilidade de ser nossa principal porta de entrada para um livro, e nosso primeiro contato com seu conteúdo.

Essa é a outra noção implícita na imagem de Shakespeare: o índice como precursor. Assim como os volumes do texto principal são "subsequentes" ao índice — ainda "hão de vir" —, também o duelo entre Aquiles e Heitor será um presságio do desfecho da Guerra de Troia. Da mesma forma, em *Hamlet*, quando o príncipe confronta a mãe em seu gabinete e se enfurece, ela exige saber: "O que foi que eu fiz, para você abanar sua língua/ Cheia de ódio contra mim?".* Doze versos depois, quando a prolixa e exaltada resposta ainda não tinha chegado ao ponto, a rainha suspira devastada: "Meu Deus, que ato/ Ruge tão alto e ribomba no prólogo?". Ou melhor, como diz Shakespeare no original: "*Ah me, what act,/ That roars so loud and thunders in the index?*". Os índices vêm primeiro, e não devem nem prevalecer sobre a obra nem a superar.

* Id., *Hamlet*. Trad. de Bruna Beber. São Paulo: Ubu, 2019, p. 100.

Nesses versos, Gertrudes pode estar se referindo ao modo como os leitores usam os índices, e também a como os livros são fisicamente organizados. Não em todos, mas em muitos dos livros impressos nos séculos 15 e 16, o índice vinha na frente da obra (como ainda é o caso dos sumários). Com o tempo, sofrerá uma lenta migração à posição que ocupa hoje, no fim do livro, um deslocamento concluído no início do século 18, de forma que o *Grub Street Journal*, em 1735, pode observar que "Um *Índice* [...] na maioria dos livros impressos antes de 1600 que já vi, ocupa o mesmo lugar que nosso *Prefácio* hoje".[8] Mas essa reflexão anônima exagera. Realmente, encadernadores ou seus clientes podiam decidir em que extremidade do livro os índices deveriam estar, já que em geral eram impressos num conjunto de folhas à parte, frequentemente com submarinos fora da ordem alfabética, usando outros sinais tipográficos, como asteriscos (*1, *2, *3 etc.).[9] De qualquer forma, nos primeiros dias do livro impresso, o índice de fim era geralmente um índice de início. Mas a ideia do índice que vem primeiro é mais importante figurativamente do que como dado bibliográfico, e é isso que aparece nos exemplos de Shakespeare: o índice é a *miniatura* do que *ainda há de vir*.[10]

Não que isso seja algo *necessariamente* ruim. No capítulo anterior, vimos Gessner enaltecer o índice como o maior presente ao conhecimento, atrás apenas da prensa tipográfica, para logo depois admitir que poderia ser usado de maneira incorreta por quem não lia mais o livro inteiro. Vamos olhar de perto como ele faz essa pirueta:

> Realmente, parece-me que, sendo a vida tão breve, índices para livros deveriam ser considerados como absolutamente necessários para aqueles que estão engajados em vários estudos [...] *quer al-*

guém precise ser lembrado de algo que leu anteriormente, quer precise encontrar algo novo pela primeira vez. Por causa do descuido de alguns que confiam apenas nos índices...

A guinada acontece quando Gessner considera as duas maneiras de alguém usar o índice: *depois* de ler o texto principal e *antes*. Em outras palavras, como um *lembrete* ou como uma *amostra*. Ambos são válidos, é claro. Usá-lo como um caminho de volta ao livro que já lemos é um tipo de leitura, mas não é o único. Quando escrevemos um ensaio ou uma palestra, ou paramos em uma livraria nos perguntando se determinado livro *que nunca lemos* terá algo útil ou interessante sobre um tópico particular, vamos para o índice e nos servimos dele de forma preditiva. E Gessner não diz que uma maneira é boa e a outra má. Não exatamente. Trata-se de acompanhar a tendência de seu raciocínio, a distância entre o "absolutamente necessário" e o "descuido de alguns". E não é apenas Gessner que parece ansioso em relação a isso. Encontramos algo semelhante nos prefácios dos índices — aqueles parágrafos sobre "como usar" — de William Caxton, em livros que estão entre os primeiros a serem impressos na Inglaterra.

Tomemos como exemplo o *Legenda aurea sanctorum*, também conhecido como *Legenda áurea*, um livro incrivelmente popular sobre a vida de santos, escrito na metade do século 13, que Caxton publicou pela primeira vez em inglês em 1483. A apresentação é bem inovadora ao fornecer não um, mas dois índices. Primeiro uma lista, com número de fólios, aproximadamente duzentos santos, na ordem em que aparecem no livro. A isso, segue-se outro índice, que usa as mesmas entradas — o mesmo grupo de santos —, mas as rearranja ao listá-las em ordem alfabética. Em outras palavras, Caxton incluiu tanto um sumário quanto um índice. E aqui está o que ele tem a dizer sobre o assunto:

E para que cada história, vida e paixão possa ser encontrada rapidamente, compilei este índice mostrando onde e em que página o leitor pode encontrar o que procura, e numerei cada folha em suas margens.

O livro fornece como suporte índices e números de fólio a fim de que os leitores possam achar *rapidamente* a história, vida e paixão do santo que estiverem procurando. E a frase "o que procura" é reconfortante. Parece cobrir qualquer eventualidade: *o que quer que esteja procurando, olhe no índice e siga a referência*. Caxton não está disposto a admitir publicamente que no livro pode haver coisas que você gostaria de consultar, mas que não estão incluídas no índice, que o índice pode ser uma representação inadequada do texto principal. Por que o faria? "O leitor pode encontrar o que procura": parece algo perfeitamente razoável de dizer, contanto que ninguém pense muito na questão.

Outra coisa perfeitamente razoável de dizer, dessa vez na introdução do índice da edição de Caxton de Cícero (1481): "Segue-se aqui uma lembrança das histórias incluídas neste livro intitulado *Tullius de Senectute*, como ao longo da leitura será abordado mais claramente". A passagem afirma que o texto principal abordará as coisas mais clara e detidamente do que o índice. Mas é óbvio que o fará: o mapa não é o território. Se esperássemos algo diferente, estaríamos compreendendo mal o que é um índice. Além do mais, há alguma coisa muito reveladora na palavra *lembrança*. No capítulo precedente observamos que o termo *índice* chega meio tardiamente. Em inglês, se diz *tables* [tabelas] ou *registers* [registros] ou *rubrics* [rubricas], mas são termos usados de modos genéricos e intercambiáveis. Às vezes se referem a índices alfabéticos, outras não passam de listas de capítulos que seguem a sequência do texto.[11] A esses termos poderíamos acrescentar muitos outros que dizem respeito ao que hoje chamamos *índice*, todos empregados na Baixa Idade Média: *repertorium*, *breviatura*, *directorium*. No inglês do século 16, poderia ser *pye*; no latim de Martinho de Opava, *margarita*. Contudo, em todos os casos, eram frustrantemente imprecisos — poderiam se referir ao índice alfabético ou a um sumário. Entre essas companhias heterogêneas, *remembrance* [lembrança] se destaca com magnífica singularidade. Semanticamente afastada de *tabula* ou *register*, não descreve a forma em si, mas seu uso apropriado: um memento, algo nitidamente voltado para um retorno. Implica que você já leu o livro, que o índice não é um atalho que substitui uma primeira leitura completa.

A versão impressa do *Polychronicon*, de Caxton (1482), traz outro alerta sobre o emprego do índice: "E em seguida a este meu proêmio [ou seja, Prólogo], oferecerei uma tabela que abordará brevemente a maior parte deste livro". A expressão "a maior parte" não inspira muita confiança, certo? Soa como uma observação com sentido bem diferente do "pode encontrar o que procura". Uma admissão ou talvez um alerta: não apenas as entradas de índice são, por necessidade, mais breves — menos esclarecedoras — do que o texto principal, como a frase parece implicar que partes do livro são territórios não mapeados no índice. Talvez pareça exagero, crítica paranoica que enxerga dúvida ou admoestação insidiosa onde não há, mas alguns anos depois, na edição de Caxton do proverbista latino Cato (1484), a questão se explicita. O índice é concluído com a seguinte nota:

E, além dos contidos nesta tabela, há muitos mandamentos notáveis, lições e conselhos proveitosos que não estão neste registro ou nestas rubricas.

Um índice que logo de cara confessa sua insuficiência? É maravilhoso — soa tão contemporâneo, o tipo de coisa que professores poderiam ensinar em introdução a técnicas de pesquisa: um índice pode ser incrível para economizar trabalho, mas nunca se deve confundir o mapa com o território. Há certa prudência nessas diligentes instruções de uso, um eloquente argumento de defesa diante dos acusadores do índice. O de Caxton vem com um alerta preventivo, um conselho quanto à pertinência de seu uso: em retrospecto e com cautela. Se leitores transgressores ainda assim abusarem dele, que a culpa recaia sobre eles. O índice declara inocência.

Eis-nos às voltas com os primeiros livros impressos em inglês, sobre os quais já pairavam dúvidas envolvendo o índice — seu uso e abuso; os perigos da hiperdependência. Olhamos à frente, para o nosso tempo, e traçamos um paralelo com os receios do século 21 quanto aos efeitos do Google em nossa capacidade de ler de modo aprofundado. Agora, vamos encerrar este capítulo tão angustiante recuando à primeira versão do mesmo temor. *Fedro*, de Platão, é um diálogo entre Sócrates e seu jovem amigo Fedro enquanto passeiam fora dos muros da cidade de Atenas, antes de descansarem sob um plátano. (Os dois parecem ser mais do que bons amigos — a conversa inicial é cheia de flertes e alusões eróticas.) Como a maioria dos escritos de Platão, *Fedro* traz uma série de ataques satíricos ao mundo literário da Atenas do século 4 a.C. Quando Sócrates encontra Fedro pela primeira vez, o jovem havia acabado de passar a manhã com o grande orador Lísias, ouvindo-o discursar sobre o amor. Sócrates pede que ele lhe repita o discurso enquanto caminham, ao que Fedro responde chocado: "Mas como, excelente Sócrates? Supõe que aquilo que compôs Lísias — o mais terrivelmente

talentoso dos escritores de agora — em tanto tempo de ócio, eu, um leigo, de memória poderia declamar sem desmerecê-lo?".[12]
Sócrates provoca Fedro — *Aposto que você pediu para que ele repetisse e então pegou emprestado o manuscrito para memorizá-lo* —, o que se revela ser exatamente o ocorrido. Fedro saca o discurso transcrito de Lísias de baixo de seu manto e o par se acomoda à sombra para que Fedro possa lê-lo em voz alta. Ao término da leitura, Sócrates está profundamente tocado. Declara-se "estupefato" com a leitura "divina". Mas não foram as palavras de Lísias que lhe provocaram tal reação, e sim a leitura de Fedro: "Passei por isso por tua causa, com os olhos em ti, que a mim parecias resplandecente à medida que lias o discurso. Convencido de que entendes disso bem mais do que eu, segui-te, e ao seguir acompanhei-te neste delírio báquico".**

Até aqui, claro, a cena foi sobre o amor — a retórica elevada de Lísias sobre a natureza do amor e o jogo de sedução entre Fedro e Sócrates. Mas foi também, sutilmente, sobre falar e escrever: a decepção de Fedro por não saber de cor o discurso de Lísias; a distinção entre apreciar uma performance e apreciar o texto manuscrito que a sustenta. Por meio desses detalhes quase incidentais da narrativa, estamos sendo apresentados à ideia de que há algo na fala — uma presença, digamos — que falta à escrita. É um tema que brota de forma silenciosa durante grande parte do diálogo, mas, próximo ao seu fim, Sócrates profere uma das mais famosas passagens de *Fedro* ao recontar um mito egípcio sobre o deus inventor Theuth. É a Theuth, diz Sócrates, que devemos agradecer pela aritmética, geometria, astronomia, pelo jogo de damas e pelos dados. A maior de todas as suas criações,

---

* Platão, *Fedro*. Trad. de Maria Cecília Gomes dos Reis. São Paulo: Penguin, 2016, p. 76.

** Ibid., p. 84.

no entanto, é a escrita. Um dia Theuth leva suas invenções a Tamos, o rei dos deuses, na esperança de ser autorizado a compartilhá-las com o povo do Egito. Tamos as inspeciona, elogiando algumas e dispensando outras. Quando chega à escrita, Theuth o interrompe para explicar: "Esta é uma instrução, ó rei, que fará os egípcios mais sábios e de melhor memória. Pois foi descoberta como uma droga para a memória e a sabedoria".* Mas Tamos não fica impressionado. Sua resposta é desanimadora:

> Engenhoso Theuth, um é aquele capaz de engendrar as artes, mas outro o que julga qual o lote de dano e utilidade trará a quem delas se servir. E tu, sendo o pai da escrita e por querer-lhe bem, dizes agora o contrário do poder que ela tem. Pois, por descuidar da memória, a escrita produzirá esquecimento nas almas dos que se instruírem, posto que, por uma persuasão exterior e pela ação de sinais estranhos, e não mais do interior de si e por si mesmos, recordarão. Portanto, descobriste uma droga não para a memória, mas para as recordações. E aos que receberem essa instrução concedes uma aparente e não verdadeira sabedoria. Pois, graças a ti, vão ouvir falar de muita coisa que não aprenderam e serão aparentemente sabidos em tudo, quando ignoram a maior parte — e ainda de *convívio difícil* —, feitos sábios em aparência se não em saberes.**

Para Sócrates, o mito ilustra como a escrita tem uma relação pobre com o discurso. Mesmo discursos elaborados como o de Lísias tornam-se língua morta quando escritos:

> Uma vez escrito, todo o discurso roda por toda a parte do mesmo modo — entre os que o compreendem bem como entre aque-

---

* Ibid., p. 136.
** Ibid., pp. 136-7.

les aos quais não convém —, e não sabem com quem devem ou não falar. E quando sofre ofensas e insultos injustamente sempre precisa da ajuda de seu pai: pois ele próprio não é capaz de se defender e nem de ajudar a si mesmo.*

No mito de Theuth, além disso, a escrita é acusada de incentivar maus hábitos, de nos tornar esquecidos conforme paramos de exercitar nossa capacidade de atenção. As pessoas ouvem sem aprender, embaladas pela conveniência da escrita, pela possibilidade de outra oportunidade, pela chance de ler mais tarde. (Aqui a crítica alude à incapacidade de Fedro de memorizar o discurso de Lísias, recorrendo em vez disso ao manuscrito emprestado.) A demonstração de uma sabedoria irreal: qualquer um que tenha livros não lidos na estante pode admitir que o argumento de Sócrates é válido. Mas dizer que há um "convívio difícil" com a sabedoria escrita? Isso é golpe baixo.

Não apresentei o exemplo de *Fedro* para fazer graça, mas porque é o paradigma da desconfiança e dos temores causados pela tecnologia da informação. Esses receios são tão antigos quanto a escrita, e nada têm de ingênuos: não se pode esperar interlocutor mais ilustre que Sócrates. No entanto, ainda que admiremos a lógica do argumento, quem hoje sente que, no âmbito do ensino e do conhecimento, as coisas foram ladeira abaixo após o advento da escrita? Ao ler sobre Theuth, com certeza encontramos resistência em nós mesmos, incapazes de aceitar seu ceticismo sobre o valor da escrita. Talvez sintamos que o *conceito* de aprendizado em si é adaptável, evoluindo em resposta às tecnologias de cada época; que o que talvez tenha parecido um declínio, a traição de um ideal, pode se tornar essencial, um novo ideal; que a erudição não é atemporal e

* Ibid., p. 138.

imutável, mas mutável e contingente, e que as perguntas que fazemos enquanto estudiosos têm muito a ver com as ferramentas de que dispomos.

Quanto ao índice de livro nos primeiros dois séculos de impressão, o júri permanece dividido entre os que, como Sócrates, viram a rápida expansão da tecnologia com nostálgica exasperação, e os que, como Fedro, se entusiasmaram para se beneficiar dela. Mas ainda não eliminamos o pessimismo. No próximo capítulo, veremos a situação chegar a um ponto crítico e a ideia de obter "conhecimento pelo índice" ser ridicularizada nos cafés do fim do século 17. No entanto, também veremos os engraçadinhos desperdiçarem suas piadas, que só servirão para reforçar o lugar do índice como parte indispensável da nova concepção de saber do Iluminismo.

"Não permitam a nenhum maldito tory* indexar meu *History*"

Combates nas páginas finais

> *Adicionei um índice ridículo somente para*
> *mostrar (aos tolos) que estou de brincadeira.*
> William Shenstone,
> "The School-Mistress"

É interessante como nossa habilidade de realizar pesquisas na internet de forma eficaz se desenvolveu nas últimas duas décadas. Quando surgiu a ferramenta de busca, não éramos muito bons em encontrar o que pesquisávamos. Um site do fim da década de 1990 introduziu o processamento de linguagem natural em sua codificação por imaginar que os usuários teriam dificuldade em abandonar a sintaxe cotidiana. Era possível digitar da maneira como falamos: "Por favor, poderia me informar qual é a capital da Mongólia?". O site foi chamado AskJeeves,** para que pudéssemos pensar nele como um empregado sabe-tudo que resolveria nossa desventurada peregrinação on-line. Vinte anos depois, contudo, deixamos de lado a sintaxe do cotidiano. Quando se trata de busca, aprendemos a nos comportar adequada-

---

* Membro do antigo partido britânico de orientação conservadora; o termo é ainda hoje utilizado em referência aos integrantes do moderno Partido Conservador. Opunham-se aos *whigs*, expressão popular corrente para designar o partido liberal do Reino Unido, também citado ao longo do capítulo.

** Ferramenta de busca interativa surgida em 1996, que competia com o Google e o Yahoo e que recebeu o nome do mordomo Jeeves, personagem criada por P. G. Wodehouse.

mente. Paramos de nos expressar da maneira como conversamos e nos aproximamos da linguagem sintética das bases de dados que coordenam o funcionamento das próprias ferramentas. Hoje em dia até minha mãe digita simplesmente "Mongólia capital". "A brevidade é a sagacidade do espírito", opina Polônio, em *Hamlet* — ironicamente ele mesmo é um falastrão. É essa também, todos nós aprendemos, a essência de uma boa busca. Para os compiladores de índice, essa descoberta não foi nenhuma novidade. Eles sabiam disso havia séculos.

Dada essa semelhança formal entre a concisão de uma entrada de índice e a mordacidade do *bon mot*, era apenas questão de tempo até que espíritos irreverentes do mundo literário descobrissem em suas páginas o veículo adequado para dar vazão à sagacidade. Fosse com a paráfrase pretensamente séria da poesia de má qualidade ("Jewsbury, srta., ocupa o tempo com coruja empalhada,* 151"), fosse como achincalhe afiado de um político caído em desgraça ("Aitken, Jonathan: admira especuladores, 59; vai para a cadeia, 60") ou como cáustica alfinetada num colega ("Peterhouse [College]: tertúlias não muito agradáveis, 46; ninho de tarados, 113"), o índice era um refúgio perfeito para manifestar sarcasmo sem dar muito na vista.[1]

Paradoxalmente, se o índice era celebrado pelas possibilidades que oferecia, sua sagacidade fincava raízes precisamente

---

* Conforme indicado pelo autor nas notas, essa entrada foi extraída do índice do livro *The Stuffed Owl: An Anthology of Bad Verse* [A coruja empalhada: uma antologia de versos ruins]. A entrada se refere ao poema "A coruja empalhada", de William Wordsworth, que, segundo o poeta, é inspirado no fato de que sua amiga (e também poeta) Maria Jane Jewsbury teria, durante um período de convalescença, ocupado o tempo ocioso com a contemplação de uma coruja empalhada. D. B. Wyndham Lewis e Charles Lee, editores dessa antologia satírica de versos ruins de grandes poetas da língua inglesa, extraíram seu título do poema de Wordsworth e introduziram uma entrada no índice que também ironiza Jewsbury.

nos receios a respeito de seu potencial de abuso, de ser ou não uma invenção de fato útil ou só um instrumento — assim como a escrita, de acordo com *Fedro* — que, pela própria conveniência, silenciosamente desabilita seus usuários. Vamos flagrar essa preocupação se intensificando no início do século 18, quando um mestre como Jonathan Swift fala da diferença entre os hábitos de leitura nos tempos antigos e nos tempos modernos:

> Todo o Curso das Coisas estando assim inteiramente mudado entre os *Antigos* e *Hoje*, e os *Modernos*, sabidamente cientes disso, nós, os da Época contemporânea, descobrimos um Método mais curto e prudente de nos tornarmos *Eruditos* e *Sábios* sem a fadiga de *Ler* ou de *Pensar*. É dúplice a mais arrematada Maneira de usar os Livros no presente: ou bem se pôr a seu serviço, como alguns Homens servem aos *Lordes*, aprendendo exatamente os seus *Títulos* e se gabando depois da *Intimidade*; ou bem, o que é de fato o Sistema mais polido, primoroso e profundo, dar uma Olhada meticulosa no *Índice*, pelo qual todo livro é orientado e impelido, como os *Peixes* pelo *Rabo*.[2]

As pessoas não leem mais, queixa-se ele. Os piores infratores enumeram livros em que nunca tocaram; os melhores não leem nada além do índice, que lhes dá um gostinho do conteúdo. Esse é um tema que Swift aprecia, e ao qual retorna em outra obra, do mesmo ano, em que condena leitores preguiçosos que fingem ter um conhecimento que não possuem. "São esses os Homens que pretendem compreender um Livro só pela exploração do *Índice*, como se um viajante pudesse descrever um *Palácio* quando, além da Privada, nada tenha visto."[3] O palácio e a privada: se admiramos a metáfora arquitetônica de Christopher Eccleston no capítulo anterior — a fortificação e o portão —, a de Swift é ainda melhor. Nesse meio-tempo, Alexander Pope, a mente mais sagaz e ácida de sua época, entra na briga com um dístico bem construído: "A aprendizagem por meio de índices não faz do estudante um pobre-diabo/ Ainda que pegue a enguia da ciência pelo rabo".[4] Para Pope e outros, estudantes *devem* ser pobres-diabos; o conhecimento é algo difícil de conquistar. O esforço de ler, o tempo investido — queimando vela noite adentro — é indispensável ao aprendizado.

Como chegamos a esse ponto? Quem esses intelectuais, essas grandes figuras literárias, pretendiam atacar? E o que isso tem a ver com índices engraçados? Neste capítulo, veremos três polêmicas — ou querelas literárias — que foram travadas entre 1698 e 1718, e que tiveram o índice como motor. E uma vez que o capítulo, estruturado em torno de três embates, segue um pouco o molde de um cartaz de luta afixado em um clube de boxe, faremos uma pausa e teremos um intervalo entre cada combate.

Antes de voltar ao final do século 17, vamos começar por algo mais próximo de nós. Hoje em dia, quando lemos um livro convencional de não ficção — um livro de história ou uma biografia, digamos —, é quase certo que ele virá com um índice. E, se for de uma editora que se preze, há uma boa chance de que esse índice tenha sido compilado por um profissional, talvez membro de alguma organização de classe como a American Society for Indexing, a Nederlands Indexers Netwerk, a Australia and New Zealand Society of Indexers, a Indexing Society of Canada e assim por diante. Dessas, a mais antiga é a Society of Indexers, fundada na Grã-Bretanha em 1957. Pouco depois de sua criação, a instituição recebeu uma carta do então primeiro-ministro, Harold Macmillan, desejando sucesso e compartilhando algumas de suas anedotas favoritas sobre índices. Pode parecer extraordinário — que um chefe de Estado encontrasse tempo para cumprimentar uma associação nova e, sejamos honestos, bem de nicho; que tivesse sido capaz de enumerar uma lista de seus índices favoritos; e até que soasse plausível o comentário "Mas tenho que resistir à tentação de continuar citando...". Entretanto, devemos ter em mente que a edição estava no DNA de Macmillan. Seu avô Daniel fundara a editora — ainda hoje em ótima saúde — que leva o nome da família, e onde Harold trabalhou por muitos anos antes e depois de sua carreira parlamentar.

Das histórias de índices contadas por Macmillan, a que chama minha atenção é a última, a única sobre política. Macmillan — um *tory* — relembra ("com o devido pesar") ter ouvido o "relato das instruções dadas por Macaulay: 'Não permitam a nenhum maldito *tory* indexar meu *History*'". Macaulay no caso é Thomas Babbington Macaulay, *whig* e historiador do século 19 que iniciou sua obra mais famosa, *The History of England*, em 1840 e ainda trabalhava no quinto volume à época de sua morte, em 1859. A cena talvez tenha ocorrido em seu leito de morte — suas últimas palavras, sussurradas ao editor: "Não permitam a nenhum maldito *tory* indexar meu *History*". O que Macaulay está insinuando, claro, é que um indexador inescrupuloso pode mudar radicalmente a tônica de um texto. E o subtexto é sua compreensão de como as pessoas leem livros de história — em especial uma obra-prima de cinco volumes como a dele: a maioria, a partir do fim, imiscuindo-se via índice, consultando o trabalho em busca do que precisa. Nesse caso, as ações de um indexador sem escrúpulos ou com viés *fazem* diferença. Macaulay estava bem ciente do momento específico, cerca de um século e meio antes de escrever seu *History of England*, em que o índice maledicente — usado como arma contra o texto principal — tornou-se moda.

No início do século 18, a política britânica estava organizada em duas grandes facções, os *tories* e os *whigs*. No centro de suas contendas encontrava-se uma discórdia aguerrida sobre o papel da monarquia e o status da dinastia real católica dos Stuart, deposta na Revolução Gloriosa de 1688. Grande parte da escaramuça pública entre essas duas facções era orquestrada por meio de panfletos políticos, numa atmosfera bélica de vale-tudo em que os libelos eram sempre ácidos, regularmente anônimos e às vezes se fingiam ventríloquos de seus inimigos para fazê-los parecer radicais, obtusos ou ambos. É nesse ambiente de publicações febril que surgem os índices zombeteiros. Nele, um livro de uma figura de determinada convicção teria seu índice compilado por alguém de outra, com entradas planejadas para ridicularizar o texto principal, chamando a atenção para seus momentos de banalidade ou pompa, sua simpatia por estrangeiros ou católicos, ou às vezes apenas para sua gramática desleixada. Embora tenha esbravejado a respeito de tais índices, temendo que — mesmo em pleno século 19 — pudesse se tornar vítima de um deles, Macaulay era capaz de admitir aquela genialidade. Sua própria biblioteca — agora preservada na Bodleian, em Oxford — abrigava uma obra satírica de 1698 cujo ponto alto era um índice espetacularmente derrisório. O trabalho, atribuído a Charles Boyle, era intitulado *Dr. Bentley's Dissertations on the Epistles of Phalaris, Examin'd...* [Dissertações do dr. Bentley sobre as epístolas de Fálaris examinadas por...] e, na folha de guarda do final, numa página com anotações a lápis, Macaulay o chamou de "obra-prima a seu modo".[5] Para entender por que ele pode ter considerado essa sátira uma obra-prima — e por que fez essa ressalva a sua avaliação acrescentando "a seu modo" —, vamos nos concentrar em nossa primeira luta: Boyle versus Bentley.

Dr BENTLEY's
DISSERTATIONS
ON THE
Epiſtles of PHALARIS,
AND THE
𝕱𝖆𝖇𝖑𝖊𝖘 𝖔𝖋 Æsop,
EXAMIN'D
By the Honourable
Charles Boyle, Eſq;

—— *Remember* Milo's *End ;*
Wedg'd in that Timber which he ſtrove to rend.
Roſcom. Eſſ. of Tranſl. Verſ.

𝕿𝖍𝖊 𝕾𝖊𝖈𝖔𝖓𝖉 𝕰𝖉𝖎𝖙𝖎𝖔𝖓.

LONDON,
Printed for *Tho. Bennet,* at the *Half-moon*
in St. *Paul's Church-yard.* 1698.

Diferente do que informa a folha de rosto, *Boyle against Bentley* foi em grande parte escrito pelo tutor de Boyle e alguns de seus colegas de universidade

CHARLES BOYLE VERSUS RICHARD BENTLEY:
UM BREVE RELATO EM FORMA DE ÍNDICE

Em 1695, o jovem nobre Charles Boyle publicou uma nova edição de um antigo texto grego. Boyle estudara em Christ Church, Oxford, universidade com incondicional afiliação política monarquista, usada como corte por Carlos I ao longo da guerra civil de meio século antes. E embora vários jovens da nobreza a tenham frequentado durante a segunda metade do século 17, ao que tudo indica Boyle foi o único em trinta anos a realmente se graduar. Encorajado por seus tutores, concebeu suas *Epistles of Phalaris* para serem vitrine tanto para a universidade quanto para seu pupilo célebre.

As *Epistles* ficaram conhecidas como uma coleção de cartas escritas por Fálaris, o tirano de Agrigento, na Sicília, no século 5 a.C. Entretanto, existia alguma incerteza a respeito de sua autenticidade, e a edição de Boyle levou Richard

Charles Boyle (1674-1731)

Richard Bentley (1662-1742)

Bentley, o bibliotecário do rei, a publicar *Dissertations on the Epistles of Phalaris*, afirmando que aquelas cartas teriam sido escritas vários séculos depois da morte de Fálaris. Toda a carreira de Bentley, embora ilustre e notável, foi também marcada por um número excessivo de brigas acaloradas. Ele parece ter sido uma dessas figuras que talvez não apreciem de fato um embate, mas que, por temperamento, são incapazes de moderar o tom para evitá-lo. De gênio refratário à calma e à afabilidade, criava ofensas e irritação por toda parte.

E sua resposta às *Epístolas* de Boyle não poderia ser diferente. Como as *Epístolas* não tinham sido obra apenas do próprio Boyle — espalharam-se rumores, e com razão, de que ele teve uma bela ajuda de seus tutores da Christ Church —, não foi surpresa que a universidade respondesse *en masse* às críticas de Bentley. O primeiro a publicar foi Anthony Alsop, à época estudante da Christ Church, cujo alvo, no prefácio à sua edição das *Fábulas de Esopo*, foi Bentley, a quem descreve como "um certo Richard Bentley, homem com uma habilidade excepcional quando se trata de folhear as páginas de dicionários".[6] É um insulto estranho e enigmático, mas podemos farejar o que está em jogo. Refere-se à oposição entre leitura *correta* e leitura de *extração*, entre estar familiarizado com textos literários e estar familiarizado apenas com obras de referência. É um ataque ao método de trabalho de Bentley, retratando-o como um autômato ou um trabalhador braçal, competente apenas para fazer buscas rápidas,[7] e estabelece o tom do revide da ofensiva da universidade contra Bentley que se seguirá.

É necessário entender *por que* Alsop lança essa farpa sobre dicionários como meio de punir Bentley por ter levantado suspeitas sobre as cartas. Antes, contudo, vamos olhar, por comparação, o argumento apresentado por William Temple em favor da autenticidade delas, já que delineia o campo de batalha em que se travou o combate:

Conheço muitos homens cultos (ou que se passam por tal, sob o nome de críticos) que não as consideraram genuínas [...]. Mas acho que deve ter pouca habilidade em pintura aquele que não consegue ver nisto um original; tal diversidade de paixões, a respeito de tamanha variedade de ações e passagens da vida e sobre o governo, tal liberdade de pensamento, tanta ousadia expressiva, tamanha magnanimidade com os amigos, tamanho desprezo pelos inimigos, tal reputação de erudito, tamanha estima pelo bem, tanta sabedoria de vida, tanto desdém pela morte, com tal selvageria da natureza e vingativa crueldade, não poderiam ser representados a não ser por quem as possuiu.[8]

Em termos lógicos, é uma tarefa mais fácil demonstrar a falsidade do que a veracidade de alguma coisa. Basta encontrar uma falha em um documento para demonstrar que ele é falso, enquanto provar que *não é* vai ser sempre uma tarefa baseada em suposições, no cálculo de probabilidades e na ausência — até onde se sabe — de evidências do contrário. Entretanto, em termos modernos, o argumento de Temple, se podemos chamá-lo dessa forma, é excepcional em sua ambiguidade rebuscada. Em essência, ele alega que o caráter majestoso é inimitável; por consequência, como as cartas de Fálaris o possuem em abundância, elas só podem ser obra do próprio tirano majestoso.

A maneira como Bentley constrói seu argumento de acusação não poderia ser mais diferente. Primeiro, cruzando o relato de vários historiadores clássicos, ele determina o período em que Fálaris deve ter reinado. Isso permite que se identifiquem anacronismos nas cartas, como um empréstimo de dinheiro dos cidadãos de Ftia. Como sabemos por meio do antigo historiador grego Diodoro que Ftia foi fundada por volta de 280 a.C., isso significa que Fálaris estaria "tomando empréstimos de uma cidade quase trezentos anos antes que ela fosse nomeada ou construída".[9] Em outro trecho, Bentley aproveita uma referência a dez pares de taças de Téricles dadas por Fálaris a seu médico. Mais uma vez, ele deduz que deve ser um deslize do falsário, já que Téricles, o oleiro coríntio que inventou esse tipo de taça, viveu mais de um século depois de Fálaris. Ao longo de sua demonstração, Bentley se baseia em várias obras de etimologia do período clássico e medieval para corroborar que as taças foram nomeadas em homenagem a seu inventor, e cita Ateneu, um gramático do século 2, para definir o período em que viveu Téricles.

Tudo isso, sem mencionar o hábito de Bentley de alternar inglês, latim e grego, contribui para uma leitura extenuante: condensada, altamente técnica e baseada em detalhes minuciosos. Não surpreende que os inimigos zombassem dele por seu pedantismo. Se comparada à defesa que Temple faz das epístolas, na retórica de Bentley não há nada de elevado, nenhuma frase elegante ou oratória inflamada; ao contrário, seu estilo é penosamente técnico, salpicado de citações clássicas, cada referência, qual evidência forense, servindo a um propósito no argumento. É fácil entender por que Alsop retrata Bentley com seus dicionários — palavras avulsas e suas histórias são peças-chave do método probatório de Bentley. Se Temple é um falastrão, Bentley é implicante.

Enquanto a alfinetada de Alsop em Bentley não era mais que zombaria, escrita em latim e sepultada no prefácio, o ataque seguinte da facção da Christ Church vem numa escala completamente diferente. *Dr. Bentley's Dissertations on the Epistles of Phalaris, and the Fables of Aesop, Examin'd...* — mais conhecido como

Boyle against Bentley — é uma investida feroz contra a reputação do bibliotecário do rei, com a extensão de um livro. Atribuída a Boyle na folha de rosto, sua composição foi de fato um esforço conjunto de uma confederação de membros da Christ Church: o próprio Boyle, seu tutor Francis Atterbury e os estudantes recém-ingressados William Freind e William King.[10]

Boyle against Bentley começa com a manjada retórica catastrofista sobre a ruína iminente do conhecimento pelas mãos de editores e comentaristas modernos. O prefácio também repete a acusação de Alsop, segundo a qual a crítica de Bentley é extraída de dicionários, mas vai além ao declarar de forma direta que esse é um método de conhecimento inválido: "Não estou, portanto, empenhado em defender a reputação [das epístolas de Fálaris] contra os ataques do dr. Bentley ou de qualquer outra pessoa que, com a ajuda do ócio e dos léxicos, se arvora em crítico sobre esse assunto". Em outras palavras, qualquer um com tempo suficiente e um dicionário à mão pode encontrar comentários para fazer sobre a alta literatura, mas eles serão desprezíveis — intrinsecamente sem valor —, de modo que não há necessidade de abordá-los. É uma declaração extraordinariamente ousada, mas, caso tenhamos qualquer dúvida sobre o sentido das palavras de Boyle e seus comparsas, a alegação é repetida generosamente ao longo da obra. Por exemplo: "O apêndice do dr. Bentley [ou seja, a *Dissertation*] tem toda a pompa e ostentação de conhecimento, sem a realidade". Bentley é acusado de ter usado *apenas* índices e dicionários: "O dr. Bentley, me parece, deveria ter se aprofundado em seu material e consultado os textos originais". Por último, cunham um par de expressões excelentes para resumir a situação: Bentley, acusado de uma forma de erudição puramente mediada, é um "*crítico de segunda mão*", enquanto seu método de trabalho, que depende de obras de referência, é rejeitado como "conhecimento *alfabético*". Mas os dicionários não são, é claro, a única fonte de conhecimento alfabético, e o índice também está sob ataque quando Boyle (ou qualquer de seus amigos que àquela altura esteja sendo seu ventríloquo) afirma: "Considero a caça a palavras e frases nos índices, depois de anagramas e acrósticos, a diversão mais vulgar a que um homem pode recorrer".

Apesar de toda a mordacidade ressentida, a característica mais notável de *Boyle against Bentley* é, de longe, sua sagacidade. Há uma seção de William King que mimetiza a crítica original de Bentley às epístolas de Fálaris, sugerindo que se os críticos, num futuro distante, tivessem a oportunidade de lê-la ("coisa que estou bem longe de achar que acontecerá"), observariam seu estilo tedioso e técnico e concluiriam que não poderia ter sido escrita por um inglês, devendo ser obra de um impostor tardio. É também King que oferece a passagem cômica mais engenhosa do livro: um índice.

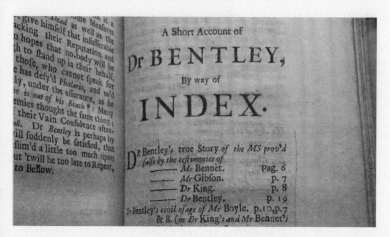

"A Short Account of Dr. Bentley, By Way of Index", incluído nas páginas finais de *Boyle against Bentley*

Esse índice de quatro páginas, inserido ao final do livro, tem o título de "A Short Account of Dr. Bentley, By Way of Index" [Uma breve descrição do dr. Bentley, por meio do índice], e, claro, cada entrada está relacionada a algum aspecto do caráter vulgar do crítico. Os leitores saberão onde encontrar o que precisarem conhecer sobre temas tão importantes como:

Sua estupidez flagrante, pp. 74, 106, 119, 135-7, 241

Seu pedantismo, pp. 93-9, 144, 216

Sua invocação a estrangeiros, pp. 13-5

Sua notória familiaridade com livros que nunca leu, pp. 76, 98, 115, 232

É um magnífico ataque duplo. Parte da comicidade do índice de King é que as referências às páginas estão corretas. Se seguirmos a remissão até "Sua coleção de provérbios *asininos*, p. 220", de fato estaremos na página em que Bentley é acusado de citar o mesmo provérbio — sobre um asno — em dois momentos diferentes de sua *Dissertation*. Aparentemente, então, a graça de "A Short Account of Dr. Bentley" está no fato de que o leitor sem tempo que precisasse averiguar algum aspecto específico das facetas desagradáveis do dr. Bentley poderia se deleitar com o suporte de um índice funcional. Ao mesmo tempo, há um ataque velado, uma zombaria ao "crítico de segunda mão", dependente de índices e sempre ao largo da literatura em si.

Boyle against Bentley foi um sucesso considerável. Atacando não os detalhes dos argumentos de Bentley — que eram herméticos e obscuros —, mas o próprio Bentley, a facção da Christ Church produziu uma invectiva arguta e acessível que tornou o crítico alvo de zombaria em tavernas e cafés. Até correram alguns boatos de que haveria mais do mesmo, caso Bentley ousasse responder; um café chegou a fazer troça dessa memorável ofensiva verbal: "Deixem o doutor replicar quando quiser, eles estão prontos; pelo que sei [...] eles o esperam com mijo e chicote". A metáfora vem do hipismo, da prática de encharcar o chicote de montaria com urina para preservar sua elasticidade.[11] Apesar de toda a sua vulgaridade, *Boyle against Bentley* é uma leitura extremamente divertida (o que não se poderia dizer a respeito da *Dissertation* de Bentley). Macaulay considerou-a uma obra-prima, ainda que "a seu modo": no campo limitado dos ataques contra oponentes merecedores. Mais tarde ele vai expandir esse juízo, chamando-o de "o melhor livro de um homem que está do lado errado de uma causa sobre a qual é profundamente ignorante", numa avaliação nitidamente ambígua sobre a sagacidade e a habilidade dos adeptos de Boyle como classicistas.[12]

Boyle against Bentley, no entanto, teve um efeito colateral curioso. O golpe de mestre de King, ao inventar um simulacro de índice para escarnecer de quem obtinha conhecimento por ele, apenas aumentou o apetite pela ferramenta. O índice zombeteiro tinha um potencial enorme. Poderia ser mobilizado de novo, contra diferentes alvos. Mas há um porém. Se o índice satírico deixa de ser uma piada autorreferente, uma piada *sobre* índices — *contra* índices —, aí ele começa a trabalhar no sentido oposto, promovendo o índice, tornando-o inofensivo, realçando seus pontos fortes. É hora de nosso primeiro interlúdio antes do próximo combate.

INTERVALO: O NOVO BRINQUEDO DE WILLIAM KING

Com *Boyle against Bentley*, a noção de índice satírico ganhou asas.[13] Nos dois anos que se seguiram à aparição do primeiro, King produziria mais três obras satíricas, duas das quais incluíam paródias de índices, enquanto a outra, *Dialogues of the*

Dead [Diálogos dos mortos], ainda insistiria na controvérsia envolvendo Fálaris e uma personagem chamada Bentivoglio, que lia dicionários como se fossem obras literárias. King pode até abandonar Fálaris, mas não o índice cômico. Em *A Journey to London* [Uma viagem a Londres], o tema da sátira é *A Journey to Paris* [Uma viagem a Paris, 1699], de Martin Lister, um diário de viagem que King julgara simpático demais aos franceses.[14] Enquanto o livro de Lister não possui índice, a paródia de King traz um. Nesse caso, em vez de um ataque pessoal ao autor, a graça se baseia em aspectos extravagantes da obra. Entradas na lista alfabética incluem "cogumelos", "elogio a estátuas nuas" e "gatinho em um compressor de ar", uma indicação da tolice do texto indexado e, por extensão, do ridículo do texto do qual é paródia.[15]

No ano seguinte King refinaria seu método, elaborando um índice que apresenta quase integralmente o conteúdo da sátira. Agora o alvo é a revista da Royal Society, *Philosophical Transactions*, criada em 1665, cinco anos depois da fundação da sociedade. Em vez de registrar artigos e experiências dos membros mais eminentes da instituição, o periódico publicaria as cartas de cientistas amadores de todo o país.[16] Em 1700 o editor era Hans Sloane, cujo estilo e falta de critério enfureciam King. No prefácio de sua obra *The Transactioneer*, publicada anonimamente, King reclama que:

> Qualquer um que leia sua *Transactions*, seja na *Inglaterra* ou além-mar, vocifera que os assuntos abordados são em geral extremamente ruins e ridículos: e que a abordagem é tão vazia, o estilo tão confuso e ininteligível, que está claro que ele está longe de possuir algum conhecimento, até mesmo da mais elementar gramática.[17]

A melhor maneira de satirizar o periódico é citar trechos diretamente: o ridículo inerente ficaria claro, conclui King, alegando que as deficiências de Sloane são "tão evidentes em cada linha que publicou, que suas próprias palavras serão a melhor prova do que digo, e fui tão cuidadoso ao reproduzi-las que o desafio a provar que houve alguma deturpação". No índice, porém, as citações criteriosas são resumidas em uma frase, uma sinopse zombeteira que alfineta a pompa do original ao iluminar com malícia sua estupidez latente. É um método que King desenvolveu a partir de *A Journey to London*, e o índice de *Transactioneer* é um prodígio de tolices deliberadas. Aqui, por exemplo, está uma passagem sobre os efeitos da papoula-dormideira, citação textual de um artigo da *Philosophical Transactions* de alguns anos antes.[18] O autor reporta o caso de um boticário da Cornualha, Charles Worth, que "providenciou uma torta da dita papoula":

> ao comer da referida torta de papoula, ainda quente, [ele] foi tomado de tamanho delírio que o fez imaginar que tudo o que via era ouro e, pedindo um penico, sendo ele de argila branca, depois de ter nele purgado as fezes, quebrou-o em pedaços e ofereceu-os aos presentes, pois eram ouro [...]. Mas esses não foram todos os efeitos da *Papaver corniculatum* [papoula de chifre amarelo]. Pois os serviçais, tendo comido da mesma torta, despiram-se até ficarem nus, então dançaram um contra o outro por muito tempo [...]. A senhora, que tinha ido ao mercado, ao voltar para casa perguntou: "E agora? O que fazer?". Sua empregada lhe mostrou o traseiro e, purgando abundantemente, disse: "Patroa, é ouro para a senhora".[19]

Informação demais? King com certeza pensa que sim. O índice do *Transactioneer* sintetiza, deliciosamente, tudo que precisamos saber: "Charles Worth, funcionário e empregada de, evacuam alegremente, p. 39". Entradas adicionais incluem:

Sr. Ray, definição de dildo, p. 11

Removedor chinês de cera de ouvido, p. 15

Limpar os ouvidos em profundidade, perigoso, ibid.

Que homens não podem engolir quando estão mortos, p. 28

Que uma concha não é uma casca, p. 31

Dr. Lister mordido por um cetáceo, e como em seguida seu dedo infeccionou, p. 48

A cabeça que era um saco, p. 56

Suínos que c*gam sabão, p. 66

Bois que c*gam fogo, p. 67

Com seu índice, King nos convida a ler como ele a *Philosophical Transactions*, isto é, obstinadamente concentrado no conteúdo e intencionalmente cego a qualquer valor científico que possa estar ali implícito.

Em três obras distintas, King foi aperfeiçoando um formato de sátira que, por meio do índice, virava as palavras do autor contra ele mesmo — um indexador espirituoso poderia ressaltar o ridículo ou as inconsistências de um texto aparentemente inofensivo. Tal mecanismo logo será imitado. Hora do segundo combate.

WILLIAM BROMLEY VERSUS JOSEPH ADDISON: *TORIES*, *WHIGS* E DIÁRIOS DE VIAGENS

O gatilho inicial da próxima onda de índices zombeteiros foi a eleição para presidente da Câmara dos Comuns de 1705. O orador em exercício era Robert Harley e, entre os candidatos, estava William Bromley, um *tory* e ex-membro da Christ Church.

Em 1691, aproximando-se dos trinta anos, Bromley fez o mesmo que muitos jovens nobres de sua época: o Grand Tour,

William Bromley (1663-1732)   Joseph Addison (1672-1719)

com viagens à França e à Itália. Ao retornar, mais uma vez como muitos nobres antes dele, escreveu e publicou um relato de suas viagens. Em um prefácio um pouco defensivo, o jovem Bromley reconhece que escrever tais relatos se tornara um clichê, mas, claro, segue em frente e publica mesmo assim, ainda que tenha tomado a precaução de fazê-lo anonimamente, para não ser acusado de querer fama com um gesto tão pouco original. A folha de rosto apenas informa modestamente que o autor é "uma pessoa virtuosa".

No entanto, cerca de treze anos depois, esse anonimato não seria capaz de ocultar dos rivais políticos de Bromley as *Remarks* [Observações] que ele publicara havia tanto tempo. Em 22 de outubro, três dias antes da eleição — o timing é notável: tempo suficiente para espalhar uma fofoca, mas não o bastante para que ela seja esquecida —, surge uma segunda edição das viagens de Bromley. Mais de uma década depois da primeira tiragem, *Remarks* voltava à gráfica, apesar do autor não ter autorizado a reimpressão. A folha de rosto anuncia, inocente, a única mudança no livro originalmente lançado em 1692: "SEGUNDA EDIÇÃO. Com acréscimo de um índice dos principais assuntos".

Seguindo o exemplo do *Transactioneer*, de King, a segunda edição de *Remarks in the Grand Tour* [Observações sobre o Grand Tour] não altera nenhuma palavra da edição anterior. O índice acrescentado, entretanto, ressalta aspectos do texto que podem deixar Bromley em maus lençóis. Por exemplo, faz saltar aos olhos do leitor trechos em que o autor soa pedante ou confuso: "*Chatham*, onde e como está situado, a saber, no lado oposto da ponte *Rochester*, embora comumente se relate estar do lado de cá, p. 1". Quando ele afirma o óbvio: "*Nápoles* a capital do reino de *Nápoles*, p. 195". Momentos de "papismo": "O escritor beijou as pantufas pontificiais *e recebeu a bênção do Papa*, mesmo sendo reconhecidamente protestante [...], p. 149". Mas é quando Bromley soa simplesmente banal ou idiota que o índice fica mais engraçado, como quando Bromley é flagrado refletindo sobre peixes no lago de Garda e o índice recapitula com enfado tais reflexões: "*Carpioni*, peixes do lago *de Garda*; pela semelhança do peixe e do nome, o escritor se pergunta se não é o equivalente a nossas carpas, p. 50".

Quando perde a eleição, Bromley se enfurece e considera decisiva para seu fracasso a humilhação do índice satírico. Em uma nota escrita à mão no frontispício de sua própria cópia, ele esbraveja sarcasticamente contra seus adversários políticos:

Esta edição destas viagens é uma amostra da boa índole e das boas maneiras dos *whigs*, e tenho razões para acreditar que alguém no ministério (muito familiarizado com esse tipo de calúnia) publicou o índice de assuntos principais etc. com o intuito de me expor — a mim, designado pelos cavalheiros da Igreja Anglicana para ser presidente da Câmara dos Comuns [...]. Foi uma ação maldosa, minhas palavras e seu significado foram deliberadamente distorcidos em muitas ocasiões; se fui inadequado, e se impertinentes ou desimportantes foram algumas observações, poder-se-ia dar um desconto pelo fato de ser eu muito jovem à época em que foram feitas.[20]

A suspeita de Bromley de que o conluio vinha do ministério estava correta. A reimpressão e o índice haviam sido organizados por ninguém menos que Robert Harley, o presidente de saída, que mantinha escondido em sua casa um estoque do ofensivo volume e distribuía exemplares com prazer para quem quer que o visitasse.[21]

Como a marginália de Bromley mostra, as investidas contra seu *Remarks* foram um duro golpe para os *tories*, além de constituir um novo modelo de ataque satírico contra publicações de inimigos políticos. Para Joseph Addison, notório *whig*, foi uma coincidência perversa que seu próprio diário de viagem tivesse o lançamento agendado para poucas semanas depois da eleição para presidente. Addison ganhava proeminência tanto como escritor quanto como político, e em 1705 era subsecretário de Estado. Quando, em novembro daquele ano, saiu seu *Remarks on Several Parts of Italy* [Observações sobre várias partes da Itália], apresentou-se uma inegável oportunidade para os satiristas *tories* o submeterem ao mesmo tratamento dispensado a Bromley. Assim, além do índice alfabético perfeitamente razoável incorporado ao livro de Addison, não apenas um, mas dois índices satíricos com títulos quase idênticos foram lançados às pressas como panfletos independentes, e no ano seguinte publicou-se uma edição de luxo que reunia os dois.

O primeiro, em vez de deixar pura e simplesmente as palavras de Addison falarem por si, acrescenta comentários sarcásticos em itálico após cada entrada, repreendendo a tautologia do autor ("Plantas nativas crescem naturalmente em Cassis. *E onde não?*, 1"); a péssima gramática ("*Mesmo* usado como adjetivo sem nenhum antecedente. *Mandem-no de volta para a escola*, 20, 21"); a simpatia pelo catolicismo ("Os papas geralmente são homens eruditos e virtuosos. *Vide Visão do papado*, 180"), ou simplesmente a banalidade ("O autor ainda não viu nenhum jardim na Itália digno de nota. *Deixe para lá*, 59").[22]

O segundo se atém ao modelo do *Transactioneer* de King, com toda sutileza e ironia restritas às entradas do índice: "A cor não se expressa pelo cinzel, 330" e "Água é de grande utilidade quando um incêndio está prestes a acontecer, 443",[23] por exemplo. O indexador consegue até dar o troco do ataque ao interesse de Bromley por carpas atribuindo a Addison banalidade semelhante: "O lago do Mont-Cenis é bem abastecido de trutas, 445". Diferentemente do primeiro livreto, este inclui um prefácio constatando que outro satirista já havia nocauteado Addison, e usa esse fato para inferir com sarcasmo que a obra deve ser sábia e maravilhosa: "Não me surpreende encontrar tantas mentes trabalhando para compilar e indexar tão vasto e inexaurível tesouro do conhecimento". O prefácio segue, entretanto, tendo como alvo um antigo inimigo:

> Agrada-me que este índice só tenha coincidido com o anterior em um ou dois pontos, e que meu trabalho também possa ser vantajoso e benéfico para o mundo ilustrado. Não é da mesma envergadura que alguns léxicos e glossários holandeses, mas não perco a esperança de que encontre um lugar (já que é um índice) na mais erudita, renomada e *humanitária* biblioteca, a do dr. Bentley. Será de particular utilidade para ele em sua próxima controvérsia; mesmo que não haja uma única palavra a respeito das *Epístolas* de Fálaris, ainda assim será útil a esse ou qualquer outro debate, como grande parte dos livros citados em seu polido e refinado *Dissertation*.

Reacendendo antigas hostilidades entre ele e Bentley, acusando-o uma vez mais de ser um especialista em índices e insinuando que seu *Dissertation* estava entremeado de citações irrelevantes: esse é um índice coalhado das digitais de William King.

INTERVALO: OS ÍNDICES POÉTICOS DE JOHN GAY

William King morreu no dia de Natal, em 1712, um ano antes de seu quinquagésimo aniversário. Seus contemporâneos comentaram que ele foi um talento desperdiçado — um homem genial que poderia ter se tornado um grande poeta ou juiz bem-sucedido, caso não houvesse sido "tão dedicado à bufonaria, que o fez negligenciar seu próprio negócio, ficar muito pobre e morrer de forma desprezível".[24] Tinha a fama de ter lido 22 mil livros ao longo de seus oito anos na Christ Church (afirmação que mais tarde o dr. Johnson demonstraria, com alguns cálculos rápidos, ser um enorme exagero).[25] Passou seus últimos anos bêbado e falido. Quando Jonathan Swift conseguiu-lhe um emprego como editor de uma revista — contanto que se mantivesse sóbrio e diligente —, King resistiu apenas dois meses no posto.

Entretanto, suas inovações como indexador sacana sobreviveram, apesar de toda bufonaria. No ano anterior à sua morte, o poeta e dramaturgo John Gay o mencionou na obra *The Present State of Wit* [O estado atual da inteligência]. Gay observa que a carreira de King fracassara. Seu talento para o humor era grande, mas, por ser monotemático, "a cidade logo se viu cansada de seus escritos".[26] Ainda assim, é nítido que Gay adotou alguns de seus métodos. Seu longo poema "The Shepherd's Week" [A semana do pastor], de 1714, vem com um índice extravagante — "Um catálogo alfabético de nomes, plantas, flores, frutas, pássaros, feras, insetos e outras coisas materiais mencionadas pelo autor"

— que ganha comicidade ao misturar pessoas e coisas: "Gralha, 6, 21; Gengibre, 49; Ganso, 6, 25, 45; Gillian of Croydon, 42".[27] Entretanto, é o segundo índice poético de Gay, publicado com seu poema anti-heroico *Trivia, or the Art of Walking the Streets of London* [Curiosidades, ou a arte de andar pelas ruas de Londres, 1716], que revela seu aprendizado com o mestre.

Trivia em si é um belo exemplo de comédia urbana em dísticos rimados e, à sua maneira, um diário de viagem como os Grand Tours de Bromley ou Addison. O território que cobre, entretanto, é a Londres do início do século 18, servindo de guia dos tipos que se avistam numa caminhada pela cidade. Seu índice funciona como o de King em *Transactioneer*, o humor advindo da surpresa das cenas apresentadas nas entradas listadas. Uma passagem sobre futebol, por exemplo, nos dá uma imagem não tanto da beleza do jogo, mas de algo bárbaro e sujo, que qualquer um em sã consciência gostaria de evitar (uma nota de margem impressa ao lado diz apenas "Os perigos do futebol"):

No Covent Garden, famoso templo

Que ostenta, das mãos imortais de Jones, o intento;

Surgem colunas muito magníficentes

E conduzem à praça os pórticos atraentes:

Aqui, do meu curso sempre me desvio quando na linha do sol

Vislumbro as fúrias da guerra do futebol:

Para se juntar ao time, sai da loja o novato

E, perseguindo o jogo de voo, se vê aumentado o populacho.

À medida que rola a bola sobre o solo nevado,

Cresce a cada embate a reunião do bolado;

Mas para onde devo correr? A multidão se aproxima

Voa alto a bola que agora pela rua desliza;

O habilidoso vidraceiro rebate com força

E na cobertura o som de vidraças ressoa.[28]

A cena é de jovens rapazes, novatos, que saem correndo de suas lojas atrás de uma bola para chutá-la pelas ruas cobertas de neve do Covent Garden. Termina com um deles — um vidraceiro — chutando a bola tão alto que ela atinge o caixilho da janela do andar superior de uma casa. Como o índice representa essa vinheta? Com uma entrada completamente inexpressiva que parece quase irrelevante: "Vidraceiro, sua habilidade no futebol, p. 36". Uma particularidade um tanto específica: por que não ter a entrada "novatos"? E por que dizer que ele é *habilidoso*, se quebrou a janela? Talvez esse seja outro índice sarcástico, como aqueles escritos contra os diários de viagem. Mas acho que não. Há algo bem mais sutil acontecendo. A sagacidade aqui não está no sarcasmo, mas na insinuação. Afinal, quem quebrou a janela? O vidraceiro. Que conveniente. Será que não fez de propósito para conseguir trabalho? Se assim for, ele teria de ser um jogador de futebol habilidoso... e é exatamente isso que o índice nos diz. O que parece uma coincidência quando lemos o texto principal do poema torna-se algo mais calculado quando o índice nos informa que ele é *habilidoso* no futebol. Quebrar o vidro é um meio de garantir trabalho para si e para seu patrão. O índice contém informações ocultas — está nele a chave para compreender a sátira do poema.

Ao mesmo tempo, há outro plano cômico no índice de *Trivia* que não depende do poema principal mas se entretece à trama do índice em si e ultrapassa as inovações de King. Trata-se de um humor de justaposição, no qual o índice cria suas próprias narrativas em miniatura. Como muitos índices da época, a ordem alfabética se aplica apenas à primeira letra de cada palavra-chave; depois, as entradas são ordenadas na sequência em que aparecem no poema. Isso dá alguma margem de manobra para Gay decidir quais entradas ficarão próximas dentro do índice.

Assim, temos esta mistura sob "Cs":

Cristo, nascimento de, tempo de caridade geral, ibid.
Coches, aqueles que os mantêm sem caridade, p. 42
Caridade mais praticada pelos pedestres, ibid.
    onde praticada com juízo, ibid.
    não deve ser adiada, ibid.
Cadeiras, seu perigo, p. 46
Coches, participação em graves acidentes, ibid.
    desprezados por pedestres, p. 49
    mantidos por gigolôs e cafetões, p. 50

Surge aqui uma narrativa sobre a falta de caridade dos cocheiros, terminando em duas piadas sobre um acidente envolvendo um coche e o tipo de pessoa com mais chances de ter um. De modo semelhante, a lista de tipos de personagens que compõe quase a totalidade da sessão B evidencia algum planejamento ao compilar o índice:

Vendedores de imóveis [*Brokers*] que têm coches, p. 8
Vendedor de livro [*Bookseller*], hábil na previsão do clima, p. 11
Veterinário [*Barber*], a ser evitado, p. 23
Vendedor de pão [*Baker*], a quem é prejudicial, ibid.
Vendedores de carne [*Butchers*] a serem evitados, p. 24
Vendedor de apostas [*Bully*], insolência a ser corrigida, p. 25
Vendedor de imóveis [*Broker*], por onde costuma andar, p. 31

Há uma consistência na sintaxe das entradas aqui, surge um tipo de poesia: uma série de comerciantes e uma visão bem-humorada de cada um. Eles têm algo em comum, mesmo que não apareçam próximos na obra.

O índice de Gay também tem sua cota de entradas singulares e muito divertidas: "Queijo que o autor não ama", "Estúpidos, sua arrogância" ou "Nariz, seu uso". Embora zombe de vários estereótipos urbanos — vidraceiros espertalhões, cocheiros agressivos e vendedores de carne a se evitar —, a performance de modo geral parece livre da perversidade e da bile que caracterizavam a sagacidade dos índices que vieram antes. E que vão reaparecer em nosso terceiro e último combate — o mais implacável de todos.

LAURENCE ECHARD VERSUS JOHN OLDMIXON: INDEXAÇÃO DE MÁ-FÉ

Até aqui, os índices deste capítulo foram efetivamente performances literárias — piadas que usaram o formato de índice. Diziam muito de seus criadores e sobre as pessoas que satirizavam. Eram figuras notáveis — celebridades, se preferirem — do mundo da literatura ou da política, ou da nobreza. Até vimos seus retratos, porque eram o tipo de pessoas de quem se faziam retratos. O índice de nosso último combate é bem diferente. Ainda faz parte da acalorada agitação política do início do século 18, de *tories* versus *whigs*, mas dessa vez é um índice *real*, compilado por um indexador profissional — alguém que dava duro como trabalhador comum da indústria editorial, que não era nem nobre nem escritor célebre.

Seu nome era John Oldmixon e, apesar de não existir nenhuma imagem sua, existe um ácido retrato escrito por Alexander Pope, que o descreve se atirando "em majestosa nudez" no esgoto a céu aberto de Fleet Ditch.[29] Propagandista devotado da causa *whig*, ele é apresentado como "um virulento escritor de aluguel do partido", ataque que o faz parecer mercenário *e* extremista, se é que isso é possível. No entanto, seus editores o imaginavam menos raivoso como compilador de índices do que como autor independente. Então aconteceu que, próximo ao fim de 1717, o editor Jacob Tonson, o Jovem, o contratou para indexar uma obra fortemente simpática aos *tories*: a *History of England*, em três volumes, de Laurence Echard.

Ao contrário de Oldmixon, pobre e definhando na obscuridade em Devon, Echard era uma figura do establishment. Era arquidiácono de Stow, e — mais uma vez, ao contrário de Oldmixon — temos um retrato para nos mostrar como era. Mais do que isso, temos a correspondência em que ouvimos Echard sugerir com vaidade algumas melhorias no retrato. A imagem foi feita para o frontispício do relançamento de *History*, em 1720, e aqui está a carta que ele mandou a seu editor sobre ela:

A imagem incluída corresponde muito bem ao rosto e à peruca, porém há quem pense que a parte média e a superior da testa requer uma pequena cobertura pela peruca. Mas não posso dizer que eu seja dessa opinião. Acho que de fato as mãos, e algumas das partes inferiores do recorte, ainda precisam de *acabamento*.[30]

A solicitação é um exemplo elegante de exercício de autoridade: percorrendo o retrato, da peruca até as mãos, seu autor modula o tom, que parte da alegre satisfação, passa pelos primeiros vislumbres de crítica — "porém há quem pense..." — até chegar ao cerne da questão: o retrato precisará de alterações. Ha ha, não, mas *sério*. Esse é o tom de alguém acostumado a conseguir o que quer.

Oldmixon, em contrapartida, não prima pela diplomacia. Só sabe se comunicar de dois jeitos — choramingando e vociferando —, e suas cartas oscilam entre os dois. Aqui, ele está negociando o pagamento de seu índice para o *History* de Echard e comparando-o com outro trabalho de indexação que havia feito para um editor diferente (*Compleat History*, de White Kennett, publicado por William Nicolson):

> É muito longo e, se eu exigisse doze guinéus por ele, seria pouco [...]. Pelo índice dos três volumes de Kennett eu recebi 35 libras de Nicolson — e isso, tenho certeza, foi proporcionalmente mais bem pago, e trabalhei neles por três difíceis semanas. *Por menos de dez libras, definitivamente não aceito* [...]. Por favor, mande-me os livros que pedi e o terceiro volume de Echard para fazer esse índice também [...] você terá o outro na próxima semana, muito bem-feito. Aquele já enviado me custou muito sofrimento e merece doze libras, sendo um terço do que recebi de uma criatura tão avarenta como Nicolson para fazer o de Kennett.[31]

É uma barganha grosseira. Lê-la é como escutar apenas um lado de um telefonema, possivelmente sobre a venda de um carro, mas, é claro, isso é uma carta: ninguém está interrompendo Oldmixon enquanto ele muda de posição, primeiro exigindo doze guinéus, depois dez libras, depois doze libras, ou quando critica o avarento Nicolson e traz à discussão quão bom seu último índice era. Não se trata exatamente, portanto, de um negociador tranquilo. Mas Oldmixon, ao que parece, tem algumas cartas na manga.

Em 1729, uma boa década depois de *History*, de Echard, começar a ser vendido, apareceu um panfleto anônimo indignado com o índice da obra. Na folha de rosto do panfleto, chamado *The Index-Writer* [O escritor de índice], o autor se enfurece com o "HISTORIADOR WHIG" (tudo em maiúsculas raivosas) que foi "parcial" e "desleal" ao difamar o grande arquidiácono. A segunda página nos esclarece melhor o que Oldmixon fez e nos dá uma noção de como os indexadores profissionais eram vistos na cadeia alimentar editorial do início do século 18:

Pode ser útil informar ao leitor que, quando o arquidiácono Echard terminou o terceiro volume de sua *History of England*, o penoso trabalho de compilar o índice foi deixado para alguém que não era considerado inapto para tarefa tão humilde quanto dar um epítome alfabético para o volume: não se suspeitava que alguém assim empregado fosse tão completamente desprovido de qualquer vergonha a ponto de perverter o significado das palavras de seu autor, abuso que pode ser facilmente descoberto, expondo sua injustiça à opinião pública; mas ocorreu então que a forte propensão que essa pessoa tinha de servir à facção, e sua pouca consideração pela verdade, levaram-na a elaborar um índice em muitos momentos contrário à obra — o leitor, surpreso, lerá uma coisa no livro e outra no índice. Essa prática desleal é o assunto do seguinte tratado.[32]

Ao ler esse trecho, é difícil não sentir alguma compaixão por Oldmixon. "Não foi considerado inapto para tarefa tão humilde" — uma frase que certamente inspira indignação. Para o leitor moderno, ao menos, a passagem falha em seu propósito, nos fazendo sentir certa satisfação em saber que o humilde indexador encontrou um modo de sabotar seus supostos superiores: os ventos mudaram. O que quer que o pobre e esquisito Oldmixon tenha feito, queremos estar do seu lado, torcendo contra o presunçoso e melífluo arquidiácono e seus apoiadores.

Mas como exatamente Oldmixon conseguiu sabotar o autor do livro? Na verdade, seu método não diferiu muito do de William King em *Transactioneer*. Ele usa a entrada de índice, breve e ágil, como contraponto sarcástico ao texto principal. Aqui, por exemplo, Echard está contando a história de Richard Nelthorp, envolvido na conspiração de Rye House para assassinar Carlos II:

[Nelthorp e seu cúmplice] foram levados de Newgate para a corte do Conselho Real; onde, tendo lhes sido perguntado "Por que não deveria ser decretada sua execução, em função de seu desacato à lei por alta traição, ao conspirar pela morte do rei Carlos II"; e, não tendo nada a declarar que os beneficiasse, o tribunal estabeleceu que ambos deveriam ser executados na sexta-feira seguinte e, consequentemente, eles foram enforcados.[33]

O que Echard está tentando demonstrar é que Nelthorp era culpado de alta traição e sua execução, justa. O índice de Oldmixon, contudo, nos apresenta o seguinte: "Nelthorp, Richard, advogado enforcado sem julgamento à época do rei Jaime". A mudança de ênfase não podia ser mais flagrante. Para Oldmixon, o revoltante é que um julgamento adequado tenha sido negado a essas pessoas. Perguntaram a elas se tinham algo a dizer como atenuante e a resposta foi não — mas isso não configura devido processo legal. O autor do panfleto fica furioso: "Não acuso aqui o indexador de dizer algo parcialmente falso, mas de suprimir a verdadeira razão dos enforcamentos sem julgamento, a saber, que os acusados desacataram a lei e, por essa razão, como pena, perderam seus direitos civis".[34]

Outro exemplo da astúcia de Oldmixon concerne ao nascimento, em 1685, de um filho de Jaime II com a rainha. Após uma série de abortos, parecia que Jaime não teria um herdeiro e sucessor — o que muitos não lamentavam, já que o rei e a rainha eram católicos, enquanto seu sobrinho, que herdaria o trono caso não houvesse sucessor direto, era protestante. Entre o partido Whig, espalhou-se uma teoria conspiratória conveniente, mas inverossímil, de que o bebê não era de Mary e, portanto, não seria um herdeiro legítimo. A criança, diziam, havia sido introduzida clandestinamente em sua cama num escalda-leito — uma espécie de bolsa térmica antiga — de maneira que o casal pudesse criá-lo como seu próprio filho para dar continuidade à dinastia católica.

Eis como Echard relata o rumor: "Em relação ao escalda-leito, foi dito que [...] era impossível pôr um recém-nascido, com a placenta, no estreito diâmetro de um escalda-leito sem o sufocar".[35] E eis como o índice se refere a essa passagem: "Escalda-leito, muito útil à rainha do rei Jaime". Oldmixon não apenas está indo na direção diametralmente oposta à de Echard, como o faz com uma piscadela sarcástica. Os leitores de Echard ficaram apopléticos. O panfletista se enerva:

> Aqui, o camarada zomba de uma dama de sublime qualidade e ao mesmo tempo ridiculariza o autor; e embora esse escritor venenoso não tivesse consideração por Sua Majestade, seria de pensar que, como mercenário, teria mostrado algum respeito pela pessoa que o pagou: seu mestre [...] está longe de ser ridículo, quando se considera que um escalda-leito geralmente tem entre dezessete e dezenove centímetros e um recém-nascido, quarenta centímetros.[36]

É uma mistura explosiva de acusação pessoal e profissional. Oldmixon foi desonesto com o texto que está indexando e desrespeitoso com a realeza — abusou de sua condição de "mercenário". Para além de toda essa indignação, há uma hilaridade não intencional na precisão desses detalhes — o tamanho médio de um escalda-leito e de um bebê —, um anticlímax que vem da mudança de tom: da fúria para um pedantismo ressentido. Se antes vimos Echard sendo levemente autoritário em relação a seu retrato, que deixou sua testa muito grande, aqui vemos que seus apoiadores podem perder o controle por causa de um índice.

No fim da vida, Oldmixon escreveu o devastador e deprimente *Memoirs of the Press* [Memórias da edição], um registro de suas dificuldades no mundo editorial e como soldado raso em meio às disputas políticas de seu tempo. Rememorando o incidente com Echard, ele não manifesta remorso. Era um livro intoleravelmente partidário, ele diz, repleto de "afirmações falsas e atrevidas" — tanto que "só pôde manter vivo o ardor que sempre senti no peito em relação à causa *whig*, à liberdade e à fé reformada".[37] Oldmixon tem a seu favor alguns pontos — o indexador explorado, sem o talento e a visibilidade de William King, mas trabalhando sob disfarce, como um dos sombrios espiões dos romances de Le Carré, introduzindo silenciosamente um viés radical nos livros de seus inimigos políticos. Sem dúvida, é em Oldmixon que, ao escrever sua própria *History of England*, Macaulay pensa ao esbravejar: "Não permitam a nenhum maldito *tory* indexar meu *History*!". É também o nome de Oldmixon, mais uma vez, que ecoa na carta de Macmillan à Society of Indexers. A referência ao seu índice chegou a nós por meio de um historiador *whig* e de um primeiro-ministro *tory*, mas essas filiações políticas desvaneceram até a insignificância. O índice transformado em arma — uma criação da cúpula *tory* e de homens do alto clero da Christ Church — caiu em domínio público, e qualquer um, de qualquer lado, pode usá-lo.

Estamos nos primeiros anos do século 18, e o índice tornou-se tanto objeto de desdém como ferramenta para expressá-lo. Há um paradoxo aqui, uma tensão cujo desfecho favorecerá o índice. Voltando ao desdenhoso dístico de Pope — "A aprendizagem por meio de índices não faz do estudante um pobre-diabo/ Ainda que pegue a enguia da ciência pelo rabo" —, o sentido parece inequívoco. Enguias são escorregadiças, esquivas. Tentar segurar uma delas pelo rabo não é recomendável. Antes de tudo, esse é um alerta contra o conhecimento superficial, uma reiteração de outro dos versos famosos de Pope: "Um pouco de conhecimento é uma coisa perigosa". Ainda assim, em 1751, um livro didático de geometria pode começar seu prefácio enaltecendo a *utilidade* do conhecimento pelo índice. De forma paradoxal e sem pudor, retoma a zombaria de Pope, repetindo-a não com escárnio, mas com aprovação:

> Com razão, observa-se que o tempo presente se notabiliza por sua adesão ao ensaio e ao conhecimento pelo índice; que é uma forma resumida e fácil de adquirir habilidade científica moderada, para a satisfação de muitos, sem a dificuldade de estudar sistemas e examinar seus princípios fundamentais. Tal propensão, o imortal Pope descreveu de maneira bela nessas palavras: "A atual aprendizagem por meio de índices não faz do estudante um pobre-diabo/ Ainda que pegue a enguia da ciência pelo rabo".[38]

Nesse jogo de espelhos, segurar pelo rabo pode parecer uma maneira perfeitamente razoável de manusear enguias. A batalha contra o conhecimento pelo índice foi perdida, a ponto de a metáfora de Pope poder ser ressignificada sob um ponto de vista novo e positivo. Para o índice, o século 18 será um tempo de experimentação. Conforme a era do Iluminismo alcança a maturidade, ele aparecerá não apenas em livros didáticos e de história, mas em ensaios, poemas, peças e romances, e mesmo figuras como Pope e o dr. Johnson — que algures reclamam e resmungam do conhecimento pelo índice — vão brincar com a sua forma e testar os seus limites.

O índice na ficção

Nomear sempre foi uma arte difícil

> *Acho que um índice numa ficção seria uma péssima ideia.*
>
> Jeanette Winterson

"Entrando certa manhã num café, para folhear os últimos lançamentos, aconteceu de o primeiro em que pus as mãos ser um sermão."[1] Assim começa "Adventures of a Quire of Paper" [Aventuras de uma resma de papel], uma fábula magnificamente estranha. Tão logo o narrador pega o sermão, as páginas começam a se agitar e "uma voz baixa, mas articulada, soa dentre elas". A brochura está falando, e o que tem a dizer não está relacionado com as palavras nela impressas. É o papel, e não o texto, que quer falar, contando sua longa e lastimável história de vida, iniciada com um punhado de sementes de linhaça. A planta cresce, é colhida e fiada para se transformar em linho, que por sua vez é usado como tecido para fabricar um lenço, cujo dono é um homem dissoluto que o usa num bordel para limpar coisas inenarráveis. O lenço é descartado e vira papel reciclado, parte dele de baixa qualidade — usada para cigarros e embrulho em uma mercearia —, outra parte de boa qualidade. Mas o papel mais refinado se sai apenas um pouco melhor que o material barato. É comprado por um dândi que o utiliza para escrever uma carta de amor para a amante e poesia de péssima qualidade para os amigos. A amante, no entanto, usa a carta para limpar as partes baixas, enquanto seus amigos vaidosos usam a poesia para enrolar o cabelo em cachos à noite. Em ambos os casos, o papel termina no vaso sanitário. Outras partes são destinadas a papel de jornal — depois reutilizadas como mortalha para um gatinho morto, rabiola de pipa, trapo para desengordurar panela, porta-copos improvisado para caneca de cerveja... Apenas uma pequena e afortunada resma — a que se transformou no sermão impresso — sobrevive para contar a sórdida fábula completa.

Engraçada, mas também fatalista; piedosa, mas também obscena, "Adventures of a Quire of Paper" é um exemplo perfeito da criativa e extravagante *"it narrative"*,* gênero que floresceu em meados do século 18 — outros exemplos incluem "The Adventures of a Bank-Note" [As aventuras de uma cédula de dinheiro], "The Adventures of a Black Coat" [As aventuras de um casaco preto] e "The History and Adventures of a Lady's Slippers and Shoes" [As aventuras e histórias das pantufas e dos sapatos de uma dama]. O objeto falante, que circula entre diferentes proprietários e estratos da sociedade, oferece a base ideal para tecer uma trama picaresca e possivelmente satírica. Também pode iluminar pormenores da vida cotidiana. No caso de "Adventures of a Quire of Paper", a fábula chama nossa atenção para as distintas maneiras de tratar nosso material de leitura.

Você ainda compra jornal? Todo dia? Só no fim de semana? Talvez pegue o folheto gratuito distribuído no ônibus ou no metrô, folheando-o ao longo da viagem e deixando-o no assento para o próximo leitor. Como tratamos essa publicação efêmera em comparação a outros itens impressos? Posso facil-

---

* *Novel of circulation* [romance de circulação] e *it narrative* são termos cunhados para descrever um subgênero de ficção que narra as aventuras de um protagonista não humano, como uma moeda, um cachorro, uma almofada para alfinetes.

mente comprar um romance — de segunda mão ou em edição barata — por um preço menor do que custa meu jornal de fim de semana, mas é certo que tratarei os dois de forma bem diferente. Lerei meu jornal à mesa do café, virarei suas páginas com os dedos sujos de manteiga, irei apoiar minha xícara nele, de modo que ficará marcado por respingos e círculos de chá. Posso rasgar uma página, ou guardar uma seção para mostrar a um amigo, mas logo — em questão de dias, no máximo — o jornal inteiro acabará amassado e sujo no cesto de lixo reciclável. "Jornal velho só serve para embrulhar peixe", como se diz. Não é assim com um romance — nem mesmo o mais barato. Se não ficar para sempre na minha estante, em algum momento irá para o sebo. Tenho o hábito de dobrar páginas (reconheço) e, vez ou outra, faço estranhas notas a lápis nas margens, mas os livros são poupados dos tipos de abuso aos quais o jornal é submetido quase ritualisticamente.

Nem todo periódico, no entanto, parece tão descartável quanto um jornal. Alguns ocupam uma posição intermediária, não são exatamente preciosos — como um *livro* —, tampouco algo que descartaríamos. Espie a sala de qualquer professor universitário e verá que algumas prateleiras são reservadas para publicações científicas — pilhas de lombadas idênticas colecionadas ao longo de anos. A maioria dessas publicações foram digitalizadas — pode-se acessar seu catálogo completo com poucos cliques de mouse —, mas é difícil jogar fora os números antigos. Possuí-los, e mantê-los à vista, é parte do teatro da "expertise". Simbolizam filiação a uma comunidade acadêmica, para não mencionar o aprendizado pacientemente acumulado ao longo do tempo, e remetem à necessidade pré--digital de exibir na sala a sabedoria reunida de seus pares para utilizá-la, retirando-a das prateleiras para pesquisar alguma coisa. Assim, todo inverno, revistas como a *History Today* e a

New York Review of Books vendem pastas e capas para arquivar as edições do ano anterior. O produto tem algo a nos dizer: que há nesses materiais uma coisa à qual os leitores querem se agarrar e ter por perto; que não é por serem periódicos que são necessariamente efêmeros.

Muitos dos jornais do século 18 estão nessa zona intermediária, e nenhum mais do que o *Spectator*. Fundado em 1711 — e sem relação direta com a atual revista homônima —, o *Spectator* era um jornal diário barato, de uma única folha, que trazia breves ensaios sobre literatura, filosofia e o que mais fosse do gosto dos escritores. Seus editores eram Richard Steele e Joseph Addison (aquele cujo diário de viagem à Itália foi atacado por indexadores irônicos) e, ainda que tenha circulado por apenas alguns anos, foi extremamente popular. Tendo iniciado com uma tiragem de 555 exemplares, em sua décima edição havia chegado a 3 mil. Entretanto, esse número era apenas uma fração da verdadeira audiência. Os editores alegavam existir vinte leitores para cada cópia, cálculo que consideravam até mesmo "modesto". O *Spectator* foi concebido para a esfera pública emergente, com o objetivo de inspirar conversas e ser lido em "clubes e assembleias, casas de chá e cafés".[2] Um jornal para ser lido e passado adiante.

Além disso, o *Spectator* era apenas a mais conhecida de uma longa lista de publicações similares, como o *Tatler*, o *Free-Thinker*, o *Examiner*, o *Guardian*, o *Plain Dealer*, o *Flying Post* — jornais que conseguiram capitalizar o boom do crescimento dos índices de alfabetização, da emergência da cultura dos cafés, do relaxamento da rígida regulação inicial de obras impressas e de uma classe média crescente com tempo ocioso para ler. O século 18 se preparava para se transformar no que hoje os estudiosos denominam "era da saturação da impressão".[3] O termo *saturação* tem implicações interessantes. De fato, sugere excesso — coisas demais para ler —, mas também coisas demais para guardar, uma nova *descartabilidade* de material impresso. Nossa pobre e surrada protagonista das "Adventures of a Quire of Paper" nasceu na hora errada. Folheando cópias originais do *Spectator* preservadas na British Library, podemos encontrar vestígios de leitura em cafés. O que decerto não vamos encontrar numa Bíblia de Gutenberg. Ainda assim, os artigos estão entre os melhores já escritos em inglês: ironia elegante, erudição impecável. Se a pessoa tinha comprado o jornal para autoaprimoramento, podia muito bem querer voltar a consultá-lo.

E era por isso que as edições logo saíam sob a forma de livro. Tais volumes, lançados alguns meses após a publicação original, previam como o leitor que compraria a *edição completa* do *Spectator* iria usá-la: não como um mero jornal — uma simples reflexão — para se entreter num café, mas como um arquivo de ideias para o qual retornaria. Benjamin Franklin, por exemplo, conta ter lido e relido uma edição de artigos do *Spectator* com a qual se deparou quando menino, nela fazendo anotações e tentando imitar-lhe o estilo em seus escritos.[4] A passagem da mesa do café à prateleira implica um modo diferente de leitura, que envolve referência e reutilização, que encontra um pensamento, uma frase, uma imagem e os traz de volta à luz. E, se o *Spectator* iria se tornar um livro, então precisaria de um índice.

Os índices para os primeiros volumes do *Spectator*, assim como os de seu irmão mais velho, o *Tatler*, são um deleite em si, repletos da mesma abrangente e generosa sagacidade dos artigos que veiculavam. Folheando-os um século depois, Leigh Hunt os compararia a "sujeitos alegres trazendo um Borgonha da adega", propiciando-nos um "gosto da quintessência do humor [desses jornais]".[5] Quem poderia não querer mais depois de ler entradas provocativas como "Risadinhas na igreja, repreendidas, 158" ou "Sorridente: um prêmio sorridente, 137" ou "Vinho, impróprio para consumo de qualquer um capaz de engolir, 140"? O *Tatler*, enquanto isso, nos oferece "Evergreen, Anthony, sua coleção de folhas de figueira para senhoritas, 100" ou "Amar inimigos, inconstitucional, 20" ou "Máquinas, pensadores modernos são tais quais, 130". Em outro lugar, duas entradas vêm juntas, alheias à constrição da ordem alfabética:

Maçantes colegas, que, 43
Naturalmente se voltam à poesia ou à política, ibid.

Há um quê ao mesmo tempo inútil e irresistível nesses índices. "Colegas maçantes", listado no *m*, é uma palavra-chave útil? Claro que não. Mas nos chama a atenção, nos faz querer saber mais, é tanto uma questão de apresentação quanto de consulta rápida. Cada entrada é uma pequena chamada para o artigo ao qual se refere, uma amostra da sagacidade que encontraremos. Os índices do *Tatler* e do *Spectator* são contemporâneos dos índices satíricos que vimos no capítulo anterior, mas, diferentemente da obra de King, não há nada de cruel ou mordaz neles. Ao contrário, são engraçados, leves, absurdos. "Desafio qualquer um que os leia", declara Leigh Hunt, "a depois chamar um índice de ferramenta árida." O índice está à vontade nos periódicos do início do século 18, adaptando-se a suas maneiras e seu tom. Além disso, promove a elevação de artigos produzidos a toque de caixa destinados a jornais de cafés para um formato mais durável, que conota valor, até mesmo status. Em meados da segunda década do século 18, o índice está pronto para conferir o mesmo brilho a outros gêneros — à poesia épica, à dramaturgia, à emergente forma do romance. No entanto, sabemos como essa história termina. No século 21, romances não têm índices. Nem peças de teatro. Livros de poesia são indexados pelo primeiro verso, não por assunto. Por que o índice para livros de ficção foi um fenômeno de curta existência? Por que não emplacou? Para iluminar a questão, voltemos brevemente a duas figuras do meio literário do fim do século 19, ambas ainda indexando romances muito depois que a chama dessa experiência particular se extinguiu. O que podem nos dizer esses retardatários a respeito do problema do índice aplicado a obras criativas?

"Foi uma vitória gloriosa, não?" Com essas palavras, em *Através do espelho e o que Alice encontrou por lá*, o Cavaleiro Branco se apresenta a Alice. Ele acabou de resgatá-la de seu sequestrador, o Cavaleiro Vermelho, mas é um comentário curioso, já que a vitória pode ter sido tudo, menos gloriosa. Os dois cavaleiros, batendo um no outro com uma clava — que seguraram com os braços e não com as mãos, como se fossem marionetes —, caíram várias vezes do cavalo, aterrissando infalivelmente de cabeça, depois montaram de novo, oscilando e perdendo o equilíbrio mais uma vez. Depois de um duplo golpe final, ambos foram derrubados, apertaram as mãos, e o Cavaleiro Vermelho se retirou do campo de batalha. Uma vitória do Cavaleiro Branco, por certo, mas *gloriosa* não é o termo que vem à cabeça. Palavras, como tantas vezes nas histórias de Alice, são traiçoeiras e problemáticas; não nos conduzem para onde esperávamos.

Conforme Alice anda com seu salvador, ele se revela, à sua maneira gentil e excêntrica, um típico polímata: um inventor — da colmeia portátil, da tornozeleira repelente de tubarões para cavalos — e alguém com vasta experiência em cair do cavalo. Também é uma espécie de trovador, e, antes que a dupla se separe, o Cavaleiro Branco faz questão de cantar uma canção que introduz da seguinte forma:

"O nome da canção é 'Olhos de hadoque'".

"Oh, esse é o nome da canção, não é?", disse Alice tentando se interessar.

"Não, você não entendeu", diz o Cavaleiro, um pouco irritado. "É assim que o nome é chamado. O nome na verdade é 'O velho homem velho'".

"Nesse caso eu devia ter perguntado: 'É assim que a canção é chamada?'", corrigiu-se Alice.

"Não, não devia: isso é completamente diferente! A canção é chamada 'Modos e meio': mas isso é só como é chamada, entende?"

"Bem, então qual é a canção?", perguntou Alice, que a essa altura estava completamente atordoada.

"Estava chegando lá", disse o Cavaleiro. "A canção é realmente 'Sentado na porteira': e a melodia é uma invenção minha."*

Pedante e confuso, absurdo mas escrupulosamente lógico, o discurso do Cavaleiro sobre o modo como damos nomes é uma boa destilação da sagacidade "carrolliana" como a encontraremos nas histórias de Alice. Ele brinca com a diferença entre o que são as coisas e como as chamamos. Podemos dar nosso melhor para alinhar os dois, para encontrar *le mot juste*, mas nomear é sempre uma arte difícil.

Não deveria surpreender que a prática de indexação exercesse um apelo particular num escritor tão profundamente interessado nesse tipo de assunto — a nomeação, o jogo entre subjetividade e precisão. Na verdade, Carroll vinha indexando — e brincando com índices — desde a infância. Na casa de sua família, em Croft Rectory, North Yorkshire, para entreter seus irmãos, o adolescente Charles Lutwidge Dodgson — o pseudôni-

---

* Lewis Carroll, *Através do espelho e o que Alice encontrou por lá*. Trad. de Maria Luiza X. de A. Borges. Rio de Janeiro: Zahar, 2010, p. 281.

mo "Lewis Carroll" (outro jogo de palavras)* ainda estava longe de existir — elaborou uma revista manuscrita, a *Rectory Magazine*, que era "um compêndio dos melhores contos, poemas, artigos, ilustrações etc. que a união de talentos dos habitantes de Rectory pôde produzir". Nos arquivos do Centro Harry Ransom, no Texas, a *Rectory* sobrevive, copiada com capricho em um caderno novo quando Carroll tinha dezoito anos, a folha de rosto se vangloriando: "quinta edição, cuidadosamente revista e aperfeiçoada". E ali, na parte de trás, há um índice de cinco páginas que revela uma imaginação particularmente desenvolvida. Ele tem entradas para "Geral, coisas em, 25", para não mencionar "Em geral, coisas, 25" e "Coisas em geral, 25". O conto "Mrs. Stoggle's Dinner Party" [Festa da sra. Stoggle], que foi publicado em série em três edições da revista, aparece de modo confuso, como em "Stoggles, sra., festa, 82, 92, 106". Os ritmos barrocos da sintaxe da indexação parecem ter despertado alguma coisa — algum fascínio ou diversão — no jovem escritor.

Fascínio que se prolongaria por toda a vida de Carroll. Em 1889, décadas após o extraordinário sucesso dos livros de Alice, ele publicaria seu último romance, *Algumas aventuras de Silvia e Bruno*. Foi um tremendo fracasso de crítica. Deslocando-se entre a Inglaterra vitoriana e um lugar chamado Reino das Fadas, o romance combina drama social com características carrollianas, como a poesia nonsense e jogos de lógica. É também uma análise meio sentimentaloide da morte, da inocência da infância e da fé cristã — uma combinação típica do fim do século 19. Mais interessante, porém, é que *Silvia e Bruno* é um espécime raro: um romance com um índice.

---

* O pseudônimo Lewis Carroll é uma tradução do nome latino Carolus Ludovicus, o qual, por sua vez, advém do original inglês, nome de nascença do autor, Charles Lutwidge Dodgson.

I.   Page

Ideas upon Ink.. (Ed:)..... 73

In General, Things..(Ed:)... 25.

Ink, Ideas upon..(Ed:).... 73.

M.

Milk, Musings on.. (Ed:)... 61

Misunderstandings.. (Q.G.)... 63.

Mʳˢ Stoggle's Dinner-Party. (S.W.) 82, 92, 106.

Musings on Milk.. (Ed:)..... 61.

N.

Name, A Tale without a. (W.S.)..3, 15.

O.

Ode to Wild Beasts..(C.S.K.).....17.

On Milk, Musings..(Ed:).....61.

On Telescopes, Twaddle..(Ed:)...85.

P.

Party, Mʳˢ Stoggle's Dinner..(S.W.). 82, 92, 106.

R.

Reviews.. (Ed:) - - - - - - - - - - - 76.

Rubbish, Reasonings on.(Ed:).. 1.

Rust. - - - (Ed:) - - - - - - - - - 37.

Índice da revista manuscrita da família Dodgson, *Rectory Magazine,* indicando números de página e o membro que escreveu cada entrada. As iniciais são codificadas, mas a maioria se refere ao próprio Carroll, que assinou "Ed.", VX, BB, FLW, JV, FX ou QG

Como era de esperar, as entradas do índice desse romance são decisivamente extravagantes. "Cama, razão para nunca ir para a, II.141" e "Ovos, como comprar, II.196"; "Felicidade, excessiva, como moderar, I.159" e "Sobriedade, extrema, inconveniência da, I.140". Há o mesmo deleite, o mesmo humor de sintaxe confusa da *Rectory Magazine*. Carroll está, por assim dizer, repetindo a brincadeira que fez em privado quarenta anos antes, ainda que, sem dúvida, numa versão narrativa mais sofisticada. Como a maioria de seus truques sagazes, o índice de Carroll parodia as imprecisas e pouco claras regras da vida cotidiana — nesse caso, a sintaxe da indexação as impele ao absurdo, como na redundante e ridiculamente pedante segunda vírgula em "Paisagem, homenzinhos, desfrutam da".

Ao mesmo tempo, o índice inclui exemplos de outro tipo de redundância, em que a mesma entrada aparece em formulações ligeiramente diferentes e sob diferentes títulos: "Casa caindo, vida em uma", "Casa caindo no espaço, vida em uma", "Vida em uma casa em queda". Repito, é uma brincadeira que ele fez a vida inteira — vista em "Geral, coisas em", "Em geral, coisas", "Coisas em geral" —, mas aqui também parece que Carroll está trabalhando de maneira intuitiva, por meio de tolices, em direção a algo profundamente humano. Esses corrupios verbais nos remetem ao diálogo entre Alice e o Cavaleiro Branco, que nos lembra que decidir qual é a melhor palavra-chave é como encontrar um título para a canção do Cavaleiro — há um mundo de possibilidades. Indexar — indexar um romance, além do mais — é um ato de interpretação, um trabalho de adivinhar o que os leitores vão querer pesquisar e sob quais termos. Como se escolhe? Por que determinado termo — *vida, casa, queda* — é melhor que outro? Um contemporâneo de Carroll, o grande indexador vitoriano Henry Wheatley, argumentaria que está na "seleção da melhor palavra-chave a demonstração da superioridade do bom indexador sobre um artífice de lugares-comuns".[6] No entanto, ao não escolher uma só opção, Carroll revela o processo, mostrando-nos suas engrenagens. Índices são o trabalho de indivíduos, exercícios linguísticos e, portanto, humanos, mergulhados nos mesmos paradoxos, redundâncias e subjetividade de todo uso de linguagem. Nisso, *Silvia e Bruno* está perfeitamente alinhado com as discussões de Alice com Humpty Dumpty:

> "A questão é", disse Alice, "se *pode* fazer as palavras significarem tantas coisas diferentes."
>
> "A questão", diz Humpty Dumpty, "é saber quem vai mandar — só isso."*

O índice de *Silvia e Bruno* é puro Carroll — a lembrança, ao fim de sua vida dedicada à escrita, de uma ideia nascida no início dessa mesma vida. Embora edições posteriores tendessem a omiti-lo, ignorá-lo me parece negligência editorial. Ele não é um suplemento do romance, mas uma coda, um toque final de sagacidade, brincadeira e mesmo sátira — parece um apêndice, mas ainda é parte da história.

Podemos entender, no entanto, a confusão dos editores. Parte da brincadeira, claro, é a própria existência do índice. Na maioria dos casos, conhecemos a regra: não ficção tem índice (ou deveria ter), ficção, não. Daí o chiste, geralmente atribuído a John Updike, de que "a maioria das biografias são apenas romances com índices". Não esperamos encontrar um índice em um romance a não ser que esse romance pretenda fingir ser outro tipo de obra — a pseudobiografia de Virginia Woolf, *Orlando*, por exemplo, ou a simulação de um livro de poesia, por Nabokov, em *Fogo pálido* —, e isso já é tão verdadeiro no século

---

* Lewis Carroll, op. cit., p. 245.

19 quanto o é agora. O índice de *Silvia e Bruno* é transgressor, dando uma piscadela ao leitor enquanto esfuma a linha que separa ficção de não ficção.

Além disso, embora seja uma boa piada, é um índice ruim. *Paisagem, ovos, cama*: essas entradas não são muito úteis para um leitor que busca localizar um momento determinado. Quando muito, servem de ilustração do quão difícil é prever as características do terreno, os pontos de parada da narrativa que terão sido os mais memoráveis aos leitores quando retornam a algo com a tessitura de uma bem arquitetada obra de ficção. Como uma história deve ser indexada? A partir de nomes e lugares, sim. E coisas, o mundo material da história? O lenço, em *Otelo*, a "doce cera alimonada" da barra de sabonete de Sweny, em *Ulysses*? Ou ideias, já que a literatura é, sem dúvida, onde muito do pensamento de uma cultura acontece? E as emoções?

Alguns anos antes de *Silvia e Bruno*, um índice apareceu em outro romance, dessa vez no início do livro, não no final, e compilado não pelo autor, mas por seu editor. O romance era *The Man of Feeling* [O homem sentimental], de Henry Mackenzie, publicado mais de um século antes, em 1775. O editor era Henry Morley, professor de literatura inglesa na University College London, que fora contratado para escrever as apresentações da série Cassel's National Library, que reimprimiu obras clássicas para o grande público. Custando três *pences* em brochura e seis *pences* em capa dura, era uma série de bolso impressa em papel ordinário, com a contracapa e a guarda abarrotadas de propaganda: comida de bebê, pudim em pó, sabonete Wright's Coal Tar. Tem aspecto e textura bem diferentes de qualquer livro que compraríamos hoje, e essa aparência incomum nos diz algo importante sobre o público-alvo. A Cassel's Library destinava-se a um público leitor ávido por cultura, ao qual as edições refinadas estavam fora do alcance: crianças, autodidatas, a nova geração de leitores que emergiu depois da legislação que instituiu a educação compulsória de crianças entre cinco e treze anos, em vigor desde a década precedente. As apresentações de Morley eram breves — necessariamente, já que saía um volume por semana durante quatro anos —, mas instrutivas e vibrantes, muitas vezes irônicas, situando a obra em seu contexto histórico.

No caso de *The Man of Feeling*, Morley não contém seu desprezo vitoriano pela incontinência sentimental do romance do fim do século 18. Para mostrar quão piegas é a história, ele elabora um "Index to Tears" [Índice de lágrimas]: uma lista com localizadores registrando toda vez que uma personagem chora. Cada entrada traz um breve rótulo que indica como o choro é descrito, do lugar-comum ("todos com olhos marejados, p. 53") ao clássico ("Lágrimas, como cestus de Citereia, p. 26"); do sereno ("Derramou uma lágrima, nada mais, p. 131") ao descontrolado ("Debulhando-se em lágrimas, p. 187"); do minimalista ("Uma lágrima caiu, p. 165") ao barroco ("Nos olhos dela, surgiu uma lágrima — enxugada, logo ao brotar, por um beijo do enfermo, cujos olhos, a despeito da turvação, sorriam, p. 176"). Como performance, é um cruzamento entre "A Short Account of Dr. Bentley", de King, e a piada de Oscar Wilde sobre *A velha loja de curiosidades*, de Charles Dickens: "É preciso ter um coração de pedra para ler a morte da pequena Nell sem rir".

O "Index to Tears" é um golpe bem dado, uma geração descendo a lenha nos costumes de outra, mas também há franqueza na operação, no funcionamento do índice. É um trabalho de demolição de determinado gênero, o romance sentimental, mas não, de fato, um índice de sentimentos. Seu critério não é a emoção, mas o traço físico das emoções: lágrimas reais. Uma nota inicial até mesmo estipula: "Sufocamentos etc. não considerados". É o índice como um jogo de beber e suas regras são claras: o soluço sufocado ou a fungada estoica em um lenço

vi   EDITOR'S INTRODUCTION.

INDEX TO TEARS.
(Chokings, &c., not counted.)

	PAGE
" Odds but should have wept "	xiii
Tear, given, " cordial drop " repeated	17
,, like Cestus of Cytherea	26
,, one on a cheek	30
" I will not weep "	31
Tears add energy to benediction	31
,, tribute of some	52
,, blessings on	52
I would weep too	52
Not an unmoistened eye	53
Do you weep again?	53
Hand bathed with tears	53
Tears, burst into	54
,, sobbing and shedding	74
,, burst into	75
,, virtue in these	75
,, he wept at the recollection of her	80
,, glister of new-washed	81
Sweet girl (here she wept)	94
I could only weep	95
Tears, saw his	97
,, burst into	99
,, wrung from the heart	99
,, feet bathed with	100

EDITOR'S INTRODUCTION.   vii

	PAGE
Tears, mingled, i.e., his with hers	100
,, voice lost in	108
Eye met with a tear	108
Tear stood in eye	127
Tears, face bathed with	130
Dropped one tear, no more	131
Tears, press-gang could scarce keep from	136
Big drops wetted gray beard	137
Tears, shower of	138
,, scarce forced—blubbered like a boy	139
Moistened eye	141
Tears choked utterance	144
I have wept many a time	144
Girl wept, brother sobbed	145
Harley kissed off her tears as they flowed, and wept between every kiss	145
Tears flowing down cheeks	148
,, gushed afresh	148
Beamy moisture	154
A tear dropped	165
Tear in her eye, the sick man kissed it off in its bud, smiling through the dimness of his own	176
Hand wet by tear just fallen	185
Tears flowing without control	187
Cheek wiped (at the end of the last chapter)	189

"Index to Tears", em *The Man of Feeling*, de Henry Mackenzie

imundo não valem. Ainda assim, ele localiza 46 momentos de pranto copioso num romance de menos de duzentas páginas.

Mas *por que* choram tanto? Bem, o índice não tem nada a dizer. Morley não tenta fazer uma taxonomia das emoções, nem analisar as razões para as personagens de Mackenzie irromperem em lágrimas. Fazê-lo seria uma empreitada bem mais espinhosa, repleta de todas as complexidades da crítica literária: ambiguidade, subjetividade, o caráter escorregadio das categorias abstratas. Seria arriscar levar o índice a um território onde sua precisão se tornaria obscura, sua utilidade — a confiabilidade de suas entradas — obliterada pelo peso da interpretação inerente à escolha. O índice vacila quando passa da referência à sugestão. A ficção, diferentemente da não ficção, resiste a ser dissecada em pepitas de informação. Morley, no final do século 19, era prudente demais para tentar algo além de um esboço. Como Carroll, é capaz de atuar jocosamente com base na tradição estabelecida de *não* indexar romances, extraindo uma força provocadora do simples ato de compilá-lo, não importa quão inútil ou absurdo possa ser. Um véu de ironia cobre esses gestos. Não há nada a perder: eles são bem-sucedidos, apesar de serem — ou mesmo *por* serem — índices ruins. À medida que recuamos ao século 18 e encontramos as maiores figuras literárias da época tentando realizar a sério o que seus sucessores fariam por piada, temos de ter em mente que, quando se trata de ficção, o sucesso de um índice pode depender de algo além dos ideais de complexidade, abrangência, rigor — tudo aquilo que Carroll e Morley abandonam.

No momento em que os índices do *Spectator* de Addison e Steele eram compilados, um de seus correspondentes bissextos embarcava numa experiência de indexação bem mais séria. Enquanto os jornais diários representavam a impressão em sua forma mais popular e promíscua, pensada para passar de mão em mão, na versão da *Ilíada* de Alexander Pope vemos o tradutor trabalhando no sentido oposto, voltado para certo público desejoso de livros que se destacassem na era da saturação da impressão, de possuir alta literatura em edições de luxo. Como vimos, os índices do *Spectator* são mais bem-sucedidos, não como genuínas portas de entrada para os artigos, mas como vitrine de suas qualidades — seu estilo e leveza. Nos copiosos índices para a *Ilíada* de Pope, veremos algo semelhante: seu verdadeiro objetivo não é a funcionalidade, mas os efeitos que criam — de prestígio, luxo e opulência.

A tradução de Pope do épico de Homero foi lançada em seis fascículos, um por ano, de 1715 a 1720. Essa estratégia comercialmente pioneira permitiu que o editor reduzisse os custos iniciais financiando cada volume com o dinheiro da venda do anterior. Enquanto isso, o próprio Pope recebia 750 exemplares de luxo de cada edição e os vendia um mês antes que o editor distribuísse no mercado os exemplares mais baratos. O empreendimento gerou uma fortuna para Pope, permitindo-lhe construir sua *villa* em estilo palladiano, em Twickenham, onde viveria o resto de seus dias.

Quando a tradução de Pope surgiu, Richard Bentley, com sua inclinação quase inadvertida para provocar brigas, contestou sua falta de fidelidade ao original: "É um belo poema, sr. Pope, mas não é aquele de Homero".[7] Pope havia reformulado os hexâmetros heroicos de Homero, comprimindo-os em elegantes dísticos rimados da era augustana. Tanto os versos quanto o fluxo espaçado de sua suntuosa edição anual eram parte de uma performance de calculado e moderno refinamento, e naturalmente o mesmo devia acontecer com o livro em si. O contrato de Pope estipulou que uma nova tipologia seria criada, que as 750 cópias do tradutor seriam impressas em folhas de formato grande e que haveria vinhetas entalhadas, além de capitulares ornamentadas para cada volume. Entre os assinantes dessa edição, que não economizou gastos, havia condessas e duques, condes e viscondes. A princesa Caroline encabeçava a lista.

À época em que o segundo fascículo foi lançado, o sucesso da empreitada parecia garantido. Pope escreveu um panfleto satírico no qual um editor, Edmund Curll [que de fato existia], lamentava que a *Ilíada* o tivesse levado à falência, impossibilitando-o de contratar sua mão de obra habitual. Dirigindo-se a todos os seus autores — o historiador, o poeta, o satirista, o crítico etc. — em seus domicílios miseráveis, Curll declarava que não era culpa sua eles não terem sido pagos.

Ah, cavalheiros! O que não fiz, o que não sofri, para evitar que o mundo fosse privado das vossas lucubrações? A contragosto, me submeti a purgantes, vomitei, me embriaguei três vezes, fui perseguido, duas vezes um granadeiro quebrou minha cabeça, duas vezes me atiraram para o alto com um cobertor; levei tapas na orelha, um soco na cara; assustaram-me, maltrataram-me, levei pontapés, fui difamado, coberto de excrementos. — Espero, cavalheiros, que estejam convencidos de que, envenenando-me, o autor do sr. Lintott [ou seja, Pope] não quis fazer nada além de matá-los de fome. Não nos resta senão unirmo-nos para buscar os melhores e mais rápidos métodos de vingança.[8]

Instados a pensar em como destruir Pope, cada um sugere uma estratégia adequada à sua habilidade — o historiador escreveria uma biografia venenosa; o poeta, um ataque ao modo das odes de Píndaro. Apenas o indexador é impotente: "O indexador, entretanto, disse não existir um índice para seu Homero".

A mensagem geral da sátira é direta: Pope, triunfante, se gaba para um editor com quem havia se indisposto no passado, mas a frase do indexador é estranha, difícil de interpretar. Está no fim de um parágrafo cheio de humor sujo e escatológico, com alfinetadas pessoais maliciosas, mas, em vez de fechar a performance de modo triunfante, a moral da história como que falha, encerrando a miscelânea satírica não com uma explosão, mas com um suspiro. Parece representar, no mínimo, uma ligeira ansiedade da parte de Pope, a consciência de que, numa edição na qual cada detalhe está em grande escala — uma obra que pode ser a consagração da vida de um escritor —, resta uma questão a resolver. *Trivia*, de Gay, naquele mesmo ano, foi um poema com um índice, mas seu efeito era cômico e anti-heroico. A *Ilíada* era séria, o maior dos épicos, não havia do que zombar. Homero deveria ter um índice? Como seria?

*

Quatro anos depois, tendo concluído o volume final, Pope se declarava exausto, lamentava o trabalho interrompido, reduzido pela restrição de tempo: "Depois de haver projetado quatro tipos de índices muito trabalhosos e extraordinários para Homero, vejo-me obrigado, por falta de tempo, a publicar apenas dois; o projeto que o leitor terá em mãos será belo, embora longe de ser completo".[9] Apesar de toda sua frustração, é difícil imaginar como os índices concebidos por Pope poderiam ter sido mais grandiosos ou abrangentes do que os apresentados. Os dois, na verdade, são subdivididos em uma miríade de índices, fracionando o livro em praticamente todas as formas possíveis que um leitor poderia imaginar: um índice de pessoas e coisas; de artes e ciências; de "versificação", ou dos diferentes efeitos verbais empregados por Pope para mimetizar a ação descrita ("Quebrado e desordenado ao descrever um mar tempestuoso, 13 1005", "Cheio de pausas nas quais a decepção é representada, 18 101, 144, 22 378"); há um índice de fábulas e outro de símiles, um índice de passagens descritivas e um das falas principais, um índice alfabético de emoções, da ansiedade à ternura. É um conjunto extraordinário, completamente em consonância com a grandiosidade da edição. Como todo o resto, os índices mostram que esse é um livro para a vida toda, ao qual os leitores vão retornar em continuação, servindo-se dele para estudar o maior épico do cânone ocidental por todos os ângulos imagináveis. Os índices transformam o poema numa enciclopédia, uma obra em que se podem minerar táticas militares — "onde posicionar os piores soldados, 4 344" — ou o simbolismo clássico; orientação moral ou prazer estético; os efeitos poéticos de Homero ou de Pope. Na verdade, esse pode não ser o modo como os leitores tratarão o texto, mas o caráter exaustivo e a complexidade do índice são parte integrante da prestigiada experiência editorial.

Quando Pope passou a organizar a coleção completa das peças de Shakespeare, era natural que a nova empreitada incluísse um conjunto de índices igualmente exuberantes. Dessa vez, no entanto, não seria ele a compilá-los. Escreveu para seu editor com instruções: "Quem quer que seja encarregado do índice pode seguir meu plano para Homero, e quem quer que seja que tenha bom senso e discernimento suficiente para compilá-lo não precisará de ulteriores instruções". Infelizmente, embora os índices de Shakespeare sejam tão variados e numerosos quanto aqueles de Pope para Homero, também são caóticos e mal-executados, com muitas lacunas.

Há um índice de personagens históricos e outro, separado, para os ficcionais, Macbeth e Lear no primeiro, Hamlet no segundo. Um índice de "Costumes, paixões e seus efeitos exteriores" em todo o corpus de Shakespeare parece um projeto extremamente ambicioso, mas sua realização é terrivelmente decepcionante: uma lista de coluna única ocupando apenas três páginas. Se pegarmos a entrada "orgulho", o índice nos encaminha a uma ocorrência: Ulisses, em *Tróilo e Cressida*, ato 3, cena 7. Será que por acaso orgulho não aparece em algum outro lugar das 36 peças reunidas? O índice sugere que não. Onde em Shakespeare poderíamos encontrar um bom exemplo de inveja? Em *Otelo*, talvez? Errado. No índice de Pope, só em Wolsey, em *Henrique VIII*, ato 3, cena 5.

Qual a utilidade de tal índice? Não vai ajudar os leitores a localizar determinado episódio em que estejam pensando. Talvez, ao contrário, seu papel seja fornecer exemplos paradigmáticos de meia dúzia de emoções. Fúria? Enobarbus, em *Antônio e Cleópatra* (ato 3, cena 10). Esperança? A rainha em *Ricardo II* (ato 2, cena 6). Não é uma ideia descabida — um conjunto de *loci classici*, pré-selecionados, abrangendo as obras completas, algo não muito diferente das antologias que começaram a aparecer no fim do século 18. Mas não é bem o caso aqui. Intercaladas a essas emoções primárias — esperança, inveja, raiva — encontramos outras entradas — "Ares de charlatão francês", "Pedantismo, em Sir Hugh Evans", "Anfitriã, rápido" — que não parecem pertinentes. O índice é uma mixórdia, apressado e inútil. O mesmo pode ser dito do "Índice de pensamentos ou sentimentos", enquanto o de "Descrição de lugares" é infame, a totalidade do teatro shakespeareano rendendo quinze entradas, de "Beira de rio, florida" a "Vale, escuro e melancólico".

Os índices para o Shakespeare de Pope são ao mesmo tempo épicos e péssimos. Apesar de todas as possibilidades que sugerem, da potencial riqueza e da complexidade, os resultantes índices de costumes, paixões ou sentimentos shakespearianos são atabalhoados e às vezes sem sentido. A compilação mostra não ter levado em consideração o modo como os índices podem ser usados de fato. Em última análise, fica a sensação de que seu propósito verdadeiro é apenas engrossar o volume, que estão lá como um monumento a Shakespeare — um grande autor *deve* ter sua obra analisada a partir de todos esses diferentes ângulos — e não como uma ajuda para o leitor. Também apontam para um problema maior, do qual Henry Morley vai cuidadosamente se esquivar um século e meio depois: a terra de um índice é sempre mais firme se sua unidade básica for uma pepita indivisível de facticidade — lágrimas, não paixões. Enquanto os índices de Homero indexaram categorias estáveis — ciências, símiles, efeitos verbais —, campos nos quais os termos são amplamente consensuais, os índices de Skakespeare direcionaram o foco para dentro: pensamentos, sentimentos, costumes e paixões, categorias cujos objetos, como a canção do Cavaleiro Branco, não se alinharão facilmente a seus nomes.

*

Na época em que as edições de Pope — a poesia épica de Homero e as peças de Shakespeare — estavam surgindo, outra forma literária começava a emergir na língua inglesa. O romance, novo formato que estava apto a representar tanto os acontecimentos e detalhes do épico quanto a interioridade da peça. Depois de sucessos como *Robinson Crusoe* (1719), de Daniel Defoe, e *As viagens de Gulliver* (1726), de Swift, a sensação editorial da década de 1740 era um editor chamado Samuel Richardson. Seus três grandes romances, *Pamela* (1740), *Clarissa* (1748) e *Charles Grandison* (1753), adotaram o formato epistolar — fingindo ser uma coleção de cartas que haviam sido descobertas e preparadas para a publicação — para narrar as agruras de seus heróis homônimos. Os três tiveram grande êxito comercial, mas, no caso de *Clarissa*, a obra-prima entre eles, o romance não só foi um enorme sucesso como também era enorme em si. Quando surgiu, tinha quase um milhão de palavras, distribuídas em sete volumes; dali a três anos, entretanto, Richardson lançaria uma edição expandida, adicionando mais algumas centenas de páginas. A obra permanece um marco da forma inicial do romance, e um marco entre graduandos em literatura inglesa lutando para terminar a leitura antes da aula. Parte de seu apelo, ao menos para os leitores de meados do século 18, era o senso da edificação moral obtido a partir da maneira como sua heroína permanece incorruptível diante de todo seu sofrimento nas mãos do perverso libertino Lovelace. Como uma coleção de sermões para tempos difíceis, era um romance ao qual seus leitores retornariam — embora, talvez, não na íntegra. Como, em obra tão imensa, poderiam encontrar a passagem que buscavam?

Em março de 1751, pouco antes de lançar a edição expandida, Richardson recebeu uma carta do dr. Johnson exortando-o a não se preocupar por ter tornado um romance imenso ainda maior "porque, ainda que a história seja longa, cada uma das cartas é curta".[10] Entretanto, a carta de Johnson se encerra com uma sugestão:

> Gostaria que acrescentasse um *index rerum*, para que, quando o leitor se lembrar de qualquer episódio, possa encontrá-lo facilmente, o que no momento não é possível a não ser que ele saiba que volume o narra; pois *Clarissa* não é uma narrativa a ser lida com avidez e deixada de lado para sempre, mas sim ocasionalmente consultada pelo atarefado, pelo idoso e pelo estudioso; e portanto peço que nessa edição, que suponho será reconhecida pela posteridade, não falte nada que facilite sua utilização.

Não é uma ficção para leitura única, que se lê e se descarta para sempre: Johnson tocou precisamente no tema da durabilidade e da recorrência. Um índice para *Clarissa* iria "facilitar sua utilização". Na verdade, Johnson não precisaria ter se preocupado, porque a ideia já havia ocorrido a Richardson. No prefácio à nova edição, ele relata como "um engenhoso cavalheiro" (um de seus vizinhos, o professor Solomon Lowe) o havia presenteado com um índice de "sentimentos instrutivos" de *Clarissa*. Richardson ficou tão satisfeito com o resultado que começou ele mesmo a ampliá-lo, a tempo de ter a versão final incluída na mais recente edição do romance.[11]

O índice de *Clarissa* é, de fato, muito intrigante. Com suas 85 páginas, tem o tamanho apropriado a um romance tão longo. Até mesmo seu título está numa escala richardsoniana: "Uma coleção dos morais e instrutivos sentimentos, advertências, aforismos, reflexões e observações contidas na história de Clarissa, como se presume ser de utilidade e serviços gerais, assimilados pelas mentes apropriadas". As entradas são organizadas em uma série de categorias — agrupamento de temas relacionados como "Dever. Obediência", "Cafetina. Mulher devassa" ou "Sagacidade. Talentos. Conversa" — e estas aparecem em ordem alfabética. Não há nada muito estranho no índice em si — é como uma versão bem mais abrangente do "Índice de pensamentos ou sentimentos" do Shakespeare de Pope. (Na verdade, tão abrangente que há um "índice do índice" suplementar, fornecendo as páginas onde cada agrupamento de entradas pode ser encontrado.) É apenas quando examinamos as entradas mais de perto que nos encontramos em território desconhecido. Nesse caso, não há nada da sintaxe telegráfica e invertida — "molho, que combina com" — que esperaríamos de um tópico de índice. Ao contrário, as entradas de Richardson são aforísticas e elegantes. Em vez de breves rótulos nos direcionando o mais rápido possível ao texto principal, lemos máximas bem formuladas, prontas para serem repetidas em uma conversa cortês. Em "Duelo", por exemplo, encontramos a entrada "Um homem inocente não deveria estar disposto a correr o mesmo risco que um culpado"; em "Adversidade", "Adversidade é o teste de toda virtude". São tão polidas, tão trabalhadas que alguém pode se perguntar se remetem o leitor de fato ao romance ou se o índice já não oferece muita informação para tornar o esforço extra desnecessário.

O índice parece mais um destino final do que um ponto de partida. O romance em si atua apenas como mero fiador, emprestando sua autoridade como um pai ilustre que discretamente subscreve seus educados descendentes enquanto eles trilham seu próprio caminho. Em uma primeira edição independente, o índice inclusive aparece sem localizadores, que são omitidos de todo, e com uma nota explicativa de Richardson dizendo que, como duas versões com paginações diferentes estavam em circulação, teria sido muito confuso fornecer os números de página. E, acrescenta,

[451]

TABLE to the preceding SENTIMENTS.

A
A Dverfity. Affliction. Calamity. Misfortune — p. 383
Advice and Cautions to Women — 384
Air and Manner. Addrefs — 387
Anger. Difpleafure — ibid.
Apprehenfions. Fear — 388

B
Beauty. Figure — ibid.
Blufhes. Blufhing — 389

C
Cenfure. Character — ibid.
Charity. Beneficence. Benevolence — ib.
Church. Clergy — 390
Comedies. Tragedies. Mufic. Dancing — ibid.
Condefcenfion — 391
Confcience. Confcioufnefs — ibid.
Confolation — 392
Controul. Authority — 393
Covetoufnefs. Avarice — ibid.
Courtfhip — ibid.
Credulity — 395
Cruelty. Hardheartednefs — ibid.

D
Death. Dying — ibid.
Delicacy. Decency. Decorum — 396
Defpondency. Defpair — 397
Deviation — ibid.
Dignity. Quality — ibid.
Double Entendre — 398
Drefs. Fafhions. Elegance — ibid.
Duelling — 399
Duty. Obedience — ibid.

E
Education — 400
Example — 401
Expectation — ibid.
Eyes — ibid.

F
Faults. Folly. Failings. Error — ibid.
Favour — 402
Flattery. Compliments — ibid.
Fond. Fondnefs — 403
Forgivenefs. Pardon — ibid.
Friendfhip — ibid.

G
Gaming — 405
Generofity. Generous Minds — ibid.
Goodnefs. Grace — 406
Gratitude. Ingratitude — 407
Grief. Sorrow. Grievances — ibid.
Guilt. Vice. Wickednefs. Evil Habits. Evil Courfes — 408

H
Happinefs. Content — ibid.
Health — ibid.
Heart. Humanity — 409
Honefty — ibid.
Human Life — 410
Human Nature — ibid.
Humility — ibid.
Hufband and Wife — 411
Hypocrify — 412

I
Ill-will. Envy. Hatred. Malice. Spite — ib.
Imagination — ibid.
Inclination — ibid.
Indifcretion. Inconfideratenefs. Prefumption — 413
Infidel. Scoffer — ibid.
Innocence — ibid.
Infolence — ibid.
Judgment — 414
Juftice. Injuftice. Right. Wrong — ibid.

K
Keepers. Keeping — ibid.

L
Law. Lawyer — 415
Learning — ibid.
Libertine. Rake — 416
Little Spirits. Meannefs. Narrownefs — ib.
Love — 417
Love at firft Sight — 418
Lover — 419

M
Magnanimity. Fortitude. Hope. Steadinefs — ibid.
Marriage — 420
Mafters. Miftreffes. Servants — 421
Meeknefs — 422
Men and Women — ibid.
Me[rit]

O índice do índice de *Clarissa*. O "Índice dos sentimentos precedentes" mostra onde se inicia cada uma das partes da grande *Coleção*, de Richardson presume-se humildemente que os sentimentos ou máximas são de tal importância que não serão considerados indignos da observação do jovem leitor, mesmo que não tivessem a relação íntima que têm com a história de Clarissa.

Em outras palavras, mesmo que, caro leitor, o índice não tivesse relação com o romance — o que, garanto-lhes, tem —, ainda assim seria digno de sua atenção.[12]

Apesar de garantir a "relação íntima" do índice com o romance, Richardson se entusiasmou ao ver o resultado do índice publicado sem as referências de página. Numa carta a seu tradutor francês, ele começou a brincar com a ideia de que o índice talvez pudesse ser dissociado do romance por completo:

> Dediquei-me muito ao índice de sentimentos que mencionei. Muitos de meus amigos gostariam de vê-lo impresso isoladamente, como coleção de máximas, aforismos etc., o que considerariam um serviço ao mundo, independente da história, já que tratam da vida e de costumes.[13]

Dizer "um serviço ao mundo" é revelador, ecoa os primórdios do índice, feito para pregações. Alhures, encontramos Richardson pensando que *Clarissa* era mais que uma mera história: "Provavelmente *mergulhar* nele será considerado tedioso por todos que esperavam um *romance leve*, ou uma *fugaz história de amor*".[14] Seu propósito, em vez disso, seria o de um "veículo de instrução". Poderia esse veículo se reduzir a um índice de aforismos e ainda assim prestar o mesmo serviço ao mundo?

Quando os primeiros volumes do romance seguinte de Richardson surgiram, Johnson lhe escreveu de novo, propondo a publicação de um volume independente, um índice para os três romances.[15] Mal deu a sugestão, ele imediatamente a retirou, temendo que o escritor pudesse dirigir suas últimas energias a tal projeto *em vez de* produzir um quarto romance. Na verdade, tanto o receio quanto a expectativa do Doutor se realizariam. Ao longo dos dois anos seguintes, Richardson iria se dedicar à compilação de um índice unificado para suas três obras ficcionais; não haveria um quarto romance. A *Coleção de sentimentos morais e instrutivos, máximas, advertências e reflexões contidos nas histórias de Pamela, Clarissa e Sir Charles Grandison* custou a Richardson não pouco esforço, e ele reclamaria a sua amiga Lady Echlin da "tarefa dolorosa e trabalhosa".[16] No entanto, era impulsionado por um zelo altruísta, alegando que o trabalho havia sido conduzido "mais com o intuito de fazer o bem do que de lucrar". Um índice moral aos três grandes romances seria um serviço ao mundo.

O prefácio à *Coleção* reitera essa intenção moralizante, mas, se alguns anos antes encontraríamos o escritor ponderando se uma antologia de máximas "independentes da história" — em outras palavras, um índice inteiramente divorciado dos romances que lhe deram à luz — poderia ter alguma serventia, agora ele está mais reconciliado com o papel do romance em si. Histórias, ele escreve, são eficientes para dourar a pílula da lição moral. Elas podem atingir um público que rejeita os modos tradicionais de pregação, "tirando do armário aqueles que fogem do púlpito; e ali, na atmosfera fresca, alegre e cativante de um romance, os seduzem à leitura de muitos sermões persuasivos".[17] O índice, então, existe para desenvolver a intenção original de aprimoramento dos romances de Richardson. Como o índice de sentimentos de *Clarissa*, essa não é uma lista dos atores, com suas entradas e saídas de cena, mas, antes, um índice dos temas morais dos três romances. Como explica Richardson:

Para o uso de todos aqueles desejosos de *inculcar por repetição* na própria mente, e na mente de outros, as importantes máximas contidas nas três obras, e daqueles que gostariam de *recorrer* ocasionalmente aos volumes para a ilustração dessas máximas, este índice geral tanto de máximas como de referências é agora oferecido ao público em um único volume de bolso.[18]

As entradas do índice incluem "*Crianças*, como tratá-las durante a infância, com o propósito do cultivo de sua mente" e "*Casamento* em idade avançada, e com discrepância etária". Na verdade, o itálico nas palavras-chave é um tanto enganador. As entradas são complexas e específicas demais para se adequar a uma única palavra — as classificações são compostas: não apenas *casamento*, nem mesmo casamento tardio, mas casamento tardio com esposa mais jovem. São claramente *situações*, dilemas morais específicos aos quais os romances de Richardson podem oferecer orientação, e o índice existe para que essa orientação seja concedida de modo mais eficiente.

Lady Echlin certamente apreciou o conteúdo moral do índice, elogiando o amigo por dedicar "tempo e esforço àquela excelente coleção, sem nenhuma outra intenção que não a de fazer o bem a seus semelhantes".[19] Entretanto, não foi geral o entusiasmo dos amigos de Richardson, que lamentava a frustração de alguns por ele ter desperdiçado suas energias quando poderia estar escrevendo seu quarto romance. O escritor se queixa que esses amigos "declararam que não leriam [a *Coleção*], ainda que respeitassem as obras que publiquei [isto é, os romances] mais pelo bem da instrução do que pela história. — Foi o que disseram".[20] Em outras palavras, como eles não conseguiam perceber que, se o objetivo era o aperfeiçoamento moral, o projeto de um índice valia mais a pena do que outro romance? A suspeita farpa final — "Foi o que disseram" — revela a tensão que existia a essa altura em torno do papel dos romances de Richardson: se, de fato, eram "mero entretenimento" ou se existiam antes como um veículo para lições de moral. O índice de Richardson, sendo uma estrutura adequada a gêneros não narrativos, era uma tentativa de encurtar a distância entre ficção e não ficção, de minimizar a importância da história, de modo que o romance virasse apenas mais uma forma de dissertação. No entanto, nas pouco convincentes garantias de seus amigos e na recusa deles em ler a *Coleção*, podemos ver que o romance tende a se afastar do mero sermão edificante.

No início do século 19, a *Coleção* de Richardson, onde quer que tenha sido notada, foi vista com escárnio, como uma autoindulgência absurda. Isaac D'Israeli a incluiu em seu *Curiosities of Literature* e a condenou como sinal de "intensa vaidade literária", criticando as entradas aforísticas como essencialmente banais, e o exercício de indexar a própria obra como um procedimento narcisista. "A história da literatura", ele propõe, "não tem registro de exemplo mais singular de autodeleite de um autor com a revisão de seu próprio trabalho."[21] Demoraria cem anos, e mesmo assim apenas sob o manto da ironia de Morley ou dos jogos de Carroll, antes que um romance indexado arriscasse nova aparição.

O que dizer do dr. Johnson, o primeiro a incitar Richardson ao seu deleite? Ele, ao menos, fez bom uso da *Coleção*. O Cavaleiro Branco ofereceu um exemplo típico de quão traiçoeira a tentativa de definição pode ser. Para Johnson, compilando seu *Dictionary of the English Language*, o truque foi recorrer à autoridade dos outros. "A solução para todas as dificuldades", escreveu no prefácio do dicionário, "e a resposta a todas as falhas devem ser buscadas nos exemplos acrescidos às várias acepções de cada palavra."[22] Apenas com exemplos — citações mostrando a palavra em seu contexto — alguém poderia desvendar as distinções sutis entre as diferentes acepções de um termo. E não são citações quaisquer. A folha de rosto da obra de Johnson anuncia: "DICIONÁRIO DE LÍNGUA INGLESA em que as palavras são inferidas a partir de seus ORIGINAIS e ILUSTRADAS em seus DIFERENTES SIGNIFICADOS por meio de EXEMPLOS dos MELHORES ESCRITORES".

Porém, ao escolher "exemplos dos melhores escritores" para suas citações ilustrativas, Johnson decide impor uma restrição a si mesmo: nenhum autor vivo deveria ser incluído. A razão, em resumo, era evitar qualquer mal-estar entre seus pares: "para que eu não seja induzido em erro pela parcialidade, e para que nenhum de meus contemporâneos tenha motivo de reclamar".[23] No caso de Richardson, entretanto, o Doutor estava disposto a quebrar a própria regra. *Pantanoso, rústico, dissoluto, grosseiro*: em cada caso, o dicionário recorre a *Clarissa* em busca de esclarecimento. No total, o romance fornece a Johnson nada menos que 96 exemplos. *Suplicante, diabrete, domesticado, tigrado.* Nenhum outro romance chega perto. Ainda assim, em mais de três quartos do tempo — em 78 das 96 ocorrências —, Johnson não está se baseando em *Clarissa*, mas em seu índice.[24] A título de exemplo, vejamos a palavra *romping* [traquinagem]. O dicionário define o verbo *romp* [fazer traquinagens] como "brincar de forma rude, barulhenta, violenta", respaldando-se numa citação atribuída a *Clarissa*: "Os homens tomam muitas liberdades alegando serem *traquinagens*". Só que essa frase não está em *Clarissa*. Ao contrário, lá está a defesa de Lovelace de si mesmo no início do Livro V: "Tudo o que fiz a ela teria sido encarado apenas como uma brincadeira, uma traquinagem consentida, e motivo de riso para nove em dez daquelas de seu sexo". É só quando essa passagem é comentada, transformada em axioma no curioso índice moral de Richardson, que assume mais ou menos a forma que o dicionário atribui a ela: "Os homens tomam muitas liberdades alegando serem *traquinagens, e riem*". Mesmo para um admirador confesso como Johnson, *Clarissa* é uma narrativa dispersa demais para alguém nela se meter a caçar palavras específicas. O índice, por outro lado, é perfeito para isso.

Hoje em dia, em ambiente acadêmico é de praxe recorrer ao Oxford English Dictionary quando se quer encontrar o uso mais corrente de uma palavra ou expressão. Justapondo citações ilustrativas a suas definições, Johnson transformou o dicionário no recurso *par excellence* do acadêmico de índice [*index-scholar*] — a "apoteose do conhecimento pelo índice", como diz Robin Valenza.[25] É bom saber, então, que nem mesmo Johnson estava acima de uma pequena busca ao índice. Poderíamos imaginar o fantasma de Erasmo arqueando uma sobrancelha em censura. Antes de ficarmos complacentes demais, entretanto, Johnson tem um aviso. *Life of Johnson*, de Boswell, registra uma conversa entre o Doutor e o crítico literário Samuel Badcock, em que os dois começam a resmungar sobre outro escritor. Badcock retoma a história:

> Eu o chamei de acadêmico de índice; mas [Johnson] não estava disposto a lhe conceder crédito nem nesse quesito. Disse "ele pegou emprestado daqueles que também haviam tomado empréstimos e não sabia que os erros que incorporou já haviam sido corrigidos".[26]

Emprestar de alguém que já emprestou de outro significa nem participar do debate. Qualquer um, ao que parece, pode recorrer vez ou outra ao conhecimento pelo índice, mas tomá-lo por uma pós-graduação é perigoso.

"Uma chave para todo o conhecimento"

O índice universal

> *É como o índice de fim de um livro — com uma entrada para cada palavra encontrada em cada página da web indexada. Quando adicionamos uma página da web, adicionamos também as entradas para todas as palavras contidas nela.*
>
> Google, "Como a busca Google funciona"

"Por favor, procure-a no meu índice, doutor", murmurou Holmes, sem abrir os olhos. Ele adotara, havia muitos anos, um sistema de fichar notícias e informações sobre pessoas e coisas, de tal modo que era difícil mencionar um assunto ou alguém sobre o qual ele não pudesse dispor de informação imediatamente. Nesse caso, encontrei a biografia desejada espremida entre a de um rabino e a de um chefe de estado-maior que havia escrito uma monografia sobre peixes de águas profundas.[*]

O ano é 1891; a história, "Escândalo na Boêmia"; e a pessoa que Holmes procura, espremida entre o rabino e o biólogo marinho amador, é Irene Adler, cantora de ópera, aventureira e amante do homem que está na sala de estar de Holmes, Wilhelm Gottsreich Sigismond von Ormstein, grão-duque de Cassel-Felstein e herdeiro do trono da Boêmia. A narrativa vai mostrar Holmes lu-

---

[*] Arthur Conan Doyle, "Escândalo na Boêmia". In: *As aventuras de Sherlock Holmes*. Trad. de Maria Luiza X. de A. Borges. Rio de Janeiro: Zahar, 2012, p. 17.

dibriado e punido por Adler. "Enganado pela sagacidade de uma mulher", como diz Watson. Mas, no começo da história, Holmes está friamente no controle, sentado em sua poltrona e sem se dignar a abrir os olhos, nem mesmo para um grão-duque.

Não surpreende que Sherlock Holmes seja um indexador. Afinal, seu talento, seu superpoder, é seu saber enciclopédico, o arcano do mundo: um Google humano, ou um *Notes and Queries** ambulante. Mas isso seria um disparate. Afinal, desde a primeira aventura, *Um estudo em vermelho*, fomos informados de que, na avaliação de Watson, a cultura geral de Holmes era severamente limitada: "Conhecimento de literatura — zero, filosofia — zero, astronomia — zero, política — fraco...".** Então, de vez em quando Conan Doyle nos fornece um vislumbre dos bastidores, uma espiada no sistema que confere a Holmes sua memória universal. Vez ou outra o vemos polir e cuidar de seu índice, "organizando e indexando algum material recente"*** ou "num lado da lareira, acabrunhado, Sherlock Holmes estabelecia referências cruzadas entre suas fichas de crimes".**** É, naturalmente, um sistema alfabético, com um "grande índice" para cada letra. Quando quer saber alguma coisa sobre, digamos, vampiros, ele é por natureza preguiçoso demais para se levantar: "Estique o braço, Watson, e veja o que V tem a nos

---

* Jornal acadêmico trimestral, fundado em Londres, em 1849, e publicado atualmente pela Oxford University Press. Divulga artigos curtos sobre língua e literatura inglesa, lexicografia, história e antiguidades. Seu mote era "When found, make a note of" [Quando encontrar, tome nota]. (N.A.)

** Arthur Conan Doyle, *Um estudo em vermelho*. Trad. de Maria Luiza X. de A. Borges. Rio de Janeiro: Zahar, 2013.

*** Id., *O círculo vermelho: um caso de Sherlock Holmes*. Trad. de Maria Luiza X. de A. Borges. Rio de Janeiro: Zahar, 2014.

**** Id., "As cinco sementes de laranja". In: *As aventuras de Sherlock Holmes*, op. cit.

dizer".* Essa deixa, aliás, não é uma pequena obra-prima da caracterização? A assimetria da relação da dupla é amenizada por aquele amigável e informal "estique o braço" [*make a long arm*]. Watson, o assistente, vai tirar o livro da estante, mas não será ele a ver o que a letra V tem a dizer; é Holmes, claro, quem fará a leitura, equilibrando o livro nos joelhos e passando os olhos "lenta e amorosamente sobre o registro de casos antigos, de mistura com informações acumuladas numa vida inteira":

> "Viagem do *Gloria Scott*", leu. "Foi um caso grave. Tenho uma vaga lembrança de que você o registrou, Watson, embora eu não tenha podido felicitá-lo pelo resultado. Victor Lynch, o falsário. Venenoso, lagarto ou monstro-de-gila. Um caso extraordinário, aquele! Vittoria, a beldade do circo. Vanderbilt e o arrombador de cofres. Víboras. Vigor, a maravilha de Hammersmith."**

"Ah! Bom e velho índice!", ele murmura. "É insuperável." O índice — seu índice, com seu apanhado de tudo — é a fonte de sua maestria.

Os volumes alfabéticos de Holmes representam o índice não vinculado, não limitado a uma única obra, mas com o olhar voltado para o exterior, documentando qualquer coisa que possa ser digna de nota. Não é, de modo algum, uma ideia nova; Robert Grosseteste tentara algo semelhante seis séculos e meio antes. No período vitoriano, no entanto, o índice é retomado com nova intensidade. Coordenada, com recursos abundantes, sua versão universal está se tornando industrializada. Observando com atenção o índice de Holmes, notamos que ele tem um encanto, é

---

* Id., *O vampiro de Sussex: um caso de Sherlock Holmes*. Trad. de Maria Luiza X. de A. Borges. Rio de Janeiro: Zahar, 2014.

** Ibid.

inevitavelmente caseiro. Victor Lynch, lagarto venenoso, Vittoria, a beldade do circo: consiste numa miscelânea de títulos, irregular e fragmentária. Como a *Tabula* de Grosseteste, o índice de Holmes reúne as leituras e experiências de uma única, não obstante extraordinária, figura — o índice como história pessoal. Mas Holmes, à sua maneira, é o último de uma espécie. Não muito depois de "Escândalo na Boêmia" aparecer na *Strand Magazine*, o próprio Holmes seria indexado, uma entrada recorrente no anual *Index to Periodicals*, que rastreava jornais, revistas e periódicos, mantendo um arquivo de cada artigo. Até os esforços de Holmes e Grosseteste parecem irrisórios se comparados a uma empreitada de tal escala, disponível a qualquer um com acesso a uma das bibliotecas associadas do anuário. Mas como trazer tal coisa à existência? Esse será um problema de três cachimbadas.

O que queremos dizer quando caracterizamos o século 19 e as décadas que o antecederam como "era industrial"? Surge uma nova forma de produção, sim: novos materiais, como ferro fundido e aço; o aproveitamento da energia a vapor e a mecanização dos processos de fabricação; uma reorganização das tarefas de especialistas e subalternos nas fábricas. Mas também, talvez, um novo conceito de escala: projetos de engenharia — a ferrovia de Brunel, o sistema de saneamento de Bazalgette — que se conservam até hoje como exemplos da confiança e ambição daqueles tempos. Seria completa falta de noção e proporção igualar qualquer índice de livro a tais conquistas. No entanto, foi isso que fez o padre e editor Jacques-Paul Migne em 1865. Para ser justo com Migne, sua conquista *foi* extraordinária e — como aqueles projetos de engenharia em grande escala — envolvia supervisionar todo um exército de trabalhadores. Sua *Patrologia Latina*, lançada entre 1841 e 1855, era uma coleção abrangente dos escritos dos Pais da Igreja. Os textos principais preenchem 217 volumes, começando por Tertuliano, no século 3, passando por Santo Agostinho, Beda e centenas de outros, até concluir com o papa Inocêncio III no início do século 13, e permanece ainda hoje como maior fonte para muitos desses escritos. Migne, no entanto, sabia que uma coletânea tão enciclopédica traria consigo um problema de big data. Os leitores se assustariam com a dimensão da *Patrologia*: "Quem vai sondar esse abismo?", ele os imagina perguntando. "Quem seria capaz de encontrar tempo para estudar todos esses Pais [da Igreja], e de alguma forma ler seus escritos?"[1] A solução, claro, é tornar a obra navegável: a *Patrologia* precisa de um índice. Migne, o arquiteto e engenheiro Isambard Kingdom Brunel da edição, sabe que precisará de um índice em escala gigantesca.

Ao produzir a *Patrologia*, o intuito de Migne fora manter os custos baixos para que os volumes fossem baratos e acessíveis. Eles foram impressos em papel de baixa qualidade, e, sempre que possível, Migne optou por reimprimir o melhor texto já existente de cada um, em vez de encomendar novas edições. Quando se tratou do índice, entretanto, não economizou. O índice — ou melhor, os índices — da *Patrologia* ocupava os últimos quatro livros da grande série, do volume 218 até o 221. Esses quatro tomos são preenchidos com uma enorme sequência de índices, 231 no total, incluindo um extenso índice dos índices. O conteúdo dos 217 volumes precedentes é dividido por autor, título, país de origem, século, hierarquia (papas primeiro, depois cardeais, arcebispos e daí por diante) e gênero (trabalhos didáticos, interpretações das Escrituras, filosofia moral, direito canônico); há um imenso índice que aborda uma vasta gama de assuntos com grau de detalhamento mediano, e uma série de índices individuais que abordam determinados assuntos — morte, céu, inferno — com pente-fino.

Os quatro índices vêm com um longo prefácio, no qual Migne soa apropriadamente grandiloquente. Entusiasmado, ele primeiro descreve o processo por meio do qual os índices foram produzidos. Sem dúvida, é uma passagem que tem o intuito de evocar a industrialização do trabalho, mas também lembra os frades de Saint-Jacques compilando a concordância da Bíblia original. Migne descreve "mais de cinquenta homens trabalhando nos índices por mais de dez anos pela módica recompensa de mil francos por ano".[2] Pode ser uma retribuição irrisória para um indexador sob pressão, mas para o editor, claro, tudo se soma, com Migne se gabando de que o total chega a "mais de meio milhão de francos, sem contar os custos de impressão".[3] E prossegue, usando as cifras para atingir um estado de êxtase ao contemplar seu feito:

Ao final, não temos o direito de exclamar: o que são os doze trabalhos de Hércules comparados a 231 índices? O que são todas as outras façanhas literárias? O que são as enciclopédias dos séculos 18 e 19? O que é qualquer outro trabalho tipográfico? Brincadeira de criança, a maior das quais não é nada perto de nossa conquista. Podemos dizer, sem medo de contestação, que nunca antes qualquer grande publicação foi tão longe para atender as necessidades dos assinantes [...]. Nossa *Patrologia* foi espremida como uvas em prensa de vinho de maneira que nenhuma gota do precioso sumo foi perdida.[4]

É uma imagem adorável — o processo de indexação como um lagar de onde se extrai o "*précieuse liqueur*" do maduro e polpudo texto. Entretanto, Migne ainda não terminou. Se criar um índice é como produzir vinho, usá-lo é iniciar uma jornada:

Nossos índices abriram o caminho, nivelaram montanhas e endireitaram a mais tortuosa das trilhas [...]. Com a ajuda de nossos índices, esse vasto assunto tornou-se diminuto; as distâncias se tornaram menores, o primeiro e o último volume se reúnem [...]. Que forma de economizar tempo! Mais que a ferrovia, mais que o balão, isso é eletricidade![5]

O índice representa a modernidade, abrevia o tempo e encurta as distâncias. As imagens de nivelar e endireitar vêm diretamente das ferrovias: poderia ser Brunel falando. Mas não basta, e o floreio retórico final — é o índice, não a ferrovia, o mais importante — é glorioso. Os índices de Migne não apenas economizam tempo, eles o eliminam com a instantaneidade fulminante da eletricidade. Entramos numa era que pode nos fazer pensar, em flashes, sobre a busca eletrônica do século 21.

Os índices da *Patrologia* ainda nos impressionam? A um século e meio de distância, há certo charme na grandiloquência de Migne. É deliciosa — vívida, elegante —, mas difícil de levar a sério. E por uma única razão: percorrer uma obra que ocupa uma estante inteira *nunca* será eletrizante, não importa quão bom seja seu índice. É um pouco como a Concordância Inglesa no século 13: tão detalhada que dificultava o manuseio do volume. Além do mais, a obscuridade da *Patrologia* foi crescendo exponencialmente ao longo dos anos. Ainda usamos a ferrovia — para não mencionar os esgotos — que os vitorianos nos legaram, mas os Pais da Igreja envelheceram de um modo que Migne não poderia imaginar. Mesmo que, por algum milagre (o que seria apropriado), os índices da *Patrologia* tornassem a busca tão fácil quanto tocar na tela de um tablet, eles hoje nos pareceriam tão específicos, tão especializados que seriam pouco mais que exóticos. Para a maioria de nós, pelo menos, perderam o encanto da escala. Mas como seria algo menos especializado, com uma aplicação mais ampla e moderna? Um índice com um foco tão preciso quanto o da *Patrologia*, mas que cobrisse um campo mais amplo, ou *todos* os campos: um índice universal?

Em 2 outubro de 1877, o mundo das bibliotecas aterrissou em Londres. Representantes das 140 maiores coleções mundiais chegaram para a II Conferência dos Bibliotecários. A primeira havia acontecido na Filadélfia no ano anterior, mas devido à distância poucas bibliotecas europeias participaram. Dessa vez havia delegações da Itália, França, Dinamarca, Bélgica e Austrália, algumas em nome das bibliotecas nacionais, outras, particulares; o governo grego e o alemão enviaram delegados especiais; encarregados de dezessete bibliotecas dos Estados Unidos — entre elas as de grandes universidades como Harvard, Wellesley e Brown — cruzaram o Atlântico; e, claro, mais do que qualquer outro lugar, o Reino Unido engrossou a lista. Estiveram presentes os diretores do Museu Britânico, das bibliotecas de Oxford e Cambridge e das faculdades que as constituíam, das grandes catedrais (Salisbury, St. Paul, Canterbury, Exeter) e das sociedades científicas (College of Surgeons, Statistical, Asiatic e Historical Societies, Society of Biblical Archaeology, Society of Telegraph Engineers, Queckett Microscopical Club). E, sobretudo, compareceram delegados de novas bibliotecas municipais gratuitas que, seguindo o Public Libraries Act, de 1850, abriram suas portas por todo país — de Plymouth a Dundee, de South Shields a Sunderland, e por todo cinturão industrial de Liverpool, Manchester, Bolton, Bradford, Leeds —, fornecendo livros e conhecimento para quem quer que os procurasse. Dentro dos pórticos da London Institution, em Finsbury Circus, bem atrás da recém-construída Moorgate Street Station, cerca de 216 participantes se reuniram para discutir a melhor forma de preservar e disseminar a inebriante proporção do conhecimento escrito mundial que fora confiada a seus cuidados.

O evento apareceu no *Times* daquela manhã — o repórter ficou especialmente entusiasmado com uma estante de livros giratória exposta por um dos delegados estadunidenses: "uma invenção atraente para qualquer estudante que queira criar sua biblioteca".[6] (Tal entusiasmo se revelaria parcialmente equivocado: hoje, estantes giratórias podem ser encontradas em qualquer livraria, mas não com tanta frequência entre estudantes.) Junto com esse tipo de demonstração de equipamento, a conferência de quatro dias abordou todos os assuntos fundamentais para o bom e duradouro funcionamento de uma biblioteca — na prática, para a sobrevivência do conhecimento —, os quais, entretanto, nem sempre os leigos consideram os mais instigantes: métodos de catalogação, encadernações resistentes, escolha de livros para aquisição ou descarte. Na noite do segundo dia, foi apresentado um artigo sobre um assunto mais atraente. O conferencista era J. Ashton Cross, antigo bibliotecário da Oxford Union Society, e a apresentação era intitulada "Um índice universal de assuntos". Nela, Cross propôs um abrangente projeto internacional de um grande e coordenado índice para todos os ramos do conhecimento. Caso soasse quixotesco demais, ele lembrou ao público que tal trabalho já vinha sendo feito: acontecia sempre que um estudante indexava um livro didático para uso próprio. Porém, esse esforço estava sendo desperdiçado, perdido ou duplicado porque não havia um sistema que compilasse e publicasse os resultados: "Centenas de bibliotecários e estudantes estão, agora [...], indexando, repetidas vezes, exatamente os mesmos livros".[7] Além disso, em muitos campos, índices gerais valiosos já haviam sido disponibilizados, ainda que de forma fragmentada:

A literatura [...] sobre os temas mais diversos, tais como impressão, taquigrafia, xadrez, vinho, tabaco, pesca à linha, os ciganos, gírias, montanhas, ciclones, terremotos e vulcões, dramaturgia, romantismo, hipnose, darwinismo, o diabo, a doutrina de uma vida futura, foram indexados graças ao esforço individual.[8]

Agora era necessário um esforço coordenado — diferentes bibliotecas com suas especialidades próprias precisariam indexar as principais obras das respectivas áreas e abastecer uma entidade central que pudesse agrupar a miríade de subíndices, junto com um comitê internacional que determinasse para onde novos esforços deveriam ser direcionados. Teria de haver dinheiro. Na discussão que se seguiu à apresentação de Cross, o diretor da Biblioteca de Londres pediu desculpas por ser "desmancha-prazeres", mas declarou que não "tinha muita fé no plano de empregar mão de obra voluntária".[9] Ninguém, obviamente, queria bibliotecários trabalhando de graça, replicou Cross, mas a divisão do trabalho entre as bibliotecas poderia recuperar o tempo que estava sendo desperdiçado pela inadvertida duplicação dos catálogos uns dos outros.

Qualquer que fosse a remuneração acordada, a ideia despertou interesse. Quando a revista literária *Athenaeum* noticiou a conferência na semana seguinte, foi a sugestão de Cross que mais recebeu atenção. Financiamento poderia ser encontrado, sem dúvida; afinal, outros projetos, de valor menos evidente — uma indireta ao Fundo de Exploração da Palestina —, estavam sendo financiados:

Encontre os trabalhadores, ou o dinheiro que pagará uma equipe de trabalho competente por alguns anos, e a coisa pode ser feita. Se havia fundos para a execução de uma missão tão distante dos negócios da maioria dos homens como a exploração da Palestina, um erário poderia ser reunido em breve para a edificação de um instrumento de educação tão poderoso quanto o Índice Universal de Conhecimento.[10]

A apresentação de Cross havia terminado com uma previsão na forma de desafio aos delegados reunidos: "A questão posta nesta conferência deveria ser não se o Índice Universal deve ser feito, mas apenas de que maneira pode ser mais bem feito".[11] O índice universal tinha o zeitgeist atrás de si. A questão era como fazer acontecer.

Imagine um desafio: construir uma ferramenta de busca *steampunk*,* precursora rudimentar da internet. Qual é a melhor forma de "ensiná-la", de pré-carregá-la com toda a informação necessária para que seja útil? Você: (a) estipula as áreas do conhecimento em que a ferramenta deverá se especializar? Primeiro as principais — digamos, ciência, literatura, arte — e depois suas subdivisões — meteorologia, poesia francesa, escultura clássica... Se desejar, pode continuar criando subdivisões cada vez mais especializadas. Afinal, o grau de precisão dessa etapa vai determinar quão sofisticadas — quão detalhadas, quão adequadas — as respostas da ferramenta serão. Depois de ter mapeado os tópicos, você pode definir os textos principais para cada um deles — as principais obras, os mais respeitados livros didáticos —, compilando uma bibliografia capaz de criar um quadro representativo da área. Esses são os livros que serão inseridos em sua engenhoca (um caça-níquel com uma fenda frontal que dá para uma esteira rolante barulhenta na parte posterior). Escolha com cuidado: tudo o que sua ferramenta vai saber, cada resposta que dará aos futuros usuários será fixada nesse momento, determinada por esse projeto, por esse gigantesco programa para seu autoaperfeiçoamento eletrônico. Ou você: (b) ensina a ferramenta a ler jornais, comprando assinaturas não apenas dos diários, mas também de publicações especializadas: *New Scientist*, *Econo-*

---

* Também conhecido como vapor punk, é um subgênero da ficção científica ambientado no período da Revolução Industrial, em que artefatos a vapor são superevoluídos, como computadores, robôs etc., e os personagens usam vestimentas vitorianas.

mist, Times Literay Supplement...? E em seguida deixa seu robô autodidata entregue à própria sorte, supondo que, após um período de imersão, ele se tornará especializado o bastante para responder a qualquer pergunta?

Cada abordagem tem suas vantagens. A primeira, abordagem *top-down* (descendente), oferece controle, a chance de ajustar cada campo, de se certificar de que cada um "esteja coberto" adequadamente, com propriedade e abrangência: essas são as respostas, conforme estabelecido por uma equipe de especialistas. Mas é um sistema estático — inflexível e isolado por disciplina. O segundo, ao contrário, é dinâmico e interdisciplinar, uma versão do conhecimento em camadas, aberto e construído ao longo do tempo. No entanto, não há agente externo que assegure que a máquina saiba o básico sobre qualquer tema. No início as informações estão dispersas, fragmentadas, como as primeiras marcas cinza que surgem numa pedra do calçamento quando começa a chover; se a chuva continuar, os pontos poderão se juntar e a pedra toda estará molhada: a cobertura terá se tornado total, mas quanto tempo demorará para que isso aconteça?

Passadas três semanas da Conferência dos Bibliotecários, houve uma reunião na Biblioteca de Londres, na praça de St. James. Foi anunciada na imprensa literária, e qualquer um à altura do desafio de Cross era encorajado a participar. Naquela noite, nasceu a Index Society. Seu secretário seria um tal Henry B. Wheatley, e a filiação — sujeita à aprovação pelo comitê da sociedade — poderia ser feita por um guinéu ao ano.

A insígnia da sociedade, concebida pelo editor e gravurista John Fenton, retrata "um estudante em busca de informação sob a placa do índice, que direciona para três estradas: Ciência, Li-

Insígnia de John Fenton para a Index Society.
Apareceu pela primeira vez na folha de rosto de
What Is an Index? (1878), de Henry Wheatley

teratura e Arte".[12] Há aqui inúmeros elementos dignos de nota. Em primeiro lugar, a boa e velha metáfora física da placa de sinalização, o índice literalmente indicando o caminho. A ideia do estudo como jornada é rica, e a imagem corresponde à exaltação do poder do índice por Migne: nivela montanhas e retifica caminhos. Além disso, há o uróboros — a cobra engolindo a própria cauda —, um detalhe alquímico curioso e que é omitido na descrição da imagem feita pela sociedade. Em suas primeiras encarnações, entalhadas nas paredes das tumbas egípcias, a serpente circular representa a desordem sem forma que circunda o mundo ordenado, e talvez desempenhe papel semelhante aqui: fora do índice, o caos. Por fim, um detalhe comovente: o viajante é um estudante. Estudantes, há de ser dito, passaram por momentos difíceis em nossa narrativa até agora, sempre sob suspeita, acusados de ser preguiçosos, pouco inclinados à leitura *adequada*, tentando agarrar-se indolentemente à enguia elusiva da ciência. Agora, o ávido estudante é retratado imóvel, atento, no momento inicial de sua missão. Na Index Society, ele não será recebido com desdém, mas de braços abertos, tendo a seu dispor eminentes estudiosos da geração anterior.

Na semana seguinte à constituição da sociedade, um anúncio na *Athenaeum* definiu seus objetivos da seguinte forma:

A compilação de índices de livros famosos que são deficientes nesse quesito, e também a composição de índices remissivos [...]. A Sociedade vai, ao mesmo tempo, dar continuidade ao trabalho de preparar um Índice Geral da Literatura Universal, que deverá ficar disponível para os membros em sua sede durante a compilação. Uma Biblioteca de Índices será iniciada, e incluirá o que quer que possa contribuir para a criação de uma chave abrangente para todo conhecimento.[13]

O índice universal de Cross, introduzido nos estatutos da sociedade desde sua fundação, encontra expressão deliciosamente audaz — ou terrivelmente arrogante — na frase "uma chave abrangente para todo conhecimento". Ninguém pensou em *Middlemarch*, publicado cinco anos antes, e na obsessão fadada ao fracasso do reverendo Casaubon por seu inacabado *Key to All Mythologies* [Chave para todas as mitologias]? Mas o anúncio também mostra como os fundadores da sociedade, desde o início, dividiram sua tarefa principal em uma hierarquia de três níveis. O objetivo mais simples e viável dizia respeito ao humilde índice. Deveria ser elaborada uma lista de obras convencionais que não possuíam índices. Histórias, biografias, clássicos da heráldica, da arqueologia, obras sobre antiguidades, o *Life of Sheridan*, de Moore, *Princípios da economia política*, de Mill, *A vida de Charles I*, de D'Israeli... Esperava-se que os membros se encarregassem dos itens da lista, assumindo a responsabilidade de indexá-los e enviá-los de volta à sociedade para publicação. A segunda tarefa seria pegar esse novo material, junto com outros índices já existentes, e usá-lo para produzir índices de assuntos, versões em miniatura do índice geral, restritos a disciplinas únicas — antropologia, astronomia, botânica etc. —, dividindo o universo do conhecimento em categorias, como as prateleiras de uma biblioteca universitária. O último estágio, claro, seria consolidar tudo o que veio antes e abastecer a onisciente vastidão do índice universal único.

As coisas aconteceram rapidamente para a nova sociedade. O interesse inicial era promissor. Em um mês, setenta membros pagaram o guinéu da filiação. À época da primeira reunião anual na Royal Asiatic Society, em Mayfair, os membros chegavam a 170, além de algumas bibliotecas e sociedades científicas. Algumas grandes doações quase dobraram os fundos para a instituição. O trabalho em muitos dos índices que o comitê julgara importantes já havia começado, enquanto a primeira publicação da sociedade — *What Is an Index?*, de Wheatley — já estava disponível. (A pressa em publicar acarretara uma omissão significativa: *What Is an Index?* era desprovido de índice. Ainda bem que, quando daquela primeira reunião, a questão havia sido retificada.) Conforme as primeiras realizações são enumeradas nas observações de abertura do encontro, torna-se palpável nas atas um senso de otimismo e propósito. A isso se somaria um senso de nobreza, quando a figura central da sociedade, o conde de Carnarvon, se levantou para proferir o discurso presidencial.

O discurso foi altivo, literário, baseado tanto no imaginário bíblico quanto no entorno orientalista da Sociedade Asiática onde foi lido. Entretanto, chega a nós num formato curioso, não como Carnarvon o elaborou, mas como escrito pelo redator da ata, todo no tempo pretérito e em discurso indireto, achatando a sonora oratória e espremendo-a na sintaxe de uma declaração de testemunha. Começa modestamente:

[O presidente fez] um discurso acalorado, repleto de sugestões valiosas. Em sua opinião, foi uma reunião importante do ponto de vista literário. Eles [isto é, a sociedade] tiveram de abrir seu caminho, mas ele estava satisfeito porque o propósito em vista, uma vez compreendido pelo público, seria suficiente para indicar sua utilidade.[14]

Até agora, é insípido. Podemos ouvir a voz de Carnarvon por trás do relatório, e ela soa como a de um industrial medíocre defendendo uma geringonça com defeito para um conselho cético. Mas o conde só está limpando a garganta, preparando um momento grandioso. Logo, o discurso se torna mais incrementado:

O campo de conhecimento era muito amplo. Como no Jardim do Éden, a árvore do conhecimento do bem e do mal cresceu pelos arredores; os frutos da árvore eram muitos e variados — alguns crescendo no topo, alguns nos galhos, alguns perto do chão, alguns muito acessíveis, outros difíceis de colher; e todo estudante sabia não ser suficiente ter o conhecimento à vista, era também necessário tê-lo ao alcance. Era importante que o conhecimento humano estivesse acessível, arquivado, classificado — de fato, pronto para usar.

Tornar acessíveis os frutos mais altos da árvore do conhecimento? A comparação fica um pouco comprometida se lembrarmos como terminaram as coisas no Jardim do Éden graças ao fruto acessível. Mas a árvore ainda é uma metáfora convincente para o projeto da sociedade. Será que ficamos contrariados quando, na formulação de Carnarvon, *acessível* desemboca em *arquivado* e *classificado*? É um anticlímax a queda da árvore do conhecimento — imponente e anciã — no mundo da moderna burocracia? Talvez o próprio Carnarvon tenha percebido isso. Parece que, ao menos, reconheceu onde estava sua melhor imagem e, após percorrer a história da formação da sociedade e de seus primeiros êxitos, finaliza com um retorno à natureza, levando até mesmo o aplicado redator da ata a relatar diretamente suas palavras:

> Posso atrever-me a esperar que a jovem Sociedade que inauguramos — eu poderia dizer plantamos — nesta noite irá, como uma jovem muda, expandir-se, crescer, florescer e, em seguida, como uma figueira-de-bengala do Oriente, semear novas raízes, estender novos ramos, até formar um bosque e mesmo uma floresta de folhas, flores e frutos, ao abrigo da qual literatos de todos os países, e de todos os ofícios, poderão se reunir para troca de informações e assistência mútua.

É uma imagem rica e complexa, com uma imponência digna de Migne. Sugere a universalidade do maior objetivo da sociedade, mas também que esse projeto monumental só pode ser alcançado pelo vicejar de muitos brotos. Confere à instituição uma aura de generosidade, atribui a ela um espírito de humanidade abrangente e transforma o trabalho de seus membros num ato de idílica irmandade mundial: nobre, atemporal, um retorno ao Éden.

Infelizmente, apesar de seu aparente dinamismo, a incipiente sociedade já começava a se distanciar do ideal de Carnarvon. O projeto do índice geral — sem o qual as palavras do conde não eram mais do que pretensiosa bravata — havia sido discretamente posto em segundo plano, onde permaneceria. O problema, no raciocínio dos membros da sociedade, era espacial: a ausência de uma sede para armazenar e organizar as partes que comporiam o gigantesco cérebro do índice universal. Seis anos depois, quando enfim se encontrou um local, era tarde: a sociedade já estava em declínio. Apesar da diligência e disposição de seus membros principais, falhou em despertar um interesse público mais amplo por seu trabalho. Índices já concluídos tinham sua publicação retida por falta de verba, enquanto os que chegaram à impressão foram recebidos com uma resposta morna da imprensa literária. As adesões havia muito estavam estagnadas. Em 1887, uma década depois de sua fundação, a sociedade efetivamente deixou de existir. Wheatley, refletindo sobre seu fim com uma década e meia de distanciamento, questionou se não teria sido seu aspecto universal que a tornou insustentável: "A falta de sucesso [da sociedade] provavelmente deveu-se a seu objetivo ser geral demais. Aqueles que se interessavam por uma categoria de índices pouco se importavam com índices sobre outros assuntos". É muito provável, mas seu pensamento seguinte parece se aproximar mais do ponto: "Temo que o interesse do público pela produção de índices (que é considerável) não chegue a convencê-lo a pagar por eles".[15]

Quanto à chave para todo o conhecimento, Wheatley se manteve otimista:

Alguns consideram impossível e que tentar realizá-lo é uma perda de tempo. Os que compartilham dessa opinião não têm fé suficiente na simplicidade e utilidade do alfabeto. Todos tomam notas e mantêm referências de algum tipo, que são inúteis se desorganizadas, mas, se classificadas em ordem alfabética, tornam-se valiosas. A finalidade do Índice Geral é apenas esta: que qualquer coisa, mesmo que desconexa, possa ser inserida nele, e que muito do que de outra forma seria perdido encontre abrigo. Sempre crescente e sem nunca pretender estar completo, o índice será útil para todos, e seus consulentes nele decerto encontrarão algo que valha a pena, se não tudo do que precisam.

A ironia era que o recurso que Weathley descreve — um índice alfabético único, "sempre crescente, mas sem nunca pretender estar completo" — já estava disponível. Havia sido discutido na mesma conferência em que Cross proferiu seu chamado à luta e sua primeira edição apareceu cinco anos mais tarde, enquanto a sociedade ainda buscava uma sede. E tinha sido concebido por um estudante universitário do segundo ano para auxiliar os colegas de classe com suas dissertações.

Entre os delegados que assistiam às palestras de Cross na Conferência dos Bibliotecários, estava William Poole. Se Cross viera de trem de Oxford — a pouco mais de uma hora de distância —, Poole viajara de muito mais longe para estar presente. Um dos mais ilustres bibliotecários dos Estados Unidos, Poole estava à frente da Biblioteca Pública de Chicago, fundada após o Grande Incêndio da cidade, seis anos antes. Já havia administrado as bibliotecas privadas do Boston Athenaeum e da Naval Academy, em Annapolis, e as bibliotecas municipais de Newton e Northampton, em Massachusetts. Mais importante, administrara a Biblioteca Pública de Cincinatti, expandindo seu acervo em 300%, e conduzira a mudança para suas novas, requintadas e surreais instalações na Vine Street, com prateleiras de quatro andares, vertiginosas escadas em espiral e colunas de ferro fundido tão longas e finas quanto as patas dos elefantes de Dalí.

Organizou-se uma excursão durante a permanência de Poole em Londres: uma visita à biblioteca do Museu Britânico, precursora da Biblioteca Britânica, cujo acervo perdia em tamanho apenas para a Biblioteca Nacional da França. Na companhia do diretor da casa, Poole é conduzido a uma visita guiada. Na grande sala de leitura com teto abobadado, seu olhar se dirige a um pequeno livro, "suas páginas desbotadas e desgastadas pelo constante manuseio".[16] Fazia vinte anos que ele havia visto uma cópia: *An Alphabetical Index to Subjects Treated in Reviews, and Other Periodicals* [Índice alfabético de assuntos abordados em jornais de resenhas e outros periódicos] era de sua autoria. Publicado enquanto ainda era estudante, ele já continha, em miniatura, o projeto que Poole orquestrava agora, e que viajara a Londres para revelar.

William Frederick Poole não nasceu rico. Filho de um comerciante de lã em Salem, Massachusetts, era uma criança diligente e dotada que frequentou a escola local, esforçando-se para aprender latim sozinho em casa. Percebendo seus dons, a mãe decidiu que ele deveria frequentar uma universidade. Financeiramente, entretanto, os recursos imediatos da família estavam aquém dessa possibilidade. Depois de terminar a escola, Poole passou três anos trabalhando como professor, poupando dinheiro e se preparando para a educação universitária. Aos 21 entrou em Yale, mas a falta de recursos o forçou a desistir depois do primeiro ano. Poole voltou a lecionar, economizando por mais três anos antes de retornar aos vinte e poucos. Dessa vez conseguiu encontrar trabalho para se sustentar durante os estudos, tornando-se bibliotecário assistente de uma das sociedades da universidade, a Brothers in Unity.

Naquela época, o tema das dissertações dos estudantes era anunciado na capela da faculdade, e a cada anúncio Poole, como bibliotecário, era inundado de solicitações de colegas de classe pedindo sugestões de material de leitura — fontes, intelectuais de prestígio, referências — para consulta. Poole passou a divulgar listas — bibliografias prontas sobre o tópico mais recente — sempre que um novo tema era anunciado, o que incluía tanto livros quanto artigos de revistas especializadas. No caso dos últimos — artigos em vez de livros —, Poole sabia que, não fossem suas intervenções, aquele material passaria despercebido aos colegas: "Notei que o conjunto de periódicos de referência que a biblioteca possuía não era usado, ainda que fosse rico na abordagem de assuntos sobre os quais todo dia se pesquisava em vão".[17] Quem, além do pobre bibliotecário assistente, tinha tempo de esquadrinhar centenas de volumes de literatura periódica na hipótese remota de encontrar algo útil? Servidor público escrupuloso, Poole decidiu fazer ele mesmo o trabalho duro. Ao longo de um ano, percorreu 560 volumes das mais importantes publicações do acervo da Brothers, as mais recentes críticas e pesquisas norte-americanas — *New York Review, American Library of Useful Knowledge* — e vindas do outro lado do Atlântico — *Blackwood's Magazine, Edinburgh Review, Dublin University Review*. Política, história, crítica literária: Poole examinou cada artigo e cada assunto, anotando os tópicos abordados e organizando uma lista manuscrita única, um índice de assuntos de 154 páginas, sequenciado alfabeticamente do *"Abd-el-Kader, Memoir of"* até *"Zuinglius, the Swiss Reformer"*.

Desnecessário dizer que o índice de Poole, assim como suas listas de leitura, foi um sucesso entre seus colegas. Tanto que em pouco tempo suas folhas estavam quase destruídas pelo manuseio, e Poole decidiu imprimir o documento. Ainda que incluísse apenas periódicos que podiam ser encontrados na coleção relativamente limitada da Brothers in Unity, o *Alphabetical Index* atraiu atenção de muito além de Yale. A tiragem foi de quinhentas cópias, mas Poole registrou que "tão logo foi anunciada a preparação do trabalho, as solicitações do exterior excederam o número de exemplares impressos".[18] O estudante bibliotecário descobrira um recurso pelo qual toda a comunidade acadêmica clamava.

Mas por que um índice de periódicos era um sucesso tão grande, requisitado nos dois lados do Atlântico? Para Poole, a resposta estava na ascensão dos periódicos sérios, que ele datava da fundação da *Edinburgh Review*, em 1802. Desde então, escreveu que:

> Os melhores escritores e maiores estadistas do mundo, que antes escreviam um livro ou panfleto, agora colaboram com um artigo para importantes revistas ou periódicos, que são lidos antes do término do mês em todos os países na Europa, na América, na Índia, na Austrália e na Nova Zelândia. Todas as perguntas de literatura, religião, política, ciências sociais, economia política e muitas outras áreas do progresso humano encontram suas interpretações mais recentes nos periódicos atuais. Ninguém pode investigar de maneira minuciosa quaisquer dessas questões sem conhecer o que os periódicos disseram e dizem a respeito.[19]

Para um acadêmico sério em meados do século 19, as publicações científicas eram os principais fóruns de debate e traziam a vanguarda das discussões em todos os campos. Mas como alguém poderia explorá-las retrospectivamente? As vastas reservas intelectuais de publicações periódicas permaneciam inexploradas, prosseguiu Poole, visto que "seu conteúdo não está disponível por falta de uma indicação para orientar-se no labirinto de tópicos dispersos pelas páginas das centenas de volumes". Indexe os periódicos e estará criado um mapa para o labirinto, um painel de controle do conhecimento contemporâneo. Não admira que o projeto de Poole, concluído em seu tempo livre quando ainda era universitário, tenha atraído fervorosos seguidores. Uma segunda edição saiu cinco anos depois, ampliando o índice tanto em abrangência quanto em granularidade — o dobro de periódicos, seis vezes mais entradas — e ultrapassando os limites do acervo da Brothers.

Entretanto, o problema com publicações periódicas na vanguarda de sua disciplina é que elas estão em permanente movimento — uma evolução do conhecimento que, por definição, sempre vai superar a si mesmo. A segunda edição do *Index* foi atualizada em janeiro de 1852, mas o fluxo de novos materiais prosseguia inexoravelmente. Poole era assediado quase todo dia por pedidos de uma versão mais atualizada do instrumento, mas, conforme sua competência como bibliotecário passou a ser reconhecida, sua ascensão profissional lhe deixou pouco tempo para o que sempre foi um projeto paralelo. Ele tentou recrutar um sucessor — alguém "com o zelo, a experiência e as qualidades de permanência necessárias" —, mas ninguém com esse perfil se apresentou. Enquanto isso, bibliotecas cujos leitores haviam se habituado a usar o *Index* de Poole foram forçadas a produzir suas próprias atualizações, duplicando o trabalho umas das outras — e agravando suas despesas — inúmeras vezes.

Foi assim que, em 1876, passados quase 25 anos da segunda edição do *Index*, um comitê especial foi criado pela American Library Association para abordar o problema. Era demais, concordaram, imaginar que o novo índice poderia ser um trabalho individual, como quando Poole resolveu aceitar o desafio pela primeira vez. A literatura periódica se tornara ainda mais abundante nas décadas seguintes. Além do mais, não havia fundos para pagar um indexador exclusivo. Então o índice geral de assuntos seria um esforço colaborativo, obra de todas as bibliotecas que topassem se inscrever. Poole ainda supervisionaria o projeto, elaborando uma lista das principais publicações a serem incluídas e um conjunto de regras para a criação dos subíndices. As bibliotecas participantes se encarregariam de trabalhar em um ou mais periódicos e mandariam seus índices concluídos de volta para verificação. Quando Poole participou da Conferência de Londres, em 1877, tinha o intuito de expandir o empreendimento, angariando apoio de bibliotecas do outro lado do Atlântico. Cópias da proposta, incluindo as regras de Poole e sua lista de periódicos, foram impressas para ser distribuídas entre os delegados. No momento em que Cross fez sua conferência sobre o índice universal, a discussão que se seguiu foi o cenário perfeito para Poole apresentar um esquema de seu plano. A resposta de Cross foi entusiasmada, defendendo seriamente a adoção do projeto e sugerindo que era uma parte do que ele mesmo estava propondo. As bibliotecas britânicas prometeram seu apoio e receberam as publicações sobre as quais deveriam trabalhar.

A nova edição do *Index* de Poole surgiu em 1882, com atualizações a cada cinco anos, até 1908. O projeto colaborativo foi um triunfo, como diz Poole:

> Que cinquenta bibliotecas diferentes em organização e finalidades — nacionais, estaduais, para estocagem, para assinatura, de universidades, de instituições públicas gratuitas — espalhadas por este vasto país, de Boston a São Francisco, e do outro lado do oceano, na Inglaterra e na Escócia, tenham unido esforços e trabalhado em harmonia por um objetivo comum, cada uma beneficiando-se plenamente do trabalho das outras, é um acontecimento sem paralelo na catalogação e na literatura.[20]

Como índice geral de assuntos para o conhecimento e as preocupações do século 19, o índice de Poole percorreu um longo caminho desde sua primeira e surrada encarnação manuscrita. É um trabalho monumental. São examinados 232 periódicos, cada artigo de cada edição é analisado e indexado. Abrange tudo, de

Household Words, de Dickens, ao *Journal of Sacred Literature*, de Kitto, do *American Journal of Science* à *English Woman's Domestic Magazine*. Com colunas duplas e pouco menos de 1 500 páginas, é um tijolo de informações. Pode ser consultado sobre assuntos técnicos — *Máquinas elétricas com dínamo* ou *Embreagens de fricção para laminadoras* — e históricos, de *Joalheria etrusca* a *Bolha econômica da Companhia dos Mares do Sul*; há uma coluna completa de entradas sobre Edgar Allan Poe e cinco páginas sobre Shakespeare; num instante pode-se descobrir onde aprender sobre *Trapacear no jogo* ou sobre *Cédulas falsificadas*, *Pirataria* ou *Sardinha*, *Ópio*, *Gambás*, *Ilusões de ótica*. Percorrer as colunas é ser lembrado da selvagem e fascinante miscelânea de índices caseiros de Sherlock Holmes: Vanderbilt e o arrombador de cofres, víboras. Vigor, a maravilha de Hammersmith...

Há, no entanto, algumas deficiências. Certas publicações fundamentais — entre elas a *Athenaeum*, a *Literary Gazette* e a *Economist* — não estão representadas, e aqui a culpa pode ser atribuída aos bibliotecários cooptados na Conferência de Londres. Entre os britânicos, a animação pelo projeto não foi acompanhada do vigor em sua realização. Enquanto as bibliotecas americanas rapidamente enviaram seus subíndices, apenas oito dos 25 periódicos destinados aos britânicos tinham sido indexados a tempo de serem incluídos na edição de 1882. Na introdução à obra, Poole tenta sem entusiasmo encontrar uma justificativa para a discrepância continental, concluindo maliciosamente: "Talvez o clima e os costumes sociais da Inglaterra não sejam tão favoráveis ao trabalho noturno quanto o são os da América". (Um cínico poderia traduzir como: "Talvez vocês sejam todos bêbados em sua ilhazinha fria".) Apesar de tudo isso, no entanto, o *Index* de 1882 é de fato um passo na direção da abrangência dos mecanismos de busca que agora consideramos comuns. Seu método concentrado em periódicos é necessariamente limitado, mas, se discutissem determinado assunto — com algumas infelizes exceções britânicas —, ele constaria do *Index* de Poole.

Poole viveu até 1894, o bastante para supervisionar as duas primeiras atualizações do *Index*. Elas perdurariam até 1907, e àquela altura o *Index* já tinha versões e imitadores que levariam o modelo adiante ao longo do século 20. Em Londres, o anual *Index to Periodicals* de W. T. Stead, produzido entre 1891 e 1903, abarcou uma rede mais vasta que a de Poole — cerca de trezentos periódicos —, mas catalogou apenas conteúdos do ano anterior, enquanto o *Reader's Guide to Periodical Literature*, que existe até hoje, tem desempenhado a mesma função para as publicações estadunidenses desde 1901. No alvorecer do século 20, a visão de Migne sobre informação instantânea — o índice como eletricidade — pode ainda não ter se realizado, mas a era industrial percorreu um longo caminho em direção à meta de espremer todo conhecimento, como uva em prensa de vinho, para extrair sua essência. Na folha de rosto de cada edição do *Index* de Poole aparece a mesma epígrafe, escrita por seu professor de latim em Yale: "*Qui scit ubi sit scientia habenti est proximus*" (Quem sabe onde encontrar o conhecimento está próximo de obtê-lo). Talvez o mote perfeito para o super-herói da época, sentado à sombra de sua própria e bem podada árvore do conhecimento, mas arrogante demais para colher ele mesmo o fruto do galho mais baixo. Estique o braço, meu caro Watson.

Ludmilla e Lotaria

O índice de livro na era da busca

> *Onde está o conhecimento que perdemos na informação?*
> T.S. Eliot, "Choruses from The Rock"

Entre as narrativas falhas e autoconscientes de Calvino em *Se um viajante numa noite de inverno* — aquele romance com defeitos de fábrica e incongruências de encadernação —, está a história de Silas Flannery, romancista obcecado por uma bela e idealizada leitora, Ludmilla. Um dia Flannery recebe a visita não de Ludmilla, mas de sua gêmea, Lotaria. E então o apaixonado romancista se vê às voltas com um problema. Ludmilla, a heroína inconteste de *Se numa noite de inverno*, pensa o processo criativo por meio de uma série de metáforas orgânicas frutíferas — um autor, por exemplo, é uma videira de abóboras que incha os frutos suculentos e maduros de seu trabalho — e o amor vegetal de Flannery por ela naturalmente cresce. Entretanto, se Ludmilla é voluptuosa, sua gêmea é espinhosa, e a maneira como consome literatura parece provocar um curto-circuito no erotismo da relação entre autor e leitor. Enquanto Flannery concebe a escrita como algo próximo à sedução e a um ato de devoção cortês direcionado ao leitor, Lotaria se mostra imune a tais propostas. Isso porque ela não *lê* livros, e sim os *analisa*. Ou melhor, ela os dá a uma máquina para que os "leia" para ela e gere um output que lhe diga tudo o que precisa saber. Quando Flannery pergunta a Lotaria se ela leu os romances — *seus* romances — que ele havia lhe emprestado, ela se desculpa dizendo que não teve oportunidade: estivera longe do computador.

Lotaria prossegue na explicação de seu método. Um computador devidamente programado pode ler um romance em poucos minutos e regurgitá-lo como uma lista de todos os vocábulos que contém, por ordem de frequência, "o que me basta para ter uma ideia dos problemas que o livro propõe a meu estudo crítico".* As palavras mais comuns — artigos, pronomes, partículas — não merecem sua atenção. Ao contrário, explica, "Num romance que tenha entre 50 mil e 100 mil palavras [...] eu o aconselharia a deter-se inicialmente nos vocábulos que reapareçam umas vinte vezes". Um exemplo:

> Veja só. Palavras que se repetem dezenove vezes:
> ... *aranha, cinturão, comandante, dentes, faz, juntos, logo, responde, sangue, sentinela, lhe, têm, tiros, tua, vida, visto.*
> ... Palavras que se repetem dezoito vezes:
> *aqueles, até, basta, batatas, belo, boné, comer, francês, morto, noite, novo, passa, ponto, rapazes, vem, vou.*
> ... O senhor já não faz uma ideia bem clara do que trata o livro? — pergunta Lotaria. — Não há dúvida de que é um romance de guerra, cheio de ação, uma escrita seca com certa carga de violência. Uma narração toda na superfície.**

Como é típico nesse romance brilhante e lúdico, essa é uma cena mais complicada de analisar do que parece à primeira vista. Sabemos — mesmo que apenas pelo modo como ela é

---

* Italo Calvino, op. cit., p. 191.

** Id. Ibid.

contrastada com a adorável Ludmilla — que *não* devemos simpatizar com Lotaria e sua desleitura analítica. Calvino, porém, é um escritor inteligente demais para nos oferecer resistência sem conflitos. Quando lemos pela primeira vez o exemplo de Lotaria — o output do computador: *cinturão, comandante, sangue* — estamos justamente formando a opinião que ela prevê. Quando ela pergunta "O senhor já não tem uma ideia bem clara do que trata o livro?", nós já a temos. Claro que temos. Um romance de guerra. Ação. Descrições superficiais em vez de profundidade emocional. Não *queremos* aprovar os métodos de Lotaria, mas Calvino deixa difícil não desconfiar de que ela tem um ponto. Se desejarmos manter nossa desaprovação, será preciso uma tática diferente. Não é que a máquina — ou uma lista de palavras em ordem alfabética — não possa nos dizer nada sobre o conteúdo de um livro; é só que a experiência de leitura não pode ser *apenas* isso. Estamos de volta aos cínicos do início da Idade Moderna, a Erasmo e Gessner queixando-se de que, na era do índice, estudantes não se preocupam mais em ler os livros, ou a Caxton alertando seus leitores para não confundir mapa com território.

Se um viajante numa noite de inverno surgiu no fim dos anos 1970, quando as concordâncias geradas por máquinas e os índices de frequência de palavras começavam a fazer fronteira com a crítica literária, e quando os pedaços de papel, ferramentas do indexador profissional por sete séculos, estavam prestes a se desmaterializar em bytes de dados. Ele dialoga com seu contexto tecnológico específico, refletindo ansiedades pela intrusão da computação do final do século 20 no domínio literário. Entretanto, essas ansiedades são apenas repetições de antigas dúvidas. Têm tudo a ver com os classicistas da Christ Church que execraram o dr. Bentley e seu "conhecimento alfabético", ou mesmo com o alerta de Sócrates a Fedro sobre a escrita causar desatenção e uma "aparente e não verdadeira sabedoria". Nosso desconforto com máquinas de leitura também é uma versão da antiga antipatia pela mediação. As preocupações contemporâneas com a caixa-preta do algoritmo do Google — com a possibilidade de os resultados de nossas buscas não serem ideologicamente puros, de poderem exibir vieses com os quais não estamos confortáveis, impulsionando algumas vozes e silenciando outras — ecoam o panfletário do século 18 que descobriu John Oldmixon distribuindo propaganda anti-*tory* nas páginas finais do livro de Echard sobre a história dos *tories*. Quando Donald Trump tuita que "o Google e outros estão reprimindo as vozes conservadoras [...]. Eles estão controlando o que podemos ou não ver", ele está apenas — inadvertidamente — trazendo uma paranoia antiga para o cenário digital, a versão republicana do século 21 do "Não permita a nenhum maldito *tory* indexar meu *History!*",[1] de Macaulay. A ferramenta de busca, deve-se notar, foi logo inocentada.[2] À medida que avançamos para o presente, entretanto, acompanhando a entrada da computação na prática da indexação, parece que um complexo de velhas dúvidas — sobre leitura e atenção, esforço e comodismo, experiência direta e mediada — está mais perto da superfície agora do que já estivera há séculos. É bom para os nervos, acho, ter alguma perspectiva histórica.

Isso não significa dizer que nada mudou. Se conferirmos de perto o mecanismo de busca de cadeias de caracteres (*string-searching*) usado para navegar por documentos digitais, encontraremos algo semelhante à máquina de leitura de Lotaria, em que as unidades básicas não são conceitos, mas letras. O índice de assuntos dominou essa história, exceto nos primeiros capítulos; em contraste, a era da busca no século 21 é, na verdade, uma era da concordância automatizada. Ainda assim, da mesma maneira que a internet não acabou com o livro físico, os índices de assunto e seus compiladores continuam a ter um papel em nossa leitura. O profissional da indexação existia uns bons séculos antes da máquina de impressão — registros papais mostram pagamentos feitos pela compilação de índices desde a década de 1320 —, e o surgimento do computador doméstico, longe de soar como uma sentença de morte para essa profissão, trouxe uma benfazeja mudança na prática:[3] eliminou tarefas braçais, disponibilizou recursos intelectuais e, acima de tudo, propiciou ao sempre humilde indexador de assuntos um modo muito mais organizado de fazer as coisas.

"Se tivesse vindo ontem, você teria me visto com o chão coberto de pequenos quadrados de papel, como o porco erudito."[4] Virginia Woolf está escrevendo à sua amiga — e, nos últimos três meses, amante — Vita Sackville-West. O ontem em questão era um domingo, mas Woolf trabalhara duro. Estivera compilando um índice. Uma década antes, ela e o marido haviam comprado uma pequena prensa manual. Virginia montava os tipos e Leonard operava a máquina, e assim eles fundaram a Hogarth Press no intuito de publicar pequenas obras literárias deles e dos amigos. A prensa, no entanto, superou as ambições iniciais do casal e se transformou numa operação editorial considerável, produzindo dezenas de livros por ano. Agora, junto com a ficção e a poesia de seu círculo de Bloomsbury, os Woolf publicavam não ficção — histórias, ensaios, obras de política, economia, psicanálise: o tipo de livros em que os leitores esperariam encontrar um índice. Aconteceu então que, num fim de semana no início da primavera de 1926, Virginia se encontrava à deriva num mar de sua própria criação, uma barafunda de fichas de indexação, cada qual com um fragmento de *Castles in the Air* [Castelos no ar], o efervescente livro de memórias da atriz e socialite Viola Tree.

O índice que Virginia Woolf criaria não seria notável. Limitava-se a nomes próprios, o bom e o melhor da vida eduardiana: Lord e Lady Asquith, assim como Winston Churchill. Uma entrada — "Crippen, Hawley Harvey, assassinado por, 41, 42" — se destaca, um intruso contundente em meio àquela nobreza latifundiária. A própria Tree é tratada com uma salva de subentradas que contam sua história em miniatura:

Tree, Viola, deixa os palcos, 11; estuda música, 12; fica noiva de A. P. 13; vai a Milão, 15; em Milão 18 ss., canta para Ricordi, 23; vida em Milão, 27 ss.; em sua própria casa em Milão, 53-90; visita Strauss, 115 ss.; retorna à Inglaterra, 138; verão na Inglaterra, 159; retorna à Itália, 181; Natal na Inglaterra, 224; retorna à Itália, 233; é anunciado o noivado com A. P. 257; casamento, 290.

A coisa mais interessante sobre o índice de *Castles in the Air* é que ele forneceria o modelo para outro índice que Woolf compilaria um ano depois, dessa vez para um trabalho seu. *Orlando*, ou *Orlando: uma biografia*, para lhe dar o título completo, é um romance que pretende ser *life-writing* [escrita da vida] — ficção disfarçada de não ficção —, e incluir um índice fazia parte desse disfarçar-se. Apesar da ameaça enciumada a Vita — "Olhe o índice de Orlando — veja o que vem depois de Pippin — Promiscuidade passim!" —, o índice de *Orlando* não tem nada a dizer sobre a libido errante de seu protagonista.[5] Em vez disso, segue *Castles in the Air* ao se restringir ao *dramatis personae* do romance, um índice de nomes próprios. E uma vez mais, as subentradas são mais ou menos reservadas à personagem principal, momento em que aflora uma biografia abreviada. Dessa vez, Woolf introduz uma pequena inovação — a palavra *e*, que emprega no início de várias subentradas ligando-as à anterior e garantindo que a progressão febril da narrativa de *Orlando* seja reproduzida em seu índice frenético, em encadeamentos como "entretém os sagazes, 129; e sr. Pope, 132; e Nell 135".

Apesar desses momentos com um toque de humor, Woolf não tinha como negar que compilar índices era um trabalho árduo. Em 1940, um ano antes de sua morte, nós a encontramos dando os retoques finais em sua biografia do crítico de arte Roger Fry e se queixando em seu diário de "trabalhar no índice até não enxergar mais". Dois dias depois, ela escreve: "Meu índice foi enviado — esse é o ponto-final de todo esse penoso trabalho".[6] Penoso trabalho. Vimos essas palavras antes — "o penoso trabalho de compilar um índice", escarneceu um panfletário anônimo no quinto capítulo, na esperança de pôr John Oldmixon em seu devido lugar. Porém, enquanto imaginamos Woolf em uma tarde de domingo, sentada no chão repleto de papéis espalhados, vamos dar uma pausa para examinar com mais cuidado o ofício do indexador.

Intelectualmente, o indexador atomiza os conteúdos de um livro, identificando suas características e rastreando-as ao longo da obra. Ele filtra as ideias principais e considera os melhores rótulos para elas, determina se um conceito tem que ser ramificado ou subdividido, ou se é aceitável dois temas relacionados aparecerem sob o mesmo tópico. Um desafio e, com certeza, um exercício de concentração, de leitura aprofundada, mas não um trabalho penoso, por qualquer definição. Fisicamente, entretanto, o processo envolve organizar e ordenar uma montanha de papel: classificando, reordenando — ordem de página para ordem alfabética — e recopiando. O método de Woolf de "pequenos quadrados de papel" não era diferente — só um pouco mais caótico, talvez — da parede cheia de escaninhos no escritório da Index Society, ou, recuando para páginas anteriores em nossa história, da orientação minuciosamente detalhada de Conrad Gessner quatro séculos antes:

Um método para compilar um índice bem ordenado em pouco tempo é o seguinte: quaisquer referências que se queira incluir no índice são anotadas à medida que aparecem, sem ordem específica, em apenas um lado de uma folha de papel, deixando o outro em branco [...]. Por fim, corte com a tesoura tudo o que você escreveu, separe os pedaços na ordem desejada, primeiro em partes maiores, depois subdividindo de novo e de novo, tantas vezes quantas forem necessárias. Algumas pessoas primeiro cortam todos os pedaços antes de organizá-los; outras os colocam em uma ordem preliminar enquanto cortam. Finalmente, os pequenos recortes são colocados em diferentes lugares na mesa ou organizados em pequenas caixas. Se houver muitos pedaços, recomendo subdividi-los mais, pois facilitará e tornará menos confusa a classificação [...] Quando os pedaços estiverem organizados na ordem desejada, se necessário, pode-se copiá-los na hora; ou, se o texto original for claro o suficiente — o que é preferível —, monte-os usando cola feita de farinha.[7]

Muito tem sido escrito ao longo dos séculos sobre como dissecar o tema de um livro, escolher as entradas, imaginar como os leitores usarão o índice; no entanto, como as instruções detalhadas de Gessner nos lembram, indexar também é uma atividade material. Pedaços de pergaminho ou papel (*cedules*, em inglês medieval, de onde vem a palavra moderna *schedule*, tabela); cortar e colar; tesoura e cola. Pode ser malfeito — tópicos principais em excesso tornarão as partes confusas de organizar; o tipo errado de cola dificultará a correção de erros de classificação —, mas tem de ser feito de alguma forma. O índice completo só pode surgir de etapas físicas anteriores, rascunhos cortados, reorganizados e copiados. Sempre foi assim, desde os frades de Saint-Jacques.

No início do século 18, dois estudiosos que escreviam uma gigantesca história da ordem dominicana voltaram suas atenções para Hugo de Saint-Cher e sua concordância bíblica. Contemplando as mais antigas cópias que sobreviveram, observam com pesar:

> Existiam em nosso convento de Saint-Jacques, em Paris, folhas de um volume em velino fino, mas o guardião imprudente do baú de livros deu-o a encadernadores para usar na encadernação de livros; ainda hoje, algumas de suas folhas podem ser vistas na mesma biblioteca, no início e no fim de um volume manuscrito que contém os sermões de St. Bernard de Clairvaux, encadernado há cerca de 150 anos.[8]

Em outras palavras, devido à negligência do bibliotecário de Saint-Jacques, foi permitido que uma dessas primeiras concordâncias fosse dividida em folhas avulsas e usada como refugo para encadernação, isto é, folhas sobressalentes que seriam prensadas e cobertas com couro para constituir a capa dura de outro livro — nesse caso, um livro de sermões. Era uma prática comum, e muitos textos medievais chegam a nós como fragmentos, preservados apenas como preenchimento da capa de outras obras. Os estudiosos do século 18 são duros com o bibliotecário, chamando-o de *imprudens* — imprudente — por ter permitido que essa concordância fosse entregue a um encadernador. Entretanto, sejamos justos: essa versão da concordância não estava destinada a durar. As folhas — agora preservadas na Bibliothèque Mazarine, em Paris — são frágeis, marcadas por dobras e manchadas pela cola que havia fixado a capa de couro. Também são imperfeitas de outras maneiras. Há rasuras e entradas extras que foram excluídas da primeira elaboração e depois encaixadas à margem da coluna de texto. A caligrafia muda de uma entrada para a outra, e lacunas crivam a página, antecipando-se ao fato de que mais material — mais entradas, mais localizadores — poderia ser incluído depois. Não são folhas de um exemplar da primeira concordância, e sim de um rascunho, um esboço montado enquanto o trabalho ainda estava em preparação. Não surpreende que o bibliotecário as tenha descartado. Não passam de "notas para", e pergaminho — ao contrário de papel — não nasce em árvore. Reciclar essas folhas só é uma imprudência sob a perspectiva moderna, quando a distância de séculos lhes concedeu valor histórico e o experimento que testemunhavam se provou um sucesso tão impressionante que seus processos se tornaram fonte de especulação. Para nós as folhas na Mazarine são fascinantes, enquanto para um bibliotecário medieval eram apenas o andaime de um edifício que já estava erguido de forma magnífica.

O que esses antigos pedaços de folhas comidas por vermes nos lembram é que, por setecentos anos, de Hugo de Saint-Cher a Virginia Woolf, um índice final era *necessariamente* uma segunda versão. O indexador percorre a obra produzindo uma série de entradas e localizadores na sequência em que ocorrem. Esses, porém, precisam ser reorganizados — reescritos ou redigitados — em ordem alfabética. O trabalho intelectual se concentra na fase inicial do processo de indexação; o penoso vem depois.

Mesmo botar tudo em ordem alfabética não é tão simples quanto parece. Podemos nos perguntar se, ao compilar seu catálogo da Biblioteca de Alexandria, Calímaco alguma vez refletiu sobre o problema de ordenar alfabeticamente palavra por palavra versus letra por letra. A questão surge quando o tópico tem mais de uma única palavra: *imprensa escrita*, digamos, ou *Nova York*, ou *ficção policial*. Como devemos tratar o espaço? *Oldman, Gary* vem antes ou depois de *Old Possum's Book of Practical Cats*? *Newman, Paul* deveria estar antes ou depois de *New York Trilogy*? Em sistemas letra por letra, os espaços entre as palavras são ignorados — os atores vêm antes dos livros porque *oldm* vem antes de *oldp* e *newm* antes de *newy*. Na ordenação alfabética palavra por palavra, entretanto, esses espaços contam: as palavras são tratadas individualmente, uma por vez, de maneira que *Old* vem antes de *Oldman*. Considere o exemplo do índice deste livro:

Letra por letra
Newman, Cardinal (John Henry)
Newman, Paul
newspapers and news-sheets
New Tenures
New York Review of Books, The
New York Times, The
New York Trilogy, The (Auster)
nitpickers, and windbags
Notes and Queries
Old Curiosity Shop, The (Dickens)
Oldenburg, Henry
Oldman, Gary
Oldmixon, John
Old Possum's Book of Practical Cats (Eliot)

Palavra por palavra
New Tenures
New York Review of Books, The
New York Times, The
New York Trilogy, The (Auster)
Newman, Cardinal (John Henry)
Newman, Paul
newspapers and news-sheets
nitpickers, and windbags
Notes and Queries

Old Curiosity Shop, The (Dickens)
Old Possum's Book of Practical Cats (Eliot)
Oldenburg, Henry
Oldman, Gary
Oldmixon, John*

A tarefa é bastante confusa, e diferentes editores terão diferentes preferências, talvez elejam o primeiro sistema para certos gêneros e escolham o segundo para outros. Alterar fisicamente a ordenação alfabética de cartões de índice no sistema palavra por palavra para o de letra por letra é uma empresa laboriosa e propensa a erros. Pode até envolver reescrever ou redigitar o índice inteiro para entregar ao editor. Quem dera essas tarefas mecânicas, materiais — o aspecto *arquivístico* da indexação; o copiar — pudessem, por mágica, ser autoexecutáveis.

Estamos na primeira página da *Concordance to the Poetical Works of John Dryden* [Concordância das obras poéticas de John Dryden, 1957], de Guy Montgomery. Nesse ponto da história, deveríamos estar razoavelmente capacitados a decifrá-la. Com suas entradas e localizadores e seu formato multicolunas para economizar espaço na página, há pouca diferença entre ela e a Concordância de Saint-Jacques. No lugar de abreviações para os livros da Bíblia — *Je* para *Jeremias*, *Eze* para *Ezequiel* —, aqui temos códigos curtos para a obra de Dryden: *AA* para *Absalom e Achitophel*, *AE* (mais o número do livro) para a *Aeneid* [*Eneida*] e assim por diante. Mas, se examinarmos esse índice mais de perto, alguns detalhes podem parecer incomuns.

* Neste trecho optou-se por manter o idioma original para não alterar a ortografia que garante o bom ordenamento dos índices em questão e a possibilidade de servirem de exemplo para a ideia que o autor quer transmitir.

Para começar, parece *demais* com a primeira concordância bíblica. Poucas décadas após seu aparecimento, os frades de Saint-Jacques descobriram a utilidade de inserir uma citação contextual, algumas palavras para fixar cada referência, caso contrário os leitores teriam de pesquisar cegamente longas séries de localizadores indistintos até encontrar a passagem de que precisavam. A concordância de Dryden, portanto, é um passo na direção errada, e não oferece contexto a nenhuma de suas ocorrências. Imagine ter de encontrar um verso em Dryden lembrando apenas que contém a palavra *abodes* (morada). Imagine a depressão de alguém que constata que a concordância mostra 27 diferentes ocorrências da palavra. Você sabe que é da *Eneida*? Pena — são *todas* da *Eneida*! O que aconteceu com a ideia — introduzida pelos frades de Saint--Jacques — de incluir uma breve citação do texto principal, situando o termo de busca dentro da frase em que aparece? Por que a inovação que beneficiou os leitores por mais de meio milênio foi descartada? E a estranha tipografia: blocada, sem serifa e — de brinde — sem variação proporcional das letras, como numa máquina de escrever? Mas essa página não foi datilografada: é um output.

Primeira página da *Concordance to the Poetical Works of John Dryden*

A folha de rosto da concordância de Dryden nos conta uma estranha meia-história. A obra é atribuída a Montgomery e a Lester A. Hubbard, um de seus alunos de pós-graduação. Abaixo de seus nomes, uma nota em letras menores observa que os editores tiveram "auxílio" de duas outras pessoas, Mary Jackman e Helen S. Agoa. Por fim, uma linha em letras ainda menores em itálico informa: "Prefácio de Josephine Miles". Os créditos, entretanto, estão embaralhados. Jackman e Agoa eram alunas de Miles na pós-graduação, não de Montgomery, e, à época em que ajudaram no projeto, Montgomery estava morto e Hubbard havia se retirado da empreitada. O envolvimento de Miles vai muito, muito além de apenas escrever o prefácio. Sem ela, a concordância de Dryden — o índice eletrônico original — jamais teria visto a luz do dia.

Em 1951, a poeta e crítica literária lecionava no departamento de inglês em Berkeley quando Montgomery, seu colega, morreu. Em seu escritório, havia 250 mil cartões de índice: cada palavra da poesia de Dryden com um localizador — poema e número do verso — indicando onde aparecia. Era o trabalho da vida de Montgomery, embalado em 63 caixas de sapato. Não desejando ver tamanho esforço desperdiçado, o chefe de departamento foi falar com Miles e perguntou se ela coordenaria a publicação da concordância. Os cartões, contudo, estavam em um estado desastroso — frágeis, incompletos, mal-organizados.[9] Depois de um ano lutando com as caixas de sapatos de Montgomery, Miles resolveu tentar algo radicalmente diferente.

No departamento de engenharia eletrônica de Berkeley, havia um bom número de grandes máquinas IBM capazes de fazer a leitura de uma sequência de cartões perfurados e classificá-los de acordo com determinado campo. E não apenas isso: informações armazenadas como perfurações, ou *chads*, nos cartões poderiam ser impressas em forma humanamente legível. Se os cartões de índice de Montgomery fossem convertidos em cartões perfurados, então algumas das tarefas envolvidas na preparação da concordância seriam automatizadas. Para verificar os dados, por exemplo, os cartões poderiam ser classificados por poema e número de verso e impressos, caso em que a checagem consistiria simplesmente em ler o output e compará-lo aos próprios poemas — cada palavra deveria estar presente e na ordem certa. Feitas todas as correções, a máquina seria capaz de reordenar os cartões em ordem alfabética por entrada e imprimir os resultados uma segunda vez para produzir a concordância finalizada. Tudo o que era preciso era criar 240 mil cartões perfurados...[10] Cinco anos depois, a concordância de Dryden estava pronta. Tirando o pequeno detalhe de como, economicamente, transformar um livro em cartões perfurados, chegamos à era da máquina de leitura de Lotaria, quando a literatura pode ser dividida e reorganizada, regurgitada em ordens diferentes, *analisada* por um computador.

Dificilmente poderia ser dito que a estreia da computação no processo de indexação desmaterializou a tarefa. Houve apenas a troca de um tipo de cartão de papel por outro. Mas a diferença tem o potencial de ser imensa. Uma vez que nossas informações de indexação — entradas, localizadores — podem ser "lidas" por máquinas, não importa se são armazenadas em cartões perfurados, fitas magnéticas ou circuitos integrados. Abrimos a possibilidade de reordenar sem reescrever. O trabalho do indexador foi destilado à sua essência analítica; o trabalho penoso — reorganizar e copiar — foi delegado à máquina.

Mas por que parar por aí? "Ler", para a Lotaria de Calvino, significa alimentar um computador com romances e examinar o output. Poderia uma máquina de indexação ir além de simplesmente reorganizar cartões? Poderia analisar um texto e escolher um conjunto de entradas apropriadas? Em 1963, Susan Artandi defendeu sua tese de doutorado — "Indexação de livros por computador" — na Universidade de Rutger, Nova Jersey. O doutorado fora financiado por uma bolsa da Força Aérea dos EUA. O interesse militar por esse projeto era, de certa forma, tangencial. O trabalho fazia parte de um esforço mais amplo, cujas raízes podem ser encontradas nos projetos de indexação universal do século 19. O problema, como sempre, era a sobrecarga de informações: como administrar o imenso fluxo de pesquisas publicadas pela comunidade científica internacional. Estar na vanguarda das pesquisas é estar à frente dos rivais, mas ao mesmo tempo é necessário indexar e resumir artigos científicos, o que não é fácil. O objetivo de Artandi à época era "fazer o trabalho de indexação diretamente a partir do texto não editado do documento e assim eliminar o esforço intelectual humano".[11]

O sistema que ela desenvolveu dependia de um dicionário preexistente de termos de busca. A função da máquina era percorrer determinado documento à procura de palavras da lista e registrar o lugar da ocorrência. Portanto, o índice que ela geraria seria, de antemão, limitado, suas entradas um subconjunto de termos do dicionário fornecido. Para ter eficácia, esse dicionário tinha que ser relativamente pequeno — uma lista sobre um assunto específico com vocabulário especializado. Artandi dá um exemplo prático em que a máquina IBM 1620 da Rutger foi alimentada com um capítulo de uma obra de química orgânica e um dicionário de termos apropriados: *bromo, fluoreto de cálcio, ácido clorídrico* etc. Os resultados nesse caso foram satisfatórios. O programa de Artandi identificou as substâncias químicas que apareciam no documento, registrou as localizações e ordenou alfabeticamente o output. Havia, entretanto, um óbvio inconveniente, como Artandi admitiu: "A única grande limitação é [...] que os termos precisam ser conhecidos para serem indexados".[12] O sistema de Artandi era em essência um guia ilustrado eletrônico, uma ferramenta que identificava coisas que já se previra que poderiam ser encontradas. "Termos que aparecem pela primeira vez em fontes primárias são perdidos", ela prossegue, "porque não estão incluídos no dicionário."

A abordagem de Artandi funciona por inclusão — dada uma lista de palavras-chave em potencial, o programa analisa documentos para estabelecer se elas estão incluídas neles. Sete anos depois, Harold Borko tentou uma abordagem oposta:

> Indexar por exclusão evita o difícil problema de identificar as palavras-chave mais oportunas; em vez disso, tenta-se especificar e definir aquelas palavras ou categorias de palavras que não são bons termos de índices. Assim, por um processo de exclusão, todas as palavras que não foram eliminadas são tratadas como bons termos de índices.[13]

Dessa vez, o programa seria alimentado com um dicionário de palavras gramaticais — *e, mas, de, com, isso* e cerca de quinhentas outras. O programa de Borko poderia então "ler" um documento eliminando todas as ocorrências desses termos. Qualquer palavra que restasse após esse expurgo seria considerada digna de índice. Os resultados, admitiu Borko, não foram lá muito inspiradores. Na prática, a lista proibida precisaria ser imensa, eliminando categorias inteiras de palavras: pronomes, verbos, advérbios, conjunções. Ainda assim, o programa de Borko só conseguia processar palavras simples: *imprensa* e *coletiva*, não *coletiva de imprensa*; *gato* e *comida*, mas não *comida de gato*. "Depois de meses de esforço", ele escreveu, "cheguei à relutante conclusão de que não havia maneira razoável de elaborar um índice automaticamente baseado apenas no princípio da exclusão."[14] No entanto, Borko resistia a considerar seus experimentos como completamente infrutíferos. Ele argumentava que o output gerado pelo computador poderia ser usado como ponto de partida para a "indexação por máquina" — em outras palavras, o indexador submeteria seu livro ao programa de Borko antes de organizar e aparar os resultados.

Em última análise, o que tanto o método de inclusão quanto o de exclusão produzem é uma concordância reduzida. Os termos do índice são retirados diretamente do texto: tudo que aparece no primeiro encontra-se exatamente da mesma forma no segundo. Por outro lado, se considerarmos um verdadeiro índice de assunto, os termos são com frequência bem diferentes. "Casa desmoronando, vida em uma", "Jewsbury, srta., ocupa o tempo com coruja empalhada", "Zembla, uma terra distante ao norte": esperamos que nossos índices de fim de livro sejam mais que uma mera lista de palavras. Esperamos que ofereçam contextualização, interpretação, que reconheçam quando o mesmo conceito aparece sob diferentes disfarces.

Um contratempo ainda maior para os métodos testados por Miles, Artandi e Borko foi o custo. "A indexação automatizada", escreveu Borko, "é [...] cara e não substitui a indexação humana."[15] Assim, por um quarto de século depois da concordância de Miles para Dryden, indexadores profissionais continuariam a trabalhar da mesma maneira que Guy Montgomery. Aqueles com certa idade ainda podem se lembrar de seu desespero se a caixa de sapatos cheia de cartões acidentalmente caía — o equivalente pré-digital do laptop travar após um dia de trabalho — ou da exasperação com o gato da família, carente de atenção, pulando em cima da mesa e semeando o caos entre as pilhas cuidadosamente organizadas que lá estavam.

Em 1981, no entanto, surgiu o MACREX. Criado pelo casal Hilary e Drusilla Calvert — ela, uma indexadora; ele, um médico e programador diletante — e direcionado ao mercado emergente de computadores domésticos, o MACREX forneceu a indexadores profissionais a mesma funcionalidade que o processador central da Berkeley havia fornecido a Miles décadas antes. Uma vez instalado — via disquete: a internet ainda está a uma boa década de distância —, permitia aos usuários inserir entradas individuais e localizadores, dispensando o cartão de índice e metamorfoseando-o em seu equivalente digital, a linha de base de dados. Com o MACREX os indexadores podiam alternar as ordenações — por entrada ou por localizador — na tela, o que lhes permite acompanhar o índice alfabético ser expandido ou focar em entradas de determinada parte do livro. Ele logo seria alcançado por programas rivais — CINDEX (1986) e SKY Index (1995) —, mas todos com recursos similares, dando conta do trabalho penoso, mantendo as coisas em ordem. Programas de indexação podem destacar remissões pendentes (por exemplo, "*ver* órfão" quando não foi criada entrada para "órfão") ou entradas em que um emaranhado de localizadores indiferenciados pode se beneficiar das subentradas. Podem adaptar o output final para estar de acordo com o manual de estilo dos editores, e alternar com facilidade de ordenação alfabética palavra por palavra para letra por letra.

A chegada da computação no processo de indexação, portanto, significou uma incrível economia de tempo. Agora, indexadores profissionais, assim como operadores da Bolsa, trabalham com duas ou mesmo três telas em torno de si, uma mostrando o texto a ser indexado, outra o software de indexação, e talvez uma terceira com o navegador pronto para checar quaisquer detalhes sobre os quais o indexador tenha dúvida. Mas máquinas só podem acelerar tarefas aceleráveis — classificação, layout, verificação de erros. O trabalho de compilar um índice de assunto ainda é sobretudo um trabalho subjetivo, da ordem do humano. É um trabalho de leitura aprofundada, de compreender um texto para elaborar a mais criteriosa seleção de seus elementos-chave. Indexadores profissionais são especializados em determinados assuntos — química, culinária, direito ou literatura — e gastam seu tempo lendo cuidadosa e habilmente, percorrendo todas as etapas, para que nós não tenhamos de fazê-lo. (Lembre-se de Plínio descrevendo seu sumário ao imperador: "Como apêndice desta carta inseri um sumário dos vários livros, e tomei precauções cuidadosas para evitar que seja necessário lê-los".) O indexador vai querer ter uma ideia, antes de começar, dos conceitos que precisarão ser sinalizados e classificados em subentradas. Pode folhear o livro — lê-lo na íntegra, mas de um modo transversal — antes de enfrentá-lo para valer com o software aberto. Ou pode dedicar um tempo, antes de começar, à introdução do livro, prestando atenção ao sumário — se houver um — para ter noção do que procurar. Muitas vezes, tendo chegado ao final do livro, o indexador retornará aos capítulos iniciais, revendo-os agora que obteve um mapeamento conceitual da obra como um todo. Quando compramos um livro de não ficção, o índice está incluído no valor total que pagamos no caixa, e estamos pagando pelo tempo que o indexador passou como leitor. Os softwares de indexação acabaram com a necessidade de cartões e caixas de sapatos, tesoura e cola de madeira, mas a leitura — a leitura paciente e ativa para a preparação de um índice, cuidadosa e atenta como a da Ludmilla de Calvino — é a mesma tarefa que era nos tempos de Woolf, ou Pope, ou Gessner.

Mas e Lotaria? Este não é o seu capítulo? Não estamos na era da busca, na era da distração, da checagem compulsiva de detalhes? De *O que ele fez mesmo?* De *Ela não está morta?* De *Deixe-me dar um Google nisso para você?* Nossa atual cultura da informação não é definida por máquinas que leem o mundo para nós? Por "rastreamento e indexação", como se diz nos termos de serviço do Google, coletando dados numa escala quase inconcebível e organizando-os para que possamos obter os resultados posteriores e fazer o que os seres humanos são bons em fazer: navegação, síntese, interpretação? "A leitura eletrônica me fornece uma lista das frequências, o que me basta para ter uma ideia", diz Lotaria. A coisa mais visionária do trabalho de Josephine Miles com o processador central de Berkeley não foi produzir um índice eletrônico per se, mas ter construído o tipo de índice mais básico. Seus cartões abrangiam o texto em si — os poemas de Dryden — em forma atomizada, armazenado e acessível por meio de palavras particulares. O índice de assuntos — produzido por mãos de especialistas — talvez não seja o símbolo de nosso tempo. Esse símbolo seria a concordância.

A busca digital em obras literárias — a busca da concordância, a possibilidade de encontrar e listar a ocorrência de certas palavras — concretizou os métodos críticos de Lotaria. A *distant reading* [leitura distante] usa os algoritmos de engenharia de dados para consultar um enorme corpus literário — centenas de romances, digamos — num instante. Foi usada como metodologia, por exemplo, por Matthew Jocker em uma "análise sentimental" — uma espécie de versão big data do "Index to Tears", de Morley —, mapeando o uso de palavras para emoções positivas ou negativas à medida que ocorrem ao longo de um romance.[16] Mas elas correspondem ao que entendemos como a trama desse romance — seus momentos de crise, seu final feliz (ou infeliz)? Quando o algoritmo processa vários romances (41 383, para ser preciso), há padrões emocionais básicos que aparecem como arquétipos romanescos, um número finito de arcos narrativos? Como nos ataques de Boyle a Bentley, a leitura distante não escapou às críticas. Esse tipo de aprendizado alfabético produz resultados válidos? Quão precisa é sua análise da emoção? Como podemos avaliá-lo? Enquanto isso, o programa do Google Ngram, baseado em seu vasto corpus de textos históricos, é capaz de informar, por exemplo, que a palavra *detetive* teve um pico de uso no meio dos anos 1920, ou que *inconsciente* teve apenas um pequeno aumento depois de Freud, tornando-se cada vez mais comum ao longo do século 19. O que fazer com essa informação? Como interpretá-la, torná-la uma narrativa? Essa é a tarefa do historiador literário. Porém, produzir a observação inicial, extraí-la dos incomensuráveis índices de corpora digitais, é agora questão de instantes. A leitura eletrônica me fornece as ocorrências. O que me basta para ter uma ideia.

Análises mais antigas, entretanto, nem sempre podem ser transpostas com facilidade para o digital. As interpretações pacientes contidas em índices de assuntos originalmente compilados para livros físicos não funcionam bem quando são convertidas em edições eletrônicas responsivas. Às vezes os índices são abandonados sem cerimônia na conversão; às vezes são mantidos, mas resultam inúteis num formato que descarta a numeração de páginas, com localizadores fantasmas, em busca de traços de um território que não é mais visível. Mesmo quando um e-book mantém informações sobre a divisão de páginas na edição impressa, a navegação é desajeitada. Trabalhar na tela por meio de uma sequência de localizadores, usando a função *ir para* a fim de alternar entre o índice e uma sequência de outros lugares no texto, é desanimador e penoso se comparado a manter uma página aberta com o polegar e virar as páginas fisicamente. Graças à recente revolução tecnológica, a funcionalidade da concordância se tornou onipresente; no entanto, o índice de assunto — cuidadoso, consciencioso, especializado — não teve o mesmo sucesso.

Não precisaria ser assim. Desde o surgimento da impressão, um índice que usa números de páginas como localizadores só pode ser compilado depois de o livro ter sido diagramado e sua paginação fixada. Mas o advento da marcação digital — a capacidade de inserir códigos invisíveis num documento eletrônico — permitiu a "indexação 'embedada' [incorporada]", um processo diferente das abordagens de software descritas acima. Com a indexação incorporada, como diz o nome, o índice — ou o índice *potencial*: ele ainda não precisa ter sido realmente produzido, em sua forma final — é "incorporado" ao próprio texto como uma coleção de *tags* — como esta: {xe "índice incorporado, exemplo de"} —, cada uma indicando uma palavra-chave e uma posição no texto. Depois que o texto foi todo marcado dessa forma, o índice pode ser gerado automaticamente com a extração de todas as *tags*, a atribuição de seus respectivos localizadores e sua organização em ordem alfabética. Se mais tarde o layout do livro precisar ser mudado — se for inserida uma imagem extra ou uma quebra de página, ou se um capítulo for redimensionado —, o índice pode ser gerado de novo, sendo os localizadores atualizados de acordo com a nova paginação. Desenvolvida na década de 1990, a indexação incorporada é mais trabalhosa do que outras técnicas baseadas em softwares, mas permite iniciar o trabalho em uma etapa anterior do ciclo de produção, usando o documento do Word do autor em vez do PDF da paginação final. Concebidos para ganhar tempo, os índices incorporados abrem, portanto, a possibilidade de índices de assuntos em e-books. O funcionamento da marcação digital do índice incorporado é o mesmo da tecnologia que está por trás do hyperlink, a argamassa de navegação que liga um bilhão de páginas individuais da World Wide Web. Um indexador que marca uma palavra-chave num documento já fez o trabalho necessário para produzir um "índice ativo", no qual cada localizador será um link clicável que abrirá imediatamente a página de destino apontada.

Índices ativos, porém, ainda não são muito difundidos. Numa época em que vemos a capacidade de busca como algo trivial, a Society of Indexers é, paradoxalmente, uma instituição um tanto ameaçada. As razões são financeiras. Se leitores em plataformas digitais se sentem bem atendidos, até mesmo abundantemente, pela função de busca incorporada em seus dispositivos, então os editores economizarão dinheiro ao não fornecer nada mais. Nesse meio-tempo, embora Borko tenha observado que os custos associados a trabalhar com computadores significavam que índices gerados por máquinas seriam proibitivamente caros em quase todas as situações, o jogo agora virou de tal forma que o índice automatizado se tornou uma alternativa bem mais barata do que contratar os serviços de um indexador qualificado. Assim como as experiências de Borko com indexação automatizada cinquenta anos atrás, os modernos geradores automáticos de índices filtram as palavras gramaticais antes de aplicar uma inteligência artificial rudimentar para determinar que termos deverão ser mantidos. Os resultados, nessa etapa, não impressionam, mas, dada a economia de tempo e de custos, alguns editores usarão esse software — como sugeriu Borko — para depois aprimorar os resultados manualmente. A título de comparação, no final deste livro estão dois índices, o primeiro produzido usando um software de geração de índice automática e o segundo compilado por Paula Clarke Bain e indexado na versão brasileira por Maria Claudia Carvalho Mattos, (de modo geral) em conformidade com a norma ISO 999:1996 da Organização Internacional de Padronização: "Diretrizes para conteúdo, organização e apresentação de índices". A diferença na qualidade, na utilidade, é flagrante.

Entretanto, não são apenas máquinas que estão fazendo incursões no mundo da indexação. Em nossas vidas eletrônicas, todos nos tornamos não só pesquisadores consumados, como classificadores entusiastas. Pense na hashtag. Em 23 de agosto de 2007, um desenvolvedor da web chamado Chris Messina postou uma mensagem numa incipiente rede de mídia social, o Twitter:

o que você acha de usar o jogo da velha (#) para grupos? Como em #barcamp [sms]?

No exemplo de Messina, um usuário tuitando sobre a conferência de programação BarCamp deveria iniciar com a marcação #barcamp antes de digitar o restante da postagem. O sinal *hash* (#) — também conhecido como jogo da velha — indicaria que a palavra seguinte era uma *tag* [palavra-chave], identificando o conteúdo do tweet e tornando-o mais fácil de ser localizado pelos possíveis interessados.

Em uma postagem de blog alguns dias depois, Messina ampliou essa sugestão. A hashtag poderia servir como "sinalização verbal ad hoc", frase que lembra a insígnia da Index Society, com sua placa de sinalização que indicava o caminho para a pessoa à procura de conhecimento.[17] Quanto ao ad hoc, Messina explicou que os sites de mídia social existentes já estavam bem programados para atender grupos com interesses específicos, desde que fossem formalmente definidos. Em outras palavras, se você quisesse fazer parte de um grupo, teria de aderir participando ativamente, o que poderia requerer a aprovação do administrador do grupo. Mas e agrupamentos mais flexíveis e instantâneos? Tenho de me inscrever só para saber o que as pessoas estão dizendo, em tempo real, sobre as notícias ou o placar de um jogo? Como disse Messina: "Estou mais interessado em simplesmente bisbilhotar melhor no Twitter".

Desde o início, Messina descreveu sua sugestão como *folksonômica* — ou seja, uma taxonomia, um sistema de classificação, mas com termos não determinados antecipadamente. Em vez disso, são criados na hora, por qualquer um — pelo *folk* (povo, pessoas). Uma hashtag que nunca foi usada passa a existir instantaneamente quando a mensagem que a contém é enviada. Além disso, nenhuma autoridade superior a possui ou controla. Essa última característica gera rotineiramente um tipo particular de gafe de relações públicas, quando as marcas convidam os consumidores ao engajamento on-line. Quando os assessores da cantora Susan Boyle decidiram promover o lançamento de seu álbum de 2012, *Standing Ovation*, sob a hashtag #susanalbumparty,* não havia comissão de registro para apontar que essa sequência de letras poderia ser lida de diferentes maneiras, e nenhum mecanismo para separar mensagens de apoio dos fãs de Boyle das respostas engraçadas da vasta twittosfera. No mesmo ano, o McDonalds convidou os clientes a tuitar suas "boas notícias" sobre o restaurante sob a hashtag #McDStories. Clicar na hashtag agora resulta em uma leitura nefasta — desde histórias repugnantes sobre o que as pessoas encontraram em seus hambúrgueres até condenações do questionável currículo ambiental e trabalhista da empresa.

O sucesso da hashtag, sua onipresença, tem a ver com o fato de ter aparecido numa cultura versada em busca. Pertence à era da barra de busca, a uma comunidade global on-line que, na última década, tornou-se expert no Google, e para quem o passo seguinte não seria meramente pesquisar coisas, mas categorizá-

---

* O autor se refere ao fato de que a hashtag #susanalbumparty, se lida maliciosamente, contém a expressão *anal bum party* (festa do sexo anal).

-las: conectar conteúdo novo — um tweet, uma foto, um arquivo de áudio — a uma *tag* existente, ou criar — de forma séria ou irônica — um novo rótulo para outros adotarem ou rejeitarem. Os *taggers* emulam o indexador, peneirando ideias e escolhendo o melhor título para um conceito — talvez #SomosTodosIndexadoresAgora —, mas a hashtag é uma forma realmente popular, governada por convenções imprevisíveis, irônicas, carnavalescas. Na figura do *tagger*, nosso paciente e livresco indexador ganhou um irmão mais novo, caprichoso, sarcástico e fluente nas constantes mudanças de inflexão das novas mídias.

Quanto ao Google, em 2 de outubro de 2015 a companhia sofreu uma transfiguração. Alguns meses antes, um anúncio de um de seus fundadores, Larry Page, explicou que o Google havia crescido a passos largos. Por meio de aquisições e desenvolvimento próprio, os interesses da empresa passaram a incluir uma agência de localização (Google Maps), uma plataforma de conteúdo multimídia (YouTube) e um importante sistema operacional (Android), sem mencionar outras empresas menores. Uma reestruturação era necessária para separar cada uma dessas participações. O Google em si diminuiria — passaria a ser um irmão e não mais um dos pais, uma subsidiária com posse majoritária de uma recém-criada organização guarda-chuva. O comunicado de Page garantiu aos investidores que a mudança seria o menos disruptiva possível. Todas as ações do Google seriam automaticamente convertidas em ações da nova holding e, para simplificar a questão, o código no mercado de ações continuaria a ser GOOGL e GOOG. Esses códigos, entretanto, eram apenas questão de conveniência. A empresa guarda-chuva teria um novo nome, algo mais básico e que não parecesse, como Google, uma piada interna entre estudantes de tecnologia, mas uma referência à busca e à indexação que foram a pedra angular da empresa. O Google se tornaria Alphabet.

O nome implica universalidade, o alfa e o ômega de uma organização metida em tudo. Também implica ordem, a ferramenta básica da gestão de informação, da Biblioteca de Alexandria ao Vale do Silício. Page explicitou a conexão naquele primeiro anúncio: "Gostamos do nome Alphabet porque [...] é a base de como indexamos na ferramenta de busca do Google".[18] No entanto, para mim, Alphabet é também uma lembrança do fosso — do vale da estranheza — ainda não transposto de forma definitiva entre a concordância e o índice de assunto, a correspondência de letras versus a identificação de conceitos, a visão de Hugo versus a visão de Grosseteste.

O próprio Google, sejamos justos, é a vanguarda da tecnologia de busca inteligente. Dê-lhe a frase "como pegar um vaqueiro pescando" e ele deduzirá — observando os outros termos de busca — *pegar, pescando* — que *vaqueiro* provavelmente está sendo entendido numa de suas acepções, que é um nome comum entre pescadores, para o peixe xaréu-vaqueiro. Resultados para pesca de xaréu-vaqueiro são impulsionados; resultados relacionados à pecuária são relegados a páginas periféricas.[19] Entretanto, poucas de nossas outras interações em barras de busca — em nossos processadores de texto, páginas de rede social, e-readers e gerenciadores de arquivos — vão além da simples correspondência letra a letra. O alfabeto só nos traz até certo ponto — esse é o motivo de o algoritmo de Borko ser uma decepção e as hashtags de Susan Boyle, calamitosas. Assim como a leitura distante não tornará redundante a leitura atenta (desde que continuemos instintivamente preferindo Ludmilla a Lotaria), a barra de busca não substituirá tão cedo o índice de assuntos.

Devemos ser gratos por isso. Um bom índice pode representar um prazer em si, mas um bom índice só pode ser obra de um bom indexador. Na primeira conferência internacional da Society of Indexers, em 1978, o historiador de arte William Heckscher fez um discurso em louvor ao tipo de índice que pode "orgulhar-se de ser fruto da imaginação". Tal obra, prosseguiu, "deveria nos permitir passar uma noite tranquila na cama, lendo [o índice] como se estivéssemos lendo um bom romance".[20] Essa parece uma missão absurda, uma exigência talvez inapropriada para um dispositivo cujo papel é, afinal de contas, interromper o fluxo linear do texto ao qual serve. Ainda assim, olhando uma entrada como a seguinte, do índice de Robert Latham para os diários de Samuel Pepys, é fácil entender o que Heckscher quer dizer:

BAGWELL, ——, esposa de William [Guilherme]: sua boa aparência, 4/222; P planeja sedução, 4/222, 266; visitas, 4/233-4; acha-a virtuosa, 4/234; e modesta, 5/163; pede a P uma colocação para o marido, 5/65-6, 163; beijos de P, 5/287; fica mais afetuosa, 5/301-2; ele faz carícias, 5/313; ela o visita, 5/316, 339; na taverna, sua resistência sucumbe, 5/322; encontros amorosos com: em sua casa, 5/350-1; 6/40, 162, 189, 201, 253, 294; 7/166, 284, 285, 8/39, 95, 9/211; Gabinete da Marinha, 6/186; 7/351, 380; taverna, 6/20; encontros frustrados, 9/25, 217; namorada de P, 6/35, 226, 294; pede promoção para o marido, 6/39-40; P luxa um dedo, 6/40; retorna de Portsmouth, 7/96; rosto machucado, 7/191; retorna de Harwich, 9/12, 25; também 6/158; 7/96, 210, 339; 8/99; ~ criado morre de peste, 7/166.[21]

É, de fato, uma obra-prima de síntese narrativa e de caracterização: a intriga da transação tácita entre Pepys e os Bagwell, a comédia da incontinência sexual de Pepys contada no desenrolar de dezessete localizadores, encontros amorosos que acabam em frustração; o farsesco do dedo luxado de Pepys e o rosto sinistramente ferido da sra. Bagwell; para pôr um fim à história picante, a estratégia diversionista da morte do criado por peste. É uma indexação que realmente soa como música. Para pegar emprestado uma outra frase de Heckscher, "tem vida própria".

Nem todo índice de assuntos pode ou deve contar histórias dessa forma, e, mesmo no índice de Latham, nem toda entrada tem uma heroína como a sra. Bagwell. Ainda assim, é importante que um índice que se preze seja obra da imaginação. Um bom índice de assuntos só pode ser produto de um bom indexador, um leitor versado que sabe alguma coisa do assunto em questão antes de enfrentar o trabalho. Um indexador especialista sabe que pode ser útil identificar um conceito mesmo que este não esteja explicitamente nomeado, que uma passagem sobre Jean-Paul Sartre pode justificar uma entrada para *existencialismo*, ou que um jardineiro pode usar tanto o nome comum como o nome botânico ao pesquisar uma planta específica; ele sabe a diferença — mesmo sem os primeiros nomes — entre *Marx, Karl*; *Marx, Groucho*; e *Marx, Richard*; sabe — graças à metonímia — que às vezes uma referência a "Number Ten" ou a "Downing Street" remete a *Johnson, Boris* e às vezes não. As limitações da indexação *sem imaginação*, da simples busca por cadeias de caracteres, tornam-se bem evidentes se alguém tenta localizar a parábola do filho pródigo, a famosa história de misericórdia e perdão, usando uma concordância bíblica. A parábola não contém as palavras *perdão* ou *misericórdia*, aliás, nem *pródigo*. Nem Artandi nem Borko podem nos ajudar aqui.

O indexador profissional, culto e atento, vai à nossa frente nivelando montanhas e trilhando caminhos, para que nós, pobres estudantes sem tempo diante de placas de sinalização, possamos chegar rapidamente e sem contratempos à passagem — à citação, ao dado, ao *conhecimento* — de que precisamos. No último século, desde o surgimento das agências de emprego para secretárias, em 1890, a indexação tem sido cada vez mais — agora de forma esmagadora — obra de mulheres.[22] E, assim como as gerações de indexadores anteriores, essas mulheres têm sido, em sua maioria, anônimas, sem receber o devido crédito por seu trabalho. Espero que, no mínimo, este livro seja uma guirlanda sobre a lápide dessas leitoras desconhecidas.

Olhando para o futuro, descobrimos que o livro, o livro de papel e tinta à moda antiga, com suas páginas não responsivas, costuradas na lombada, provou-se uma tecnologia duradoura diante de seus descendentes eletrônicos. Por enquanto, ao menos, mantém-se como símbolo dominante de nossos esforços intelectuais, exibido em nossas estantes e nos brasões das grandes universidades. Enquanto navegarmos as águas da impressão, o índice de livro, filho da imaginação, mas tão antigo quanto as próprias universidades, continuará a ser nossa bússola.

Coda

Arquivos de leitura

> *Desvario trabalhoso e empobrecedor o de compor vastos livros [...]. Melhor procedimento é simular que esses livros já existem e propor um resumo, um comentário.*
>
> Jorge Luis Borges, *Ficções*[*]

Final de outono, 2019: segundo andar do centro de arte contemporânea Witte de Whit,[**] em Roterdã. Sob a luz fria da iluminação fluorescente, nas paredes brancas estão penduradas molduras brancas, cada uma com uma folha de texto, preto sobre branco. É uma exposição minimalista, até mesmo austera. Visitantes se inclinam e levantam os óculos, apertando os olhos para ler as estreitas linhas da pequena impressão em preto. É a série *Index*, do artista uruguaio Alejandro Cesarco. Consiste, assim como na história de Ballard que iniciou o primeiro capítulo, em índices de livros imaginários.

Os índices nas paredes da galeria oferecem vários tipos de prazer, que vêm em diferentes etapas, como os pratos de uma refeição. De imediato, podemos saborear as justaposições. Assim como em Zembla, do índice de *Fogo pálido*, de Nabokov, a disposição desses índices simula arbitrariedade. Belle e Sebastian ao lado de Benjamin, Walter, punk ao lado de Proust: são

---

[*] Trad. de Davi Arrigucci. São Paulo: Companhia das Letras, 2007, p. 11.

[**] Em 2020, depois da publicação deste livro, o nome do centro passou a ser Kunstinstituut Melly.

rebeliões discretas, nivelamento cultural numa escala microscópica. Ou, com um pouco mais de esforço, podemos deixar de lado a ordem alfabética, criando correspondências entre entradas com o mesmo localizador, triangulando conceitos para conceber a página hipotética em que todos estão unidos. *Bolo, bossa-nova, chocolate, desespero*: a maneira de lermos *bolo* aqui — como "massa de farinha, salgada ou doce" ou o informal "não comparecimento a um encontro" — determinará como leremos *desespero*. Ou *carinho, choro, despedida, final, fragilidade*, tudo numa página 2 imaginária. Removidas da ordem alfabética, em qual sequência poderiam aparecer?[1]

Então há as impressões gerais que os índices nos deixam. Uma preponderância de pensadores do século 21 — só nos *Ls* de uma das molduras, topamos com Lacan, Laclau, Le Corbusier, Lefebvre, Lênin, Levinas, Lukács, Lyotard... —, mas também uma preocupação com a emoção, às vezes, mas nem sempre, abordada em linguagem psicoterapêutica. Uma série de entradas revela:

desagrado, 55
descontinuidade, 37
deslocamento, 20, 69
desvario, 13, 15, 20
determinação: e decisões, 5-8
devaneio, 17, 26
disciplina, 16
dissimulação, 52
dúvidas, 19, 23, 26-9, 31, 33, 61, 72

Os índices de Cesarco rastreiam, ao longo do tempo, o consumo e a cultura que lhe interessam — livros, filmes, arte. "Um arquivo de minhas leituras", como ele diz.[2] Mas o foco em afe-

Index, de Alejandro Cesarco

tos é, de forma semelhante, reflexivo. Cesarco chama seus índices de "uma forma de autorretrato que se revela ao longo do tempo". Os falsos localizadores, apontando para fora do quadro, para páginas de textos inexistentes, podem ser dissimulações, mas isso não quer dizer que os índices não possuam, em última análise, um referente real. Como no ataque da Christ Church a Richard Bentley, esses não são os índices de um livro, mas de uma personalidade, *A Short Account of the Artist by Way of Index* [Uma breve descrição do artista, por meio do índice]. É natural, portanto, que Freud seja uma figura recorrente. Uma entrada relaciona:

Freud, Sigmund, 62; *Um tipo especial de escolha de objeto feita por homens*, 10; sobre ilusão 7; sobre ego, 9; sobre fetichismo, 26; e identidade e identificação, 34; sobre narcisismo, 29; sobre sexualidade, 5, 28, 73

É difícil não ler essa entrada como uma reflexão sobre o curioso processo de Cesarco, um tipo de autobiografia que faz do índice um fetiche que filtra a identidade — observações, memórias — por meio de entradas, sintaxe invertida, ordenação alfabética.

Quero encerrar essa história com a proposição de que os índices de Cesarco não são, nesse sentido, surpreendentes. Que, assim como toda tradução carrega traços do tradutor, todo índice é assombrado de forma inevitável por seu indexador. Refiro-me apenas ao índice de assuntos; a concordância — produzida de forma manual ou automática — é outro assunto. Quando, nas páginas finais de *Feudal England*, J. Horace Round destrói seu rival medievalista, ele revela um traço de seu caráter — sua tenacidade, certamente, mas também seu pedantismo, sua frustração profissional, sua capacidade de implacável desprezo. Há personalidade num índice; numa concordância ou numa barra de busca, não.

Em 2015, passei o verão como pesquisador convidado na Folger Shakespeare Library em Washington, D.C. Percorri seu catálogo em busca dos primeiros livros impressos com índices nas folhas de guarda. Como os primeiros leitores modernos marcaram seus livros para torná-los navegáveis como fontes de consulta? No tempo em que estive lá, vi centenas e centenas de índices de leitores, em sátiras e polêmicas, textos religiosos ou profanos, até em livros de poesia e ficção. Alguns eram longos, detalhados e totalmente em ordem alfabética — presume-se que foram rascunhados e depois copiados com cuidado no livro a que serviam; outros não passavam de algumas linhas rabiscadas, breves listas de palavras-chave e números de página. Em alguns casos, o compilador havia inserido um quadro — uma tabela, como as que faríamos no Microsoft Word hoje em dia — para manter suas entradas com espaçamento uniforme; em outros, as linhas da tabela não haviam sido preenchidas com tinta, uma marcação cega que deixaria um fantasmagórico relevo calcado em várias páginas subsequentes.

Apesar de toda aquela variedade, entretanto, cada tabela era o arquivo de uma leitura, o registro de uma resposta específica a um livro específico. Do mais elaborado ao mero esboço, cada um carregava a marca de um indexador: o que achavam importante, os detalhes aos quais pretendiam retornar, um mapa para uma visita futura. Um deles, uma tabela de seis linhas num tratado contra o álcool do início do século 17, lista simplesmente: "Conversas obscenas, 2; Fornicação, 4; Ira, 8; Assassinato, 13; Blasfêmia; Maldição". Um catálogo de males, e mesmo assim incompleto, com as duas últimas entradas sem localizadores, e mais nenhuma menção referente aos últimos três quartos do livro. Como índice, traz mais dúvidas que respostas. Qual sua utilidade? Como o compilador esperava retornar a esse texto? Seria a fim de preparar um sermão para algum membro desgarrado e beberrão da família, amedrontando-o com passagens de Young? Ou podemos imaginar nosso indexador anônimo sentindo certo prazer vicário com essas descrições do pecado, assinalando sua ocorrência para futuros encontros secretos com o texto? Por que a lista termina de maneira tão abrupta? O leitor perdeu o interesse, deixando o livro de lado quando a lúgubre abertura de Young começa a derivar para exemplos bíblicos tediosos? Enquanto historiadores, estamos no escuro, incapazes de ir além da especulação. Mas o índice permanece como testemunho indelével da intenção agora irrecuperável de um leitor, um arquivo de leitura como os índices emoldurados e enquadrados de Cesarco.

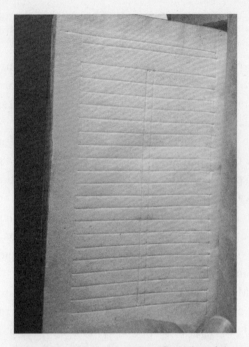

Uma impressão cega, com relevo, em várias folhas, para a compilação de um índice nas últimas páginas de *Hierocles upon the golden verses of Pythagoras, teaching a vertuous and worthy life* [Hiérocles sobre os versos dourados de Pitágoras, lições para uma vida virtuosa e digna, 1656]

Na metade dessa história, examinamos um índice visual, ou, antes, de técnica mista: xilogravuras e versos burlescos serviram como índice ao *Oration*, de Peter Frarin. Como o próprio texto de Frarin, essas entradas gráficas do índice eram implacavelmente violentas, cheias de morte, escárnio e mutilação. Vamos finalizar com outra mescla de poesia e imagem, mas em chave diferente e mais suave: um índice divertido, leve, caseiro, que celebra a vida — uma vida — em vez de desdenhá-la.

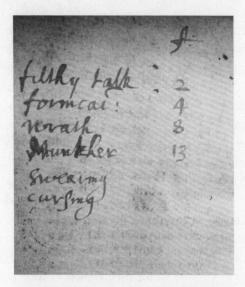

Uma tentativa de listar os pontos altos
— ou baixos — de *Englands Bane, or
Description of Drunkennesse* [Ruína da
Inglaterra, ou Descrição da embriaguez],
de Thomas Young

O livro é *The Gorgeous Nothings* [Deslumbrantes ninharias], a edição de Marta Werner e de Jen Bervin dos "poemas envelope" de Emily Dickinson. São relíquias — envelopes e partes de envelopes — sobre as quais Dickinson compôs breves versos. Os poemas em si são fragmentários, aparentemente efêmeros, entremeados de outros tipos de escrita, ou inacabados, com a inclusão de versões pendentes. São fugazes, impressionistas, muitas vezes interrompidos com um travessão no meio da sentença. Para um editor, criam um problema inusitado. Os "poemas envelope" nunca foram preparados para publicação, nem estabelecidos a partir do manuscrito final da autora. Seriam rascunhos, como os fragmentos de concordância na Bibliothèque Mazarine? Um rascunho certamente implica um *tornar-se*:

a intenção, no mínimo, de um retorno, uma elaboração, uma versão final. No caso desses poemas, não há evidência de tal intenção. Como, então, apresentá-los de uma forma que preserve sua delicadeza e hesitação? Werner e Bervin transcrevem os poemas usando um sistema de glifos e códigos para indicar as idiossincrasias do texto: onde as palavras mudam de rumo, ou são rasuradas, ou divididas em colunas. Mas na página ao lado, em frente a essas transcrições, os editores incluíram imagens coloridas dos próprios envelopes. A forma física, rabiscos no refugo, nos cantos rasgados de envelopes usados, é tratada como parte de cada poema, lembrando-nos de quão provisórias, momentâneas, eram essas anotações singulares.

A regra para livros de poesia, claro, é fornecer um índice de primeiros versos. Aqui, no entanto, tratar os poemas dessa forma seria eliminar seu aspecto material, torná-los texto puro, exatamente aquilo que o resto da paginação quer evitar. O "Índice visual" de Bervin, na verdade um conjunto de índices, que divide os poemas de diversas maneiras seria mais útil ao *The Gorgeous Nothings*. Há um índice de envelopes por formato da folha, outro por destinatário, um para aqueles em que o texto está em colunas ou com divisões a lápis, um para aqueles com texto multidirecional ou em que o envelope é orientado na diagonal, um índice de envelopes com texto rasurado e outro para versões. Assim como os índices de Pope para Homero, o material é considerado sob uma impressionante variedade de ângulos. Muitos envelopes aparecem em vários índices diferentes, mas cada índice está explicitamente preocupado com os envelopes — seu formato, sua posição, a quem estão endereçados — e não com os poemas em si. Se você está tentando localizar aquele poema sobre *cabelo* ou *cogumelos,* então você deverá se virar sozinho. O índice de Bervin não o ajudará. Mas se está procurando o poema escrito em

Index of Envelopes by Page Shape

POINTLESS ARROWS

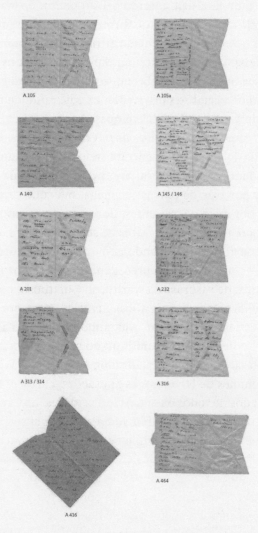

As "setas sem ponta e inúteis" no "Índice de envelopes por formato da folha", em *The Gorgeous Nothings*, de Emily Dickinson

diagonal num envelope em forma de seta, será o A364 ("*Summer laid her simple Hat*").

Se isso é de fato útil, mesmo para o pensador mais visual, não sei. Uma das categorias de formato de envelope de Bervin é "*pointless arrows*" [setas sem ponta ou que não apontam para nada, inúteis], o que pode ser um bom nome para os localizadores desses índices. Isso, porém, seria não entender o principal. O "Índice visual" é uma maneira irreverente de desenvolver uma discussão séria sobre o que esses poemas realmente são — não meros textos, mas *coisas*. Os poemas envelope nos lembram da Dickinson excêntrica, reclusa, mas também da correspondente inveterada: a poeta que jamais saía de casa, que falava por trás de portas fechadas, mas que se entregou ao mundo por meio de presentes, flores, cartas. O índice é um gesto irônico, imbuído do caráter de seu compilador, o artista classificando formas, sonhando com uma ordem — um novo alfabeto — em que colunas precedem setas e textos na diagonal vêm antes de rasuras. É espirituoso e afetuoso, respeitoso, mas não subordinado à mais idiossincrática das poetas, atento a sua domesticidade peculiar. Ajudando-nos ou não a navegar a poesia, o índice de Bervin ainda assim se une às obras de arte de Cesarco, aos pequenos quadrados de papel de Woolf, aos grandes volumes de Holmes e às anotações, cartões, tabelas e bases de dados de todos os outros indexadores, de Grosseteste em diante, cada qual o arquivo de uma leitura anterior, ainda com o tênue e inextirpável brilho de seus criadores.

Agradecimentos

As semelhanças entre publicar um livro e completar o Tour de France passaram, imagino, despercebidas até aqui: a longa romaria dividida em etapas ou capítulos, alguns com altos picos, outros de corrida contra o tempo para iniciar o ano letivo; o extenuante último esforço na subida íngreme, *hors catégorie*, antes da entrega, seguida da eletrizante e vertiginosa corrida rumo à publicação. Fico surpreso que não tenham sido notadas antes. O principal, no entanto, é que ambas as empreitadas distribuem reconhecimento de maneira um tanto desigual: são trabalhos de equipe em que uma só pessoa leva todo crédito. Não é exagero dizer que, sem a generosidade, o apoio e o conhecimento especializado de muitas pessoas, este livro simplesmente não teria sido escrito. Os agradecimentos a seguir são, realmente, apenas a ponta do iceberg.

A pesquisa necessária a este livro tornou-se possível graças a bolsas da British Academy, da Bodleian Library, da Cambridge University Library e da Folger Shakespeare Library. Além do financiamento e de me conceder um espaço de trabalho, sem mencionar o fato de abrigarem e conservarem os manuscritos e livros impressos nos quais esta pesquisa é baseada, essas bibliotecas também foram vitais de maneiras mais sutis. Em seminários, workshops de impressão e cafés da manhã (para não falar do famoso chá das três da Folger), conheci bibliotecários e outros pesquisadores, fonte ilimitada de recursos, que cordialmente me forneceram pistas geniais. Suspeito que a maior parte do material deste livro tenha vindo dessas conversas. Vida longa à tradição do café comunitário da biblioteca.

Quanto às pessoas, devo agradecer em primeiro lugar a Alexandra Franklin, do Bodleian Centre for the Study of the Book, que resgatou este projeto quando parecia improvável que sobrevivesse à infância, e que o apoiou constantemente, do começo ao fim. Também da Bodleian, agradeço a Richard Ovenden por me receber para uma segunda temporada. Jill Whitelock, Suzanne Paul e Emily Dourish foram fundamentais para tornar meu tempo em Cambridge prazeroso e produtivo, ajudando-me a encontrar meu caminho pelos arquivos da biblioteca universitária, enquanto o conselho da Munby Fellowship foi responsável por fazer isso acontecer. Além disso, sou grato à equipe e aos membros do Jesus e do St. Peter's Colleges, em Oxford, e do Darwin College, em Cambridge, por compartilharem sua comida, seu vinho e sua expertise comigo durante minha convivência com eles.

Devo agradecimentos a Anna Webber e Seren Adams, da United Agents, por acreditarem — de forma surpreendente para mim — que uma história dos índices pudesse interessar a mais do que uma dezena de acadêmicos. Sem sua visão e seu incentivo, este livro seria *muito* diferente. A Cecilia Stein, da Penguin, primeira a assumir o trabalho, por sua leitura cuidadosa e seus cortes sensatos, e por sua paciência quando eu escorregava no prazo. E à fantástica Chloe Currens por dar continuidade ao que Cecilia iniciou. Não poderia ter desejado editora mais gentil, sábia ou com mais tato conforme trabalhávamos juntos nos últimos rascunhos e engrenávamos rumo à publicação. Também na Penguin, sou grato a Aniké Wildman, Ania Gordon e Fiona Livesey, a David Watson, Richard Duguid e Chris Shaw, a Francisca Monteiro, Emmn Brown e Katy Banyard. Nas etapas finais, torna-se mais claro do que nunca quantas pessoas estão envolvidas no lançamento de um livro.

Se você está lendo estes agradecimentos antes de começar o livro, um alerta de spoiler: o quarto capítulo aborda uma obviedade pouco discutida: que a leitura de um livro é um investimento significativo do tempo precioso de alguém. Então, devo sinceros agradecimentos aos meus brilhantes amigos — Jacqueline Norton, Adam Smyth, Gill Partington, Olivia Smith e Tom Templeton —, que leram o livro inteiro em seus primeiros rascunhos e cujas sugestões técnicas e cuidadosas o tornaram incomensuravelmente melhor. Da mesma forma, agradeço a Isabel Davis, Paulina Kewes, Heather Tilley, Joseph Hone, Laura Salisbury e Abigail Williams, que leram e comentaram partes da obra ao longo de sua longa gestação.

A Society of Indexers foi infinitamente paciente comigo enquanto eu invadia sua área profissional. Se a obra que você tem em mãos pode ser reduzida a um único conselho, que seja o seguinte: se você escreveu um livro de não ficção, deve contratar um indexador profissional. A Society está representada nas páginas finais da versão original em inglês deste livro pela admirável Paula Clarke Bain, que é capaz de combinar toda erudição e meticulosidade que se espera de um indexador profissional com um senso de humor afiadíssimo.

Finalmente, à minha família, que durante todas as crises — domésticas ou globais — dos últimos anos tem sido uma fonte inesgotável de bom humor, bondade e sabedoria. Mãe, pai, Mia, Molly, Pete e Shruti, Paul e Soph e Glynis: vocês são a equipe dos sonhos para ter na retaguarda durante esse esforço de subir pedalando o monte Ventoux que é a escrita de um livro. Gratidão, sem limites; amor, infinito, passim.

Notas

INTRODUÇÃO [PP. 11-27]

1. Seu tema é, apropriadamente, o projeto da World Wide Web. A página pode ser visualizada em <info.cern.ch/hypertext/WWW/TheProject.html>. Foi Simon Rowberry, na conferência da Society of Indexers [Sociedade de Indexadores] de 2014, que observou que a página era um índice.

2. Matt Cutts, "How Search Works", vídeo incorporado em: <www.google.com/intl/en_uk/search/howsearchworks/crawling-indexing/>.

3. Thomas Babbington Macaulay, *Macaulay's Life of Samuel Johnson*. Org. de Charles Lane Hanson. Boston: Ginn & Company, 1903, p. 13.

4. Robert L. Collison, *Indexes and Indexing*. 4. ed. Londres: Ernest Benn, 1972, p. 12.

5. Ver Joseph A. Howley, "Tables of Contents". In: Dennis Duncan e Adam Smyth (Orgs.), *Book Parts*. Oxford: Oxford University Press, 2019, pp. 65-79.

6. Plínio, o Velho, *Natural History*. Trad. de Harris Rackham. Livro I.33. Cambridge: Harvard University Press, 2014.

7. Will Self, "The Novel is Dead (This Time It's for Real)". *The Guardian*, 2 maio 2014. Disponível em: <www.theguardian.com/books/2014/may/02/will-self-novel-dead-literary-fiction>. Acesso em: 8 maio 2023.

8. Nicholas Carr, "Is Google Making Us Stupid?: What the Internet Is Doing to Our Brains". *The Atlantic*, Washington, jul./ago. 2008. Carr desenvolve esse argumento no livro *The Shallows: How the Internet Is Changing the Way We Think, Read and Remember*. Londres: Atlantic, 2011. [Ed. bras.: *A geração superficial: o que a internet está fazendo com nossos cérebros*. Rio de Janeiro: Agir, 2019.]

9. Galileu Galilei, *Dialogue Concerning the Two Chief World Systems*. Trad. de Stillman Drake. Berkeley: University of California Press, 1967, p. 185.

10. Escreve Campbell: "Eu considerava um índice tão essencial para cada livro que propus ao Parlamento um projeto de lei defendendo a supressão do privilégio de direito autoral do autor que publicasse um livro sem ele; e que, além disso, o submetesse ao pagamento de multa por seu delito". Podemos nos perguntar se deveríamos acreditar em Campbell. Hansard não tem registro de nenhuma menção a tal projeto de lei de sua autoria. (Se houve e não foi registrada, é mais provável que tenha ocorrido no contexto do projeto de lei de direitos autorais apresentado reiteradas vezes por Thomas Taulford, no final dos anos 1830.) Mas, na verdade, toda a ousada reivindicação se deu num contexto de admissão de culpa. A citação acima prossegue: "por dificuldades que começaram com meus editores, meus próprios livros até o momento estão sem índice". Caso seu projeto de lei entrasse em vigor, Campbell, a mais astuta das mentes jurídicas, teria infringido sua própria legislação. (John Lord Campbell, *The Lives of the Chief Justices of England*. Londres: John Murray, 1874, v. 3, p. x. 4 v.)

11. John Marbeck, *A Concordance, that is to saie, a worke wherein by the ordre of the letters of the A. B. C. ye maie redely finde any worde conteigned in the whole Bible, so often as it is there expressed or mencioned* [Uma concordância, isto é, uma obra em que se pode encontrar de forma rápida, pela ordem das letras do abecê, qualquer palavra contida na Bíblia inteira, na frequência em que lá é expressa ou mencionada]. Londres, 1550, sig. A3r.

12. John Foxe, *Actes and Monuments*. 2. ed. Londres, 1570, p. 1391.

13. Para o melhor relato do julgamento de Marbeck e das implicações heréticas de sua concordância, ver "John Marbeck's Concordance to the English Bible", de David Cram. In: Nicola McLelland e Andrew R. Linn (Orgs.), *Flores grammaticae: Essays in Memory of Vivien Law*. Münster: Nodus, 2005, pp. 155-70.

14. J. Horace Round, *Feudal England: Historical Studies on the XIth and XIIth Centuries*. Londres: Swann Sonnenschein, 1895.

QUESTÃO DE ORDEM [PP. 29-55]

1. J. G. Ballard, "The Index". *Bananas*, Londres, n. 8, pp. 24-5, verão 1977. A história também está nas antologias *War Fever* (Londres: Collins, 1990, pp. 171-6) e *Complete Short Stories* (Londres: Flamingo, 2001, pp. 940-5).

2. Henri-Pierre Roché, "The Blind Man". *The Blind Man*, n. 1, pp. 3-6, 10 abr. 1917.

3. *Catálogo da Primeira Exposição Anual da Sociedade de Artistas Independentes (Incorporação)*. Nova York: Society of Independent Artists, 1917.

4. Beatrice Wood, "Work of a Picture Hanger". *The Blind Man*, op. cit., p. 6.

5. [*Le Moyen Âge n'aimait pas l'ordre alphabétique qu'il considérait comme une antithèse de la raison. Dieu avait créé un univers harmonieux, aux parties liées entre elles; il revenait à l'érudit de discerner ces rapports rationnels — ceux de la hiérarchie, de la chronologie, des similarités et différences etc. — et de les refléter dans la structure de ses écrits. L'ordre alphabétique impliquait l'abdication de cette responsabilité [...] Employer délibérément l'ordre alphabétique revenait à reconnaître tacitement que chaque utilisateur d'un ouvrage pouvait recourir à un ordre personnel, différent de celui d'autres utilisateurs et de l'auteur lui-même.*] Mary A. Rouse e Richard H. Rouse, "La Naissance des index". In: Henri-Jean Martin e Roger Chartier (Orgs.), *Histoire de l'Édition française.* Paris: Promodis, 1983, v. 1, pp. 77-85. 4 v.

6. Robert Cawdrey, *A Table Alphabeticall.* Londres: J. Roberts para Edmund Weaver, 1604, sig. A4v.

7. Ambos estão citados e traduzidos em *Contributions to a History of Alphabetization in Antiquity and the Middle Ages*, de Lloyd W. Daly. (Bruxelas: Latomus, 1967, pp. 71-3. Coleção Latomus XC.)

8. Ver David Diringer, *The Alphabet: A Key to the History of Mankind.* 3. ed. Londres: Hutchinson, 1968, v. 1, pp. 169-70. 2 v.

9. Para uma representação da inscrição, assim como para uma discussão mais aprofundada, ver Olga Tufnell, *Lachish III (Tell Ed-Duweir): The Iron Age.* Londres: Oxford University Press, 1953, pp. 118 e 357.

10. C. H. Inge, "Excavations at Tell Ed-Duweir: The Wellcome Marston Archaeological Research Expedition to the Near East". *Palestine Exploration Quarterly*, Londres, v. 70, n. 4, pp. 240-56, 1938.

11. Joseph Addison, *Spectator.* Londres, n. 58, p. 1, 7 maio 1711.

12. Para estimativas sobre o tamanho da coleção, ver Rudolf Blum, *Kallimachos: The Alexandrian Library and the Origins of Bibliography.* Trad. de Hans H. Wellisch. Madison: University of Wisconsin Press, 1991.

13. O papiro, conhecido como P. Oxy. X 1241, foi publicado pela primeira vez em Bernard Pyne Grenfell e Arthur Surridge Hunt, *The Oxyrhynchus Papyri*, v. 10. Londres, 1914, pp. 99-100.

14. O argumento de que Calímaco foi rejeitado para o cargo de chefia da biblioteca, baseado nos Papiros de Oxirrinco, não é aceito por todos os estudiosos. Ver, por exemplo, Rudolf Blum, op. cit., pp. 127-33, e Jackie Murray, "Burned After Reading: The So-Called List of Alexandrian Librarians in P. Oxy. X 1241". *Aitia*, Lyon, n. 2. Disponível em: <www.journals.openedition.org/aitia/544>. Acesso em: 19 out. 2023.

15. Ateneu, *The Learned Banqueters.* Trad. de S. Douglas Olsen. Cambridge: Harvard University Press, 2007, v. 7, p. 263 (XIV 643e). 8 v.

16. Ver Rudolf Blum, op. cit., pp. 152-5.

17. Cícero, *Letters to Atticus*. Org. e trad. de D. R. Shackleton Bailey. Cambridge: Harvard University Press, 2014, v. 4, p. 78.

18. Lloyd W. Daly, op. cit., p. 25.

19. (Pseudo-)Plutarco, "On Homer (II)". In: *Homeric Hymns, Homeric Apocrypha, Lives of Homer*. Org. e trad. de Martin L. West. Livro II.4. Cambridge: Harvard University Press, 2003, p. 417.

20. Ver Lloyd W. Daly, op. cit., pp. 18-20; William Roger Paton e Edward Lee Hicks, *The Inscriptions of Cos*. Oxford: Clarendon, 1891, pp. 236-60.

21. Ephraim Lytle, "Fish Lists in the Wilderness: The Social and Economic History of a Boiotian Price Decree". *Hesperia: The Journal of the American School of Classical Studies at Athens*, Atenas, v. 79, n. 2, pp. 253-303, 2010.

22. Agora na Columbia University com a indicação P. Columbia I recto I a-b. Ver William Linn Westermann e Clinton Walker Keyes (Orgs.), *Tax Lists and Transportation Receipts from Theadelphia*. Nova York: Columbia University Press, 1932, pp. 3-36.

23. Plínio, o Velho, *Natural History*. Trad. de D. E. Eichholz. Livros X, XXXVII.53. Cambridge: Harvard University Press, 2014. 10 v.

24. Ver Lloyd W. Daly, op. cit., p. 59.

25. Plauto, *Amphitryon, The Comedy of Asses, The Pot of Gold, The Two Bacchises, The Captives*. Trad. de Wolfgang de Melo. Livro V. 2. Cambridge: Harvard University Press, 2014, pp. 864-6.

26. Ver A. M. Cook, "Virgil, Aen. VII.7.641 ff". *Classical Review*, Cambridge, v. 33, n. 5-6, pp. 103-4, 1919.

27. O *Corpus Glossary* — Cambridge, Corpus Christi College MS 144 — data do século 18 ou início do século 19 e fornece glosas, principalmente em latim, mas muitas em inglês arcaico, para milhares de termos.

28. Maurice Dolbier, "Books and Authors: Nabokov's Plums". *New York Herald Tribune*, seção Livros, Nova York, p. 2, 17 jun. 1962.

29. Outra entrada de índice — "Botkin, V., American scholar of Russian descent" [Botkin, V., erudito americano de ascendência russa] — revela discretamente a extensão do delírio do narrador.

30. Ver Simon Rowberry, "Translating Zembla; or, How to Finish *Pale Fire*". *The Indexer*, Liverpool: Liverpool University Press, p. 142, 31 abr. 2013.

OS NASCIMENTOS DO ÍNDICE [PP. 56-91]

1. Amelia Carolina Sparavigna, "On the Rainbow, Robert Grosseteste's Treatise on Optics". *International Journal of Sciences*, v. 2, n. 9, pp. 108-13, 2013.

2. *The Booke of the Common Prayer and Administration of the Sacraments*. Londres, 1549, sig. Biiv.

3. Santo Agostinho, "To a Convent of Consecrated Virgins". *Letters*. Trad. de Wilfrid Parsons. Baltimore: Catholic University of America Press, 1956, v. 4, Carta 211, p. 43. 5 v.

4. *St. Benedict's Rule for Monasteries*. Trad. de Leonard J. Doyle. Collegeville: Liturgical Press, 1948, p. 67.

5. *The Rule for Nuns of St. Caesarius of Arles*. Trad. de Maria McCarthy. Washington: Catholic University of America Press, 1960, p. 175.

6. [au moyen âge, on lit généralement en prononçant avec les lèvres, au moins à voix basse, par conséquent en entendant les phrases que les yeux voient.] Jean Leclercq, *Initiation aux auteurs monastiques du Moyen Âge*. 2. ed. Paris: Cerf, 1963, p. 72.

7. Santo Agostinho, *Confessions*. Trad. de Carolyn J. B. Hammond. Livro VI.3.3. Cambridge: Harvard University Press, 2014, v. 1, p. 243. 2 v.

8. John of St. Arnulf, "Vita Joannis abbatis Gorziensis". *Patrologia Latina*, 137.280D.

9. Ver Hastings Rashdall, *The Universities of Europe in the Middle Ages*. Oxford: Clarendon, 1895, v. 1, pp. 6-7. 2 v.

10. Ver Otto Schmid, *Über Verschiedene Eintheilungen der Heiligen Schrift: insbesondere über die Capitel-Eintheilung Stephan Langtons im XIII. Jarhunderte*. Graz: Leuschner & Lubensky, 1892, p. 95.

11. Por exemplo, Bibliothèque Municipale de Lyon MS 340, uma Bíblia produzida na Inglaterra, inclui uma nota no início tanto do Gênesis como de Provérbios, que afirma: "Este livro é dividido em capítulos segundo o mestre S[tephen], arcebispo da Cantuária" (f. 33r).

12. Para mais informações sobre a Bíblia de Paris e sua influência, ver "The Thirteenth Century and the Paris Bible". In: Richard Marsden e E. Ann Matter (Orgs.), *The New Cambridge History of the Bible*. Cambridge: Cambridge University Press, 2012, v. 2, pp. 380-91. 4 v.

13. Tradução de R. W. Hunt, "English Learning in the Late Twelfth Century". *Transactions of the Royal Historical Society*, Cambridge, v. 19, pp. 19-42, 1936.

14. Compreender a coleção de *distinctiones* meramente como sermões pré-elaborados para padres preguiçosos é subestimar um pouco o gênero.

Joseph Goering enfatiza a sua variedade e observa que os usuários podem ser "o pregador, o professor, o estudante e o pastor [cada um dos quais pode] encontrar algo adequado a suas diferentes necessidades". (Joseph Goering, *William de Montibus: The Schools and the Literature of Pastoral Care*. Toronto: Pontifical Institute of Medieval Studies, 1992, p. 264.)

15. Mary Carruthers, "Mental Images, Memory Storage, and Composition in the High Middle Ages". *Das Mittelalter*, v. 13, n. 1, pp. 63-79, 2008.

16. Joseph Goering, op. cit., p. 264.

17. Thomas Fuller, *The Church History of Britain, from the Birth of Jesus Christ until the Year MDCXLVIII*. Oxford: Oxford University Press, 1845, v. 2, p. 181. 6 v.

18. *Giraldus Cambrensis, Opera*. Org. de J. S. Brewer, J. F. Dimock e G. F. Warned. Londres, 1861-91. 8 v. Rolls Series; traduzido em R. W. Southern, *Robert Grosseteste: The Growth of an English Mind in Medieval Europe*. Oxford: Clarendon, 1986, p. 65.

19. S. Harrison Thomson, "Grosseteste's Topical Concordance of the Bible and the Fathers". *Speculum*, Chicago: The University of Chicago Press Journals, v. 9, n. 2, pp. 139-44, 1934.

20. Essa seção expandida é retirada da excelente edição de Philipp Rosemann de *Tabula*: Robert Grosseteste's, *Tabula*. In: Philipp Rosemann (Org.), *Corpus Christianorum: Continuatio Mediaevalis*, 1995, pp. 233-320. v. 130.

21. Oxford MS Bodley 198. A cópia de Grosseteste de *De Civitate Dei* [Cidade de Deus] com os símbolos dos tópicos na margem. A flor denota *imaginação*.

22. Philipp Rosemann, "Robert Grosseteste's *Tabula*". In: *Robert Grosseteste: New Perspectives on His Thought and Scholarship*. Org. de James McEvoy. Turnhout: Brepols, 1995, pp. 321-55.

23. Como os Rouse mostraram, muitos dos detalhes que envolvem a composição das primeiras concordâncias são baseados em afirmações bem posteriores que circularam sem confirmação. Um exemplo é a data da conclusão da Concordância de Saint-Jacques, geralmente estabelecida como 1230, embora isso seja provavelmente prematuro. Tudo o que se pode afirmar com certeza é que seu início foi no período de Hugo em Saint-Jacques (isto é, por volta de 1235) e sua conclusão em 1247, data em que foi feita uma cópia em Jumièges, na Normandia. Ver Richard H. Rouse e Mary A. Rouse, "The Verbal Concordance to the Scriptures". *Archivum Fratrum Praedicatorum*, Roma, pp. 5-30, 1974, v. 44.

24. Oxford, Bodleian Library, MS Canon Pat. lat. 7.

25. Ian Ker, *John Henry Newman: A Biography*. Oxford: Clarendon, 1988, p. 762.

26. Bernard Levin, "Don't Come to Me for a Reference". *The Times*, Londres, p. 16, 10 nov. 1989; reimpresso como "The Index Finger Points". *Now Read On*. Londres: Jonathan Cape, 1990, p. 159.

27. Embora os três sejam tradicionalmente associados à Concordância Inglesa, Richard H. Rouse e Mary A. Rouse apontam que apenas Richard pode ser confirmado por evidências textuais contemporâneas. ("The Verbal Concordance to the Scriptures", op. cit., p. 13.)

28. Oxford, Bodleian Library MS Lat. Misc. b. 18 f.61. As traduções são das passagens correspondentes na versão de Douay-Rheims, que se aproximam muito da latina, tornando mais fácil localizar a palavra-chave.

29. [iste modus praedicandi, scilicet per colligationes auctoritatum, est multum facilis, quia facile est auctoritates habere, ex eo quod factae sunt Concordantiae super Bibliam [...] secundum ordinem alphabeti, ut auctoritates possint faciliter inveniri.] Thomas Waleys, "De modo componendi sermones". In: Thomas Marie Charland, Artes praedicandi: contribution à l'histoire de la rhétorique au Moyen Âge. Publications de l'Institut d'études médiévales d'Ottawa. Paris: Vrin, 1936, v. 7, p. 390.

30. Troyes, Bibliothèque municipale, MSS 186 e 497.

31. Outra das quatro cópias manuscritas remanescentes de Moralia — Oxford, Trinity College MS 50 — atribui o trabalho a Grosseteste. A atribuição foi contestada por E. J. Dobson, Moralities on the Gospels: A New Source of the "Ancrene Wisse" (Oxford: Clarendon, 1975), mas Richard Rouse e Siegfried Wenzel, ao revisar o livro de Dobson, demoliram de forma convincente a alteração de data do texto e a atribuição de sua autoria (Speculum, Chicago: The University of Chicago Press Journals, v. 52, n. 3, pp. 648-52, 1977).

ONDE ESTARÍAMOS SEM ISSO? [PP. 92-118]

1. Na verdade, a primeira edição do Fasciculus, de Rolevinck, foi impressa em 1474, antes da morte de Maomé. Edições posteriores, entretanto, mantiveram o trabalho atualizado. O detalhe do sultão otomano está na edição impressa em Veneza, por Erhard Ratdolt, em 1485.

2. Daniel Sawyer observa como um manuscrito do início do século 15 chama a atenção para a sua numeração de página por meio de uma nota no texto que informa que as folhas "ben markid [...] on the right side of the leef, in the higher part of the margyn" [foram marcadas [...] no canto superior direito da margem da folha]. "Ninguém hoje em dia", observa Sawyer, "se sentiria obrigado a destacar, em termos tão explícitos, a exata posição da numeração de página." (Daniel Sawyer, "Page Numbers, Signatures, and Catchwords". In: Dennis Duncan e Adam Smyth (Orgs.), Book Parts, op. cit., pp. 135-49.)

3. Ver Nicholas Dames, History of the Chapter: A Segmented History from Antiquity to the Twenty-First Century. Princeton: Princeton University Press, 2023.

4. [*Considerentur primo numeri foliorum in angulo superiori versus manum dextram scriptorum, singulorum foliorum numerum representantes. Deinde inspiciatur tabula ubicumque placuerit, ut verbi gratia. "Alexander tirum destruxit excepto genere stratonis . 72 . 2 . 3". Per istum numerum . 72 . denotatur quod in folio ubi scribuntur . 72 . in angulo superiori reperietur in tabula intitulatum. Et immediate ubi habetur iste numerus. 72. inferitur eciam talis numerus. 2. 3. per quem innuitur quod in secunda colundella et tercia de dictis tractat Alexandro et stratone.*] Cambridge, St. John's College MS A.12, f. 218r.

5. Agradeço ao dr. James Freeman, da Cambridge University Library, por chamar a minha atenção para o índice inutilizável de St. John's College MS A.12, mencionado em sua tese de doutorado não publicada, "The Manuscript Dissemination and Readership of the 'Polychronicon' of Ranulf Higden, c. 1330- -c. 1500". Cambridge: University of Cambridge, 2013, p. 190.

6. Carta de 12 de março de 1455 de Enea Silvio Piccolomini a Juan de Carvajal, citada e traduzida em "Juan de Carvajal and Early Printing: The 42-line Bible and the Sweynheym and Pannartz Aquinas", de Martin Davies (*The Library*, Oxford: Oxford University Press, v. 18, n. 3, pp. 193-215, 1996.)

7. Raoul Lefèvre, *The Recuyell of the Historyes of Troye*. Trad. de William Caxton. Bruges, c. 1473, f. L6r.

8. Margaret M. Smith, "Printed Foliation: Forerunner to Printed Page- -Numbers?". *Gutenberg-Jarhbuch*, Mainz, v. 63, pp. 54-70, 1988.

9. A ideia de que a impressão primitiva representa o berço da imprensa perdura no termo *incunábulo*, usado por historiadores para se referir a qualquer livro impresso antes do início do século 16. Em latim, a palavra significa *fralda*, então esses são livros impressos em sua roupa de infância.

10. Há certa controvérsia em torno dessa afirmação, uma vez que, após um ano ou mais do texto de Schöffer, uma edição quase idêntica da obra, com o mesmo prefácio e o mesmo índice, saiu da prensa de Johann Mentelin, de Estrasburgo. Como nenhum dos livros possui data, não há como estabelecer qual é o original e qual é o pirata. Fred Householder, entretanto, tende de forma convincente para o lado de Schöffer. (Fred W. Householder, "The First Pirate". *The Library*, Oxford: Oxford University Press, v. 4, n. 24, pp. 30-46, 1943-4.)

11. Ver Hans H. Wellisch, "The Oldest Printed Indexes". *The Indexer*, Liverpool: Liverpool University Press, v. 15, n. 2, pp. 73-82, 1986.

12. [*amplissimam eius tabulam alphabeticam magno cum studio elaboratam [...] Que quidem tabula et figura, toto ipsius libri precio, digne sunt habende, quia reddunt ipsum, ad sui usum expediciorem.*] Santo Agostinho, *De arte praedicandi*. Mainz, c. 1464, sig. I v.

13. [*nota tibi in extremitate libri arithmeticis numeris singulas chartas.*] Giovanni Craston, *Dictionarium graecum copiosissimum secundum ordinem*

alphabeti cum interpretatione latina. Veneza: Aldus Manutius, 1497, sig. O4v. Agradeço a Maria Gioia Tavoni por identificar esse texto. (Maria Gioia Tavoni, *Circumnavigare il testo: Gli indici in età moderna*. Nápoles: Liguori, 2009, p. 28.)

14. Ver Ann Blair, *Too Much to Know: Managing Scholarly Information Before the Modern Age*. New Haven: Yale University Press, 2010, pp. 137-40.

15. O texto é das *Pandectae* (1548), de Gessner. A tradução é de Hans H. Wellisch, "How to Make an Index — 16th Century Style: Conrad Gessner on Indexes and Catalogs". *International Classification*, Frankfurt, v. 8, n. 1, pp. 10-5, 1981.

O MAPA OU O TERRITÓRIO [PP. 119-40]

1. J. Michael Lennon, "The Naked and the Read". *Times Literary Supplement*, Londres, 7 mar. 2018.

2. [eos plerique solos legunt.] Erasmus, *In Elenchum Alberti Pii brevissima scholia per eundem Erasmum Roterodamum*. Basileia: Froben, 1532, sig. m2r.

3. [*Perlege, quae sequitur tabulam mi candide lector,/ Qua duce mox totum mente tenebis opus./ Primus scriptus habet numerus caput: inde libellum/ Accipe: particulam tercia cifra notat.*] *Lucii Flori Bellorum Romanorum libri quattuor* (Viena, 1511). Agradeço a Kyle Conrau-Lewis, de Yale, por me chamar a atenção para essa passagem.

4. Peter Frarin, *An Oration Against the Unlawfull Insurrections of the Protestantes of Our Time*. Trad. de John Fowler. Antuérpia: Ex officina Ioannis Fouleri, 1567, sig. Kiiv.

5. James Howell, *Proedria Basilike: A Discourse Concerning the Precedency of Kings*. Londres: J. Cottrel, 1664, p. 219.

6. Soa ainda pior na edição latina que se seguiu no mesmo ano. Aqui, a nota do livreiro finalmente chega a um termo grego — "& hac ratione Posticum effet aedificio ἀσύμμετρον" — para o caso de alguém não ter conseguido captar a prepotência. (Ibid., p. 359.)

7. Jorge Luis Borges, "On Exactitude in Science". In: *Collected Fictions*. Trad. de Andrew Hurley. Londres: Penguin, 1998, p. 325.

8. *Grub Street Journal*, Londres, n. 318, 29 jan. 1736.

9. A tradução de Euclides por Henry Billingsley, de 1570, usa manículas à frente dos submarinos de páginas (☞i, ☞ii, ☞iii etc.), o que faz a citação de páginas específicas do prefácio de Billingsley numa nota de rodapé moderna parecer bizarra!

10. Christopher Marlowe — uma das grandes influências de Shakespeare e um possível colaborador inicial — também usa a imagem do índice nesse sentido em seu longo poema "Hero and Leander": "*Therefore even as an index to a*

book,/ So to his mind was young Leander's look" [Assim como um índice para um livro/ era o olhar do jovem Leander para sua mente] (Livro II.129-30). Em outras palavras, os pensamentos de Leander estavam escritos por todo o seu rosto, mas a precedência — o rosto está na frente — já está presente.

11. Olga Weijers aborda essa imprecisão de terminologia em sua monografia *Dictionnaires et répertoires: Une étude de vocabulaire* (Turnhout: Brepols, 1991, pp. 100-10).

12. Platão, *Euthyphro, Apology, Crito, Phaedo, Phaedrus*. Trad. de Harold North Fowler. Cambridge: Harvard University Press, 2014.

"NÃO PERMITAM A NENHUM MALDITO *TORY* INDEXAR MEU *HISTORY*" [PP. 141-74]

1. D. B. Wyndham Lewis e Charles Lee (Orgs.), *The Stuffed Owl: An Anthology of Bad Verse*. Londres: J. M. Dent, 1930, p. 256; Francis Wheen, *How Mumbo--Jumbo Conquered the World*. Londres: Harper, 2004; Hugh Trevor-Roper, *Catholics, Anglicans and Puritans: 17th Century Essays*. Londres: Secker & Warburg, 1987, p. 302. Para mais exemplos de índices humorísticos em livros contemporâneos, o blog de indexação de Paula Clarke Bain, disponível em: <baindex.org>, é uma fonte maravilhosamente divertida.

2. Jonathan Swift, "Uma história de um Tonel". In: *Panfletos satíricos*. Trad. de Leonardo Fróes. Rio de Janeiro: Topbooks, 1999.

3. Id., "Um discurso concernente à operação mecânica do espírito". In: Ibid.

4. Alexander Pope, *The Dunciad in Four Books*. Londres, 1743, p. 69 (I.279-80).

5. Charles Boyle, *Dr. Bentley's Dissertations on the Epistles of Phalaris, Examin'd*. Londres: T. Bennet, 1698 (Oxford, Bodleian Library, Vet. A3 e.1743). Casualmente, Macaulay era um marcador inveterado de seus livros. Em cada página — quer tivesse algo a dizer ou não — traçava uma linha vertical na margem para indicar quanto havia lido.

6. [*"Richardum quendam Bentleium Virum in volvendis Lexicis satis diligentem".*] *Fabularum Aesopicarum Delectus*. Org. de Anthony Alsop. Oxford: Sheldonian Theatre, 1698, sig. a4r.

7. De maneira interessante, o *Oxford English Dictionary* estabelece o surgimento da expressão *to look something up* [aqui traduzida, na referida passagem, como "fazer buscas rápidas"] em torno dessa época, sendo a primeira ocorrência em 1692.

8. William Temple, "An Essay Upon the Ancient and Modern Learning". In: *Miscellanea, the Second Part. In Four Essays*. Londres: Ri. and Ra. Simpson, 1690, pp. 1-72.

9. Richard Bentley, *A Dissertation Upon the Epistles of Phalaris, Themistocles, Socrates, Euripides, and Others, and the Fables of Aesop*. Londres: Peter Buck, 1697, p. 16.

10. Atterbury, numa carta a Boyle, fala em "elaborar o projeto do livro e escrever mais de sua metade", enquanto William Warbur, meio século depois, entrega os nomes dos outros conspiradores, tendo-os conhecido por intermédio de Pope, a quem tinha sido "revelado o segredo". (Francis Atterbury, *The Epistolary Correspondence, Visitation Charges, Speeches, and Miscellanies, of the Right Reverend Francis Atterbury, D.D., Lord Bishop of Rochester*. Londres: J. Nichols, 1783, v. 2, pp. 21-2.) Os outros dois conspiradores foram expostos muitos anos depois por William Warburton. (Carta a Richard Hurd, 19 ago. 1749. In: William Warburton, *Letters from a Late Eminent Prelate to One of His Friends*. Londres: T. Cadell e W. Davies, 1793, p. 9.)

11. Solomon Whateley, *An Answer to a Late Book Written Against the Learned and Reverend Dr. Bentley Relating to Some Manuscript Notes on Callimachus, Together with an Examination of Mr. Bennet's Appendix to the Said Book*. Londres, 1699.

12. Thomas Macaulay, "Life and Writings of William Temple". *Edinburgh Review*, Edimburgo, n. 68, pp. 113-87, 1838.

13. Essa afirmação tem sido tão repetida — em todos os lugares, de Isaac D'Israeli à *Enciclopédia Britânica* — que a aceitamos como verdadeira. Seus primeiros autores, entretanto, estão em *Mundus alter et idem* (1605), de Joseph Hall — que King certamente leu — e em *Apologia contra Lodovico Castelvetro* (1558), de Annibale Caro — que Bentley conhecia, mas especulava que seus algozes não.

14. O texto de King é uma pseudotradução, aparecendo não sob o seu próprio nome, mas como obra de certo Martin Sorbiere, uma combinação do primeiro nome de Lister e do sobrenome de Samuel de Sorbière, cujo retrato nada lisonjeiro de Londres em *Relation d'un voyage en Angleterre* (1664) rendeu-lhe quatro meses de prisão.

15. William King, *A Journey to London in the Year 1698 after the Ingenuous Method of That Made by Dr. Martin Lyster to Paris in the Same Year, &c.* Londres: A. Baldwin, 1699.

16. Carta de Henry Oldenburg para René Sluse, 2 abr. 1669. In: A. Rupert Hall e Marie Boas Hall (Orgs.), *The Correspondence of Henry Oldenburg*. Madison: University of Wisconsin Press, 1965, v. 5, pp. 469-70.

17. William King, *The Transactioneer, with Some of His Philosophical Fancies: In Two Dialogues*. Londres, 1700, sig. a3r.

18. Ja. Newton, "An Account of Some Effects of Papaver Corniculatum Luteum, Etc.". *Philosophical Transactions*, n. 20, pp. 263-4, 1698.

19. William King, *The Transactioneer, with Some of His Philosophical Fancies: In Two Dialogues*, op. cit., pp. 39-41.

20. No início do século 19, a cópia de Bromley chegou às mãos do escritor e professor *whig* Samuel Parr. A transcrição do comentário de Bromley vem de Henry G. Bohn, *Bibliotheca Parriana: A Catalogue of the Library of the Late Reverend and Learned Samuel Parr, LL.D., Curate of Hatton, Prebendary of St. Paul's, &c. &c.* Londres: John Bohn and Joseph Mawman, 1827, pp. 702-3.

21. John Oldmixon, *History of England, During the Reigns of King William and Queen Mary, Queen Anne, King George I, Being the Sequel to the Reigns of the Stuarts.* Londres: Thomas Cox, 1735, p. 345.

22. *A Table of the Principal Matters Contained in Mr. Addison's Remarks on Several Parts of Italy, &c in the Years 1701, 1702, 1703.* Londres, 1705.

23. *A Table of All the Accurate Remarks and Surprising Discoveries of the Most Learned and Ingenious Mr. Addison in His Book of Travels thro Several Parts of Italy, &c.* Londres, 1706.

24. C. E. Doble et al. (Orgs.), *Remarks and Collections of Thomas Hearne.* Oxford: Oxford Historical Society, 1885, v. 4, p. 45. 11 v.

25. Samuel Johnson, *Lives of the English Poets.* Londres: J. Nichols, 1779, v. 4, sig. b1r–v. 10 v.

26. John Gay, "The Present State of Wit, in a Letter to a Friend in the Country". In: V. A. Dearing (Org.), *Poetry and Prose.* Oxford: Oxford University Press, 1975, v. 2, p. 449. 2 v.

27. Id., "The Shepherd's Week". *In Six Pastorals.* Londres: R. Burleigh, 1714, sig. E7v. O fato de que o modelo para "The Shepherd's Week" é *The Shepheardes Calender* (1579), de Edmund Spenser, que foi publicado com glosas muitas vezes irônicas de "E. K." (provavelmente o próprio Spenser), dá espaço à brincadeira paratextual de Gay.

28. Id., *Trivia: Or, the Art of Walking the Streets of London.* Londres: Bernard Lintott, 1716, pp. 35-6.

29. Alexander Pope, *Dunciad Variorum.* Livro II.271-8. Londres, 1735, pp. 158-60.

30. Carta ao sr. Jacob Tonson, 30 dez. 1719. Londres, British Library, Add. MS 28275 f. 78.

31. Carta a Jacob Tonson Jr., 9 nov. 1717. In: Pat Rogers (Org.), *The Letters, Life, and Works of John Oldmixon: Politics and Professional Authorship in Early Hanoverian England.* Lampeter: Edwin Mellen, 2004, pp. 48-9.

32. *The Index-Writer.* Londres: J. Wilford, 1729, p. 2.

33. Laurence Echard, *The History of England.* Londres: Jacob Tonson, 1707-18, v. 2, p. 779. 3 v.

34. *The Index-Writer*, op. cit., p. 5.

35. Laurence Echard, op. cit., v. 3, pp. 863-4.

36. *The Index-Writer*, op. cit., pp. 19-20.

37. John Oldmixon, *Memoirs of the Press, Historical and Political, for Thirty Years Past, from 1710 to 1740*. Londres: T. Cox, 1742, p. 35.

38. *The Mathematician, Containing Many Curious Dissertations on the Rise, Progress, and Improvement of Geometry*. Londres: John Wilcox, 1751, p. IV. A observação original sobre como essa obra inverte a intenção de Pope vem de Robin Valenza, "How Literature Becomes Knowledge: A Case Study". *ELH*, Baltimore: Johns Hopkins University Press, n. 76, v. 1, pp. 215-45, 2009.

O ÍNDICE NA FICÇÃO [PP. 175-205]

1. "Adventures of a Quire of Paper". *London Magazine, or Gentleman's Monthly Intelligencer*, Londres, v. 8, n. 48, pp. 355-8, ago. 1779.

2. Joseph Addison, *Spectator*. Londres, n. 10, 12 mar. 1711.

3. The Multigraph Collective, *Interactions with Print: Elements of Reading in the Era of Print Saturation*. Chicago: University of Chicago Press, 2018.

4. Benjamin Franklin, *The Private Life of Benjamin Franklin LL.D.* Londres: J. Parsons, 1793, p. 19.

5. Leigh Hunt, "Upon Indexes". *The Indicator*, Londres, n. 52, 4 out. 1820.

6. Henry Wheatley, *What Is an Index?: A Few Notes on Indexes and Indexers*. Londres: Stephan Austin and Sons, 1878, p. 42.

7. A observação é registrada por John Hawkins em uma nota de rodapé editorial para o "Life of Pope", de Johnson. No relato de Hawkins, Pope e Bentley se encontram num jantar em que Pope tenta arrancar elogios da parte de Bentley a sua tradução; Bentley procura em vão mudar de assunto antes de, constrangido, emitir seu veredito.

8. Alexander Pope, *A Further Account of the Most Deplorable Condition of Mr. Edmund Curll, Bookseller*. Londres, 1716, pp. 14-5.

9. Carta a Robert Digby, 1º maio 1720. In: *Letters of Mr. Alexander Pope, and Several of His Friends*. Londres: J. Wright, 1737, pp. 179-80.

10. Anna Laetitia Barbauld (Org.), *The Correspondence of Samuel Richardson*. Cambridge: Cambridge University Press, 2011, v. 5, pp. 281-2. 6 v.

11. Samuel Richardson, *Letters and Passages Restored from the Original Manuscripts of the History of Clarissa, to which is subjoined A Collection of*

such of the Moral and Instructive Sentiments, Cautions, Aphorisms, Reflections and Observations contained in the History as are presumed to be of General Use and Service, Digested under Proper Heads. Londres, 1751, p. VI.

12. Id. Ibid.

13. Carta a Sr. de Freval, 21 jan. 1751. In: Anna Laetitia Barbauld (Org.), op. cit., v. 4, pp. 271-2.

14. Samuel Richardson, "Preface". In: *Clarissa, or The History of a Young Lady.* 3. ed. Londres, 1751, v. 1, p. IX. 8 v.

15. Carta do dr. Johnson, 26 set. 1753. In: Anna Laetitia Barbauld (Org.), op. cit., v. 5, p. 284.

16. Carta a Lady Echlin, 7 jul. 1755. In: Ibid., p. 48.

17. Samuel Richardson, *A Collection of the Moral and Instructive Sentiments, Maxims, Cautions and Reflections, Contained in the Histories of Pamela, Clarissa, and Sir Charles Grandison.* Londres, 1755, pp. VI-VII.

18. Ibid., grifos do autor.

19. Carta de Lady Echlin, 2 set. 1755. In: Anna Laetitia Barbauld (Org.), op. cit., v. 5, p. 53.

20. Carta para Lady Echlin, 7 jul. 1755 (Ibid., p. 48). Johnson, que por certo usou o *Collection*, decididamente preferiu o ensinamento à história, declarando a Thomas Erskine: "Ora, se o senhor tivesse que ler Richardson pela história, sua impaciência o aborreceria tanto que se enforcaria. Mas há de ler pelo sentimento, e considerar a história apenas uma ocasião para isso". (James Boswell, *Life of Johnson.* Oxford: Oxford University Press, 1998, p. 480.)

21. Isaac D'Israeli, *Curiosities of Literature.* 5. ed. Londres: John Murray, 1807, v. 2, p. 406, grifos do autor. 2 v.

22. Samuel Johnson, "Preface". In: *A Dictionary of the English Language.* Londres, 1755, p. 7.

23. Id. Ibid.

24. Ver William R. Keast, "The Two Clarissas in Johnson's Dictionary". *Studies in Philology,* Chapel Hill: University of North Carolina Press, v. 3, n. 54, pp. 429-39, 1957.

25. Robin Valenza, "How Literature Becomes Knowledge: A Case Study". *ELH,* Baltimore: Johns Hopkins University Press, n. 76, pp. 215-45, 2009.

26. James Boswell, op. cit., p. 1368n.

"UMA CHAVE PARA TODO O CONHECIMENTO" [PP. 206-31]

1. [*Qui sondera cet abîme? qui pourra jamais trouver le temps d'étudier tous ces Pères, et de lire leurs écrits de toute sorte?*] Jacques-Paul Migne, "Avis important". *Patrologia Latina*, CCXVIII, sig. alv.

2. [*plus de cinquante hommes travaillant aux Tables pendant plus de dix ans, quoique avec la faible retribution de 1000 francs par homme et par an.*] Ibid.

3. [*donnent plus de 500,000 francs, sans compter tous les frais d'impression.*] Id., "Avis important", sig. alr.

4. [*Après tout cela, n'avons-nous pas le droit de nous écrier: Que sont les douze Travaux d'Hercule auprès de nos 231 Tables; Que sont tous les autres travaux littéraires! Que sont les Encyclopédies du XVIIIe et XIXe siècle! Que sont tous les autres oeuvres typographiques! Des jeux d'enfant, dont le plus grand n'est rien auprès de nôtre. Nous pouvons dire, sans crainte d'être démenti, que jamais aucune grande Publication n'aura été ainsi remuée pour la commodité du Souscripteur. En effet, parmi les Ouvrages qui, jusqu'à ce jour, ont offert le plus grand nombre de Tables, nous ne connaissons que la* Bibliotheca Maxima Patrum *de Marguerin de la Bigne, et la* Summa Theologica *de Saint Thomas par Nicolaï, lesquelles toutefois n'en comptent chacune que dix. Notre* Patrologie *au contraire a été en quelque sorte pressurée et tourmentée comme le raisin sous le pressoir pour que la moindre goutte de la précieuse liqueur ne pût échapper.*] Id., "Avis important", sigs. alr–alv.

5. [*Nos Tables ont frayé le chemin; elles aplanissent les montagnes et rendent droits les sentiers les plus tortueux [...] A l'aide de nos Tables, ce grand Cours devient petit; les distances se rapprochent, le premier et le dernier volume se touchent [...] Quelle économie de temps! c'est plus que le chemin de fer, et même que le ballon, c'est l'électricité!*] Id., "Avis important", sig. alv.

6. "The Librarians' Conference". *The Times*, Nova York, 2 out. 1877, p. 4.

7. J. Ashton Cross, "A Universal Index of Subjects". In: Edward B. Nicholson e Henry R. Tedder (Orgs.), *Transactions and Proceedings of the Conference of Librarians Held in London, October 1877*. Londres: Chiswick, 1878, pp. 104-7.

8. Ibid., p. 105.

9. "Proceedings of the Conference of Librarians, Fourth Sitting". In: Ibid., pp. 159-64.

10. "The Conference of Librarians". *Athenaeum*, Boston, n. 2607, pp. 467-8, 13 out. 1877.

11. J. Ashton Cross, "A Universal Index of Subjects", op. cit., p. 107.

12. Index Society, *First Annual Report of the Committee*. Londres, 1879, p. 3.

13. "Literary Gossip". *Athenaeum*, Boston, n. 2610, pp. 566-7, 3 nov. 1877.

14. Index Society, op. cit., p. 16.

15. Henry Wheatley, *How to Make an Index*. Londres: Eliot Stock, 1902, p. 210.

16. William Poole, "Preface". In: *An Index to Periodical Literature*. Boston: James R. Osgood, 1882, p. III.

17. Id. Ibid.

18. William Poole, "Preface". In: *An Alphabetical Index to Subjects Treated in the Reviews, and Other Periodicals, to Which No Indexes Have Been Published; Prepared for the Library of the Brothers in Unity, Yale College*. Nova York: George P. Putnam, 1848, p. IV.

19. Id. Ibid.

20. Id., "Preface". In: *An Index to Periodical Literature*, op. cit., p. V.

LUDMILLA E LOTARIA [PP. 232-62]

1. Em 28 de agosto de 2018, @realDonaldTrump tuitou: "O resultado da busca no Google por 'notícias Trump' apresenta apenas a visualização/reportagens de Mídias de Fake News. Em outras palavras, ARMAÇÃO para mim e para outros, para que quase todas as histórias e notícias sejam RUINS. A fake CNN se destaca. A Mídia Justa & Republicana/Conservadora está calada. Ilegal? 96% dos resultados para 'Notícias sobre Trump' vêm da Mídia de Esquerda Nacional, muito perigosa. O Google & outros estão suprimindo as vozes dos Conservadores e ocultando informação e notícias que são boas. Estão controlando o que podemos & não podemos ver. Essa é uma situação muito séria — terá consequências!".

2. Um estudo estatístico da *The Economist*, no ano seguinte ao tweet de Trump, não encontrou "nenhuma evidência de viés ideológico na aba de notícias da ferramenta de busca". ("Seek and You Shall Find". *The Economist*, Nova York, 8 jun. 2019.)

3. Richard H. Rouse e Mary A. Rouse, "La Naissance des index", op. cit., p. 85. No mesmo artigo, os Rouse também descrevem a trajetória de um dos primeiros indexadores conhecidos, Jean Hautfuney, que, por volta de 1320, avançou em sua carreira ao compilar um vasto índice para *Speculum historiale*, de Vincent de Beauvais. Uma abordagem mais completa do índice de Hautfuney pode ser encontrada em "Tabula Alphabetica von den Alfängen alphabetischer Registerarbeiten zu Geschichtswerken". In: Anna-Dorothee von den Brincken, *Festschrift für Hermann Heimpel*. Göttingen: Vandenhoeck & Ruprecht, 1972, pp. 900-23.

4. Carta a Vita Sackville-West, 29 mar. 1926. In: Nigel Nicolson e Joanne Trautmann (Orgs.), *The Letters of Virginia Woolf*. Londres: Hogarth, 1977, v. 3, p. 251. 6 v.

5. Carta a Vita Sackville-West, 25 jul. 1928. In: Ibid., p. 514.

6. Entrada para 13 de junho de 1940. In: Anne Olivier Bell e Andrew McNeillie (Orgs.), *The Diary of Virginia Woolf.* Londres: Hogarth, 1977, v. 5, p. 295. 6 v.

7. [*Porro methodus qua quis brevissimo tempore et ordine optimo indices conficiat, huiusmodi est. Quaecumque in indicem referre libuerit, omnia ut primum se obtulerint, nulla ordinis ratione habita in charta describantur, ab altera tantum facie, ut altera nuda relinquatur [...] Tandem omnia descripta forfice dissecabis, dissecta quo volueris ordine divides, primum in maiores partes, deinde subdivides semel aut iterum, vel quotiescunque opus fuerit. Aliqui dissectis omnibus, demum disponunt: alij inter dissecandum statim primam divisionem perficiunt, dum singulas schedulas in fine singularum dissectionis mucrone forficis apprehensas digerunt per diversa mensae loca, aut vascula per mensam disposita. Ubi plurimae schedulae fuerint, saepius subdividere suaserim: sic enim omnia facilius et minori confusione peragentur* [...] *atque ita partem primam subdividendo in ordinem quem volveris reducito: ordinatam vel statim describito si opus sit: vel si prima descriptio satis bene habeat, quod potius fuerit, agglutinato tantum, glutine ex farina: cui si ullam xylocollam aut fabrile glutinum miscueris.*] Conrad Gessner, *Pandectae*. Zurique, 1548, ff. 19v-20r.

8. [*Extabant etiam alias apud nostros Sanjacobeos Parisienses cod. fol. par. memb. eleganti, sed arcae librorum custos imprudens bibliopegis tradidit quo ad concinnandos libros uterentur: ejusque adhuc quaedam folia in eadem bibliotheca videri possunt ad initium & finem codicis MS quo sermones S. Bernardi de B. Virgine continentur a 150 annis circiter compacti.*] Jacob Quétif e Jacob Echard, *Scriptores ordinis praedicatorum recensiti.* Paris, 1719, v. 1, p. 203. 2 v.

9. Ver Josephine Miles, *Poetry, Teaching, and Scholarship*. Berkeley: University of California Press, 1980, p. 124.

10. Para mais informações sobre Miles e a criação da Concordância de Dryden, ver Rachel Sagner Buurma e Laura Heffernan, "Search and Replace: Josephine Miles and the Origins of Distant Reading". *Modernism/Modernity Print Plus,* Baltimore: Johns Hopkins University Press, v. 3, n. 1, abr. 2018.

11. Susan Artandi, "Automatic Book Indexing by Computer". *American Documentation*, Nova York, v. 15, n. 4, pp. 250-7, 1964.

12. Ibid., p. 251.

13. Harold Borko, "Experiments in Book Indexing by Computer". *Information Storage and Retrieval*, v. 6, n. 1, pp. 5-16, 1970.

14. Ibid., p. 12.

15. Ibid., p. 15.

16. Matthew L. Jockers, "The Rest of the Story", 25 fev. 2015. Disponível em: <www.matthewjockers.net/2015/02/25/the-rest-of-the-story/>. Acesso em: 8 maio 2023.

17. Chris Messina, "Groups for Twitter; or A Proposal for Twitter Tag Channels", 25 ago. 2007. Disponível em: <www.factoryjoe.com/2007/08/25/groups-for-twitter-or-a-proposal-for-twitter-tag-channels/>. Acesso em: 8 maio 2023.

18. Larry Page, "G is for Google", 10 ago. 2015. Disponível em: <www.abc.xyz>. Acesso em: 8 maio 2023.

19. Roger Montti, "Google BERT Update — What it Means". *Search Engine Journal*, 25 out. 2019. Disponível em: <www.searchenginejournal.com/google-bert-update/332161/#close>. Acesso em: 8 maio 2023.

20. William S. Heckscher, "The Unconventional Index and Its Merits". *The Indexer*, Liverpool: Liverpool University Press, v. 13, n. 1, pp. 6-25, 1982.

21. Robert Latham e William Mathews (Orgs.), *The Diary of Samuel Pepys*. Londres: Bell & Hyman, 1983, v. 6, p. 8. 11 v.

22. Dos indexadores que anunciavam seus serviços no site da Sociedade, em agosto de 2019, o número de mulheres era quatro vezes maior que o de homens (134 para 31). Enquanto isso, uma pesquisa de 2016 feita pela American Society for Indexing relatou que 90% de seus entrevistados eram mulheres (disponível em: <www.asindexing.org/professional-activities-salary-survey>; acesso em: 8 maio 2023). Para uma excelente análise biográfica de Nancy Bailey, fundadora da primeira agência de indexação para mulheres, em 1892, ver David A. Green, "The Wonderful Woman Indexer of England: Nancy Bailey". *The Indexer*, Liverpool: Liverpool University Pres, v. 32, n. 4, pp. 155-60, 2014. Outra agência foi aberta pouco depois por Mary Petherbridge, autora de *The Technique of Indexing* (Londres: Secretarial Bureau, 1904).

CODA [PP. 263-72]

1. Às vezes é divertido jogar o mesmo jogo com livros reais. O índice da introdução de Ralph Walker para Immanuel Kant inclui: "felicidade, 137, 151-2, 156-8", "masturbação, 158, 190" e "produção de perucas, 158". O texto de Walker é exemplar, mas a página 158 será sempre mais prazerosa na imaginação do que é na vida real. (Ralph C. S. Walker, *Kant: The Arguments of the Philosophers*. Londres: Routledge & Kegan Paul, 1982.)

2. Witte de With Centre for Contemporary Art, "Alejandro Cesarco: A Solo Exhibition". Disponível em: <www.fkawdw.nl/en/our_ program/exhibitions/alejandro_cesarco_a_solo_exhibition>. Acesso em: 8 maio 2023.

APÊNDICE

Um índice gerado por computador

Estas são as primeiras páginas de um índice compilado automaticamente usando um software de indexação comercial. O índice completo tem milhares de entradas, a intenção é que o software forneça uma hiperabundância que um editor humano pode facilmente reduzir a um nível adequado de detalhamento. Uma organização humana também é necessária — para, por exemplo, fundir as entradas *acrósticos*, *acrósticos alfabéticos* e *acróstica* ou para localizar *Algumas aventuras de Silvia e Bruno* abaixo de *Carroll, Lewis*. Alguns óbvios — e, claro, perdoáveis — erros chamam a atenção: confundir marcas de submarinos (*Aii, Aiii, Aiv*) com palavras, ou separar as diferentes formas do termo em latim *abyssus*. E quando o software tenta selecionar frases em vez de palavras únicas, os resultados em geral são mais divertidos do que úteis: *absolutamente necessário, águas da impressão, ameaças de repressão*. Ao mesmo tempo, a rajada de entradas sobre o tema dos alfabetos daria muito trabalho para decifrar. Mais grave é notar a ausência de determinados assuntos. *Através do espelho e o que Alice encontrou por lá* desapareceu. (Na verdade, chega pela palavra *Alice*.) O surgimento das agências de indexação nos anos 1890 é mencionado rapidamente ao fim do oitavo capítulo, mas é um tema importante, com referências e informações complementares adicionadas nas notas de fim. *Agências, indexação* deveria estar no índice, e por aí vai.

Como auxiliar na indexação, portanto, o software é uma faca de dois gumes. Por um lado, ao ampliar tanto seu alcance, é bem-sucedido em reunir grande parte do autêntico assunto da obra. Por outro, no entanto — e em parte por causa da fatigante abrangência de seu método —, ainda depende de muita mão de obra humana posterior. Além disso, o que escapa de sua captura nos faz pensar na ressalva feita por Caxton há mais de quinhentos anos: "E, além dos contidos nesta tabela, há muitos mandamentos notáveis, lições e conselhos proveitosos que não estão neste registro ou nestas rubricas".

A Short Account of Dr. Bentley, By Way of Index, 153-4
A velha loja de curiosidades, 188
A vida de Charles I, 220
AA, 243
abade, 83, 84
abajur, 98
ABCDE, 39
abecedaria, 38
abecedário ugarítico, 39
abecedário, 45
abecedarium, 39
Abel, 74, 295, 316
abelha, 67, 295, 299, 311
abertura, 33, 50, 65, 73, 79, 220, 267
abhominável, 51
abire, 86
Abish, 49
abismo, 74, 119, 210
abóboras, 232
abodes, 244
abominável, 51
abordagem, 29, 32-3, 90, 156, 217, 226, 248, 291
abortos, 171
abreviações, 49, 64, 80, 85-6, 243
Absalom e Achitophel, 243
absolutamente necessário, 133, 294
absolvição, 23
absurdo, 14, 21, 40, 182, 185, 190
abundância, 65, 150
abuso, 136, 143, 170, 177
abyssis, 75
abyssum, 74-5
abyssus, 74-5, 294
acabamento, 168
Academia Francesa, 32
academia, 48
acadêmicos, 18, 20, 26, 37, 45, 53, 274
acalorada agitação política, 167
ação de Saint Hugh, 26
ação, 26, 95, 112, 138, 160, 193, 233-4
acento, 18
acervo da Brothers, 226, 228
acervo de palavras-chave, 14
acervo, 14, 41, 73, 224, 225-6, 228
acesso, 17, 209, 293
achincalhe, 142

acidente na encadernação, 94
acidente, 94-5, 166
aço, 12, 209
acontecimento maileriano, 122
açougueiro, 97
Acrefnia, 46
acréscimo, 89, 160
acróstica, 40, 294
acrósticos alfabéticos, 40, 294
acrósticos, 39-40, 153, 294
Actes and Monuments, 23, 277
acuidade, 26
acúmulo de informação, 45
acúmulo, 45, 94
acusação contra Guilherme, 25
acusação, 25, 124-5, 127-8, 150, 152, 172
acusado, 22, 152, 154, 159
acusador, 23
ad hoc, 256
adágio, 58
adaptação, 128
adaptado, 76
Addison, 40, 159, 161-2, 164, 178, 190, 278, 287-8
adega, 179
adesões, 223
adeus, 51
adjetivos, 85
Adler, 206, 207
administração pública, 46, 48
administração religiosa ou laica, 68
administradores capacitados, 67
administrativos, 38
admiração, 24
admissão, 277
admoestação insidiosa, 135
adoção do projeto, 229
advento, 15, 21, 59, 139, 254
adversários, 160
Adversidade, 198
advogado, 125, 171
AE, 243
Aeneid, 243
afabilidade, 149
afetação, 40

afirmação, 283, 286
aforismos, 197, 200
afresco, 60-2
África, 49, 98
Agatha Christie, 49
agência de localização, 258
agências de emprego, 261
agente externo, 217
agilidade intelectual, 68
agilidade textual, 68
Agoa, 245
Agostinho de Grosseteste, 81
Agostinho, 59, 65, 67, 81, 109, 110, 280, 283
agricultores arrendatários, 76
Agrigento, 148
agrupadas, 58, 73, 90
agrupado, 33, 84
agrupamento de entradas, 198
agrupamento de folhas, 114
agrupamento de temas, 197
agrupamentos, 113, 115, 256
águas da impressão, 262
agulha, 97
ah!, 84
Ai, 86, 114
aide-mémoire, 74, 131
Aii, 114
Aiii, 114
air, 236-7, 290
Aitken, 142
Aiv, 114
ajuda, 23-4, 26, 139, 149, 152, 195, 211
ajudantes, 23
alcance, 84, 187, 221
alças, 61
Aldo Manuzio, 116
aleatório, 17
alegoria, 56
Alejandro Cesarco, 263, 265, 293
alemão, 213
aleph beth gimmel, 40
alerta, 31, 118, 135-6, 173, 234, 251, 275
Alexander Bonaparte Cust, 49

Alexander de Ashby, 56
Alexander Hamilton, 30
Alexander Pope, 12, 143, 190, 285, 287, 288
Alexandre, 41, 99, 100, 105, 106
Alexandre, o Grande, 41
alfa beta gama, 40
alfa, 30, 40, 259
alfabético, 153
alfabetização, 178
alfabeto cirílico, 54
alfabeto grego e romano, 79
alfabeto grego, 45, 79, 95
alfabeto hebraico, 39
alfabeto latino, 39
alfabeto, 17, 24, 31, 33, 37-41, 45, 46, 48, 50-2, 54-5, 64, 79, 95, 117, 223, 259, 264, 272
alfinetada de Alsop, 151
algarismos romanos, 69
Al-Ghazali, 83
algoritmo de Borko, 259
algoritmo do Google, 235
algoritmo, 106, 235, 252, 259
Algumas aventuras de Silvia e Bruno, 183, 294
Alhures, 200
Alice, 49, 181-3, 185-6
allaphbedo, 29
almas, 138
alpha, 46
Alphabet, 258, 259, 278
Alphabetical Index, 225, 291
Alsop, 149, 151, 152, 285

alta literatura, 152, 190
alteração, 17
alto clero, 173
alto grau, 97
alto padrão, 117
altos padrões de conduta, 77
altura, 100, 153, 182, 202, 217, 231
alunos, 68, 72, 82, 245
alusões, 136
alvo, 149, 154, 156, 162, 187
alvorecer do milênio, 13
amador, 23, 206
amante, 175, 206, 236
amareladas, 98
ambição, 209
ambiente acadêmico, 205
ambiente monástico medieval, 131
ambiente social, 21
ambiente, 21, 122, 131, 146, 205
âmbito, 18
Ambrósio, 67
ameaça, 68, 237
ameaças de repressão, 31, 294
American Library Association, 228
American Society for Indexing, 144, 293
americanas, 38, 226, 230
amiga, 142, 201, 236
amigo, 16, 32, 41, 44, 90, 102-3, 120, 122, 136, 177, 202
amizade, 120
amor vegetal, 232
amor, 51, 56, 136-7, 175, 200, 232, 275

Isso basta. Que a amostra sirva apenas para lembrar que este não é nosso índice verdadeiro. Chegou finalmente a hora de passar o bastão a Maria Claudia Carvalho Mattos, nossa indexadora humana, para pôr fim aos procedimentos e mostrar como as coisas devem ser feitas.

Índice remissivo

Nota ao gentil leitor: os números de página em *itálico* indicam imagens; os números na forma "273 n1" indicam notas de fim. Este índice foi criado por Paula Clarke Bain (PCB) e adaptado para o português por Maria Claudia Carvalho Mattos, indexadoras profissionais e seres humanos.

A, a, a, 85-6
abecedaria, 38-9, 45
abecedarium de Laquis, Israel, 39
abelha, Jean de Gorze zumbindo à maneira de uma, 67
Abish, Walter, *Alphabetical Africa* [África alfabética], 49
abreviações, 49, 64, 80, 85-6, 243
abstração, 14
Acrefnia, pedras de, 46
acrósticos, 39-40, 153
acuidade, 25; *ver também* precisão
Addison, Joseph, 164, 178; detesta acrósticos, 40; índices do *Spectator*, 178-81, 190; *Remarks on Several Parts of Italy* [Observações sobre várias partes da Itália], 161-3; retrato, 159

"Adventures of a Quire of Paper" [Aventuras de uma resma de papel], 175-6, 179
aforismos, 197-8, 200, 203
afrescos, 60, 62
agências, indexação, 261, 293 n22
Agoa, Helen S., 245
Agostinho, Santo, *A doutrina cristã*, 109-10; *Cidade de Deus* [*De Civitate Dei*], 81; escrituras como alimento, 65; *Patrologia Latina* (Migne), 209-10; sobre a leitura monástica, 67; *Tabula* (Grosseteste), 58-9, 84, 209
agrupamentos, 94, 113-4, 132
agulha num palheiro, procurando, 97
aide-mémoire [lembrete], 74
Aitken, Jonathan, vai para a cadeia, 142
Alexander de Ashby, *De artificioso modo predicandi*, 56
Alexandre, o Grande, 41, 99
Alexandria *ver* Biblioteca de Alexandria
alfabetização, letra por letra, 241-2, 250; palavra por palavra, 241-2, 250

alfabeto, busca letra por letra, 259; cirílico, 54; fenício, 39; grego, 39, 45, 79, 95; hebraico, 39; história do, 38-40; latino, 39; romano, 51, 54, 79; ugarítico, 39

algarismos romanos, 69

algoritmos, 106, 235, 252, 259

Alice, histórias de (Carroll), 181-3, 185

Alphabet (Google), 258

Alphabetical Africa [África alfabética], 49

Alsop, Anthony, 149, 151-2

Ambrósio (bispo de Milão), lê em silêncio, 67

American Library Association, 228

American Society for Indexing, 144, 293 n22

An Alphabetical Index to Subjects Treated in Reviews, and Other Periodicals [Índice alfabético de assuntos abordados em jornais de resenhas e outros periódicos] (Poole), 225-31

anagramas, 40, 153

análise, 59, 233, 249, 252-3; sentimental, 252

andaime, 75, 241; poético, 39

anonimato, 159, 262, 267

anúncio, 217

Apolônio de Rodes, 42

aprendizado por máquina, 216-7

arbitrariedade, 17, 38, 45, 54-5, 263

arco-íris, 58, 61

argilivro, 29

Ariosto, Ludovico, *Orlando furioso*, 116-7

Aristarco, guardião da Biblioteca, 46

Aristóteles, 20, 58-9, 78, 81-2

arquivo, compartilhar localizações de, 106

arquivos de leitura, *Index* (Cesarco), 263-4, 265, 266-7; índices de leitores, 266-7; índices visuais, 268-70, 272; personalidade no índice, 266; "poemas envelope" (Dickinson), 269-70, 271, 272

Artandi, Susan, 247-9, 261

árvore do conhecimento, 221-2, 231

AskJeeves (ferramenta de busca), 141

assassinatos alfabéticos, 49

ateliês de copistas (*scriptoria*), 72

Ateneu de Naucrátis, 42, 151

Athenaeum (revista literária), 215, 219, 230

Através do espelho e o que Alice encontrou por lá (Carroll), 181-2, 185

Atterbury, Francis, 152, 286 n10

Australia and New Zealand Society of Indexers, 144

autobiografia, 29, 31, 266

Autorreferência, *ver* Bain, Paula Clarke

aventuras de Sherlock Holmes, As (Conan Doyle), 206-8, 230, 272

aviso, 52; *ver também* anúncio; chamada

Badcock, Samuel, 205

Bagwell, sra., encontros de Pepys com, 260

Bailey, Nancy, 293 n22

Bain, Paula Clarke (PCB), Baindex (blog de indexação), 285 n1; comparação com índice automatizado, 255; indexa a si mesma, 285 n1; não robótico, índice superior, 298-321

Balbi, Giovanni, 38

Ballard, J. G., "The Index", 29-32, 49, 54, 263, 277 n1

Bananas (revista literária), 29

base de dados, 142, 250, 252, 272

Basileia, 104, 117

Bayerische Staatsbibliothek, Munique, 108

Bentley, Richard, ataques da Christ Church a, 151-2, 154, 234, 265; *Boyle against Bentley*, 147, 148-55, 252, 286 n13; *Dissertations on the Epistles of Phalaris*, 149-52, 155, 163; e Pope, 191, 286 n10, 288 n7; *Remarks* (Addison), 162; retrato, *148*; sua estupidez flagrante etc., 154

Berkeley, universidade da Califórnia, 245, 250, 252

Bernard de Clairvaux, St., 240

Bervin, Jen, "Índice visual", *271, 272*; *The Gorgeous Nothings* [Deslumbrantes ninharias] (Dickinson), 269-70, *271, 272*

Bíblia, *Abyssus*, 75; concordância de Marbeck, 22-4, 27; concordância de Saint-Jacques, 83-7, 89-90, 95, 211, 239-41, 243; Concordância Inglesa, 88-9; concordâncias, 19, 21-5, 63, 84-90, 95, 211, 240-1, 261; Cranmer sobre leitura, 65-6; de Gutenberg, 103, 179; de Paris, 280 n12; hebraica, 39-40; inglesa, 22-4; *distinctiones*, 72-5, 89; divisão em capítulos, 69-70, 72, 85, 88, 95, 280 n11; divisão em versículos, 72; escala de índice, 130; Evangelho segundo são Marcos, 69-70, *71*; Hugo de Saint-Cher, 60-1, 63; latina, 23-4; lista de livros de Schöffer, 108-10; Livro das Lamentações, 39-40, 49; nascimentos do índice, 60-1, 63, 65-6, 69-70, 72-5, 80-1, 86-9, 91; *Tabula* (Grosseteste), 80-1

bibliotecas, armazenamento de pergaminhos, 43-5; Bodleian, Oxford, 81, 86, 88, 92, 111, 146; Britânica, 69, 116, 225, 229; catálogos, 14, 215; de Alexandria, 41-3, 45, 95, 241, 259, 278 n14; de Índices, 219; de Londres, 215, 217; Estatal de Berlim, 111; Municipal de Troyes, 90; Nacional da França, 225; Pública de Chicago, 224; públicas, 213, 224-5; *ver também* bibliotecários

bibliotecários, *Alphabetical Index* (Poole), 224-31; Bentley como bibliotecário de King, 148-9, 152; Calímaco, 42-3; Cícero, 44; concordância de Saint-Jacques, 240-1; Conferência dos Bibliotecários, 212-5, 217, 224; St. John's College, Cambridge, 98

Bibliothèque Mazarine, Paris, 240, 241, 269

big data, 45, 210, 252

Billingsley, Henry, 284 n9

Bohn, Henry G., *Biblioteca Parriana*, 287 n20

Borges, Jorge Luis, 94, 129-30, 263

Borko, Harold, 248-9, 255, 259, 261

Boswell, James, *Life of Johnson*, 205, 289 n20

Boyle, Charles, *Boyle against Bentley*, 146-55, *147*, 252; carta de Atterbury , 286 n10; *Dr. Bentley's Dissertations on the Epistles of Phalaris, Examin'd* [Dissertações do Dr. Bentley sobre as Epístolas de Fálaris, examinadas], 146-7, 149, 151-3, 155; *Epistles of Phalaris*, 148; retrato, *148*

Boyle, Susan, hashtag calamitosa, 257, 259

breviatura, 135

brevidade, 142, 170

"Brilha, brilha estrelinha", 38

Brincken, Anna-Dorothee von den, 291 n3

brochura, 63, 95, 187

Bromley, William, Bromley versus Addison, 158-62; *Remarks in the Grand Tour* [Observações sobre o Grand Tour], 160-1, 164, 287 n20; retrato, *159*

Brothers in Unity, 225-6, 291

Brunel, Isambard Kingdom, 210, 212

Buckley, William F., Jr., 119-23; *The Unmaking of a Mayor* [Como não se tornar um prefeito], 120, *121 buraco de minhoca*, 69

busca, barras de, 22, 27, 106, 257, 259,
266; bons índices e indexadores,
259-61; capacidade de, 45, 97, 251,
255; computação na indexação,
235-6, 246, 248-51; concordância,
59, 85-6, 234, *244*, 252, 266;
concordância de Dryden, 244-5,
244; concordância de Saint-
-Jacques, 239-41; Ctrl+F, 19, 22; de
cadeias de caracteres, 235, 261;
digital, capacidade de, 19, 22, 27,
251; *distant reading* (leitura
distante), 252-3; e contexto, 89,
244; e granularidade, 69, 96-7, 107,
217; e ordenação, 14; sobre si
mesmo, 120-3; era da, 59, 235, 251;
essência da, na internet, 142;
Google, 11-2, 131, 206, 258-9;
hashtags, 256-7; índice de livro
na era da, 232-62; leitura por
máquina, 232-6; método de
trabalho de indexadores, 236,
238-43, 248-50, 257; nascimentos
do, 59; permanência do livro, 262;
programa de indexação de Borko,
248-9, 255; rascunho e índice final,
240-1; *Se um viajante numa noite
de inverno* (Calvino), 232-3;
software de indexação, 249, 251;
termos de, 86, 106, 244, 247, 248,
259; tese "Indexação de livros por
computador" (Artandi), 247-8;
textos digitais e e-books, 19, 22,
106, 211, 253; *ver também* localizar

bytes, 106, 234

cabeçalhos, 64

caixas de sapatos, 245, 249, 251

caligrafia e impressão, 108

Calímaco, 41, 45-6, 241, 278 n14;
Pínakes, 41-3

calúnia, 90, 127, 192

Calvert, Drusilla, 249

Calvert, Hilary, 249

Calvino, Italo, *Se um viajante numa
noite de inverno*, 94-5, 112, 114, 232,
234, 246, 251-2, 259

Calvino, João, 22, 127

Cambridge, 68, 98, 213; *ver também*
St. John's College, Cambridge

Campbell, Lord (John), 22, 277 n10

capa dura, livros de, 95, 113, 187

capitula (capítulos), 70, 71

capítulos e divisão em capítulos,
Bíblia, 15, 69-70, 72, 85, 88, 95;
capitula, 70, 71; como localizadores,
94-7; concordância de Saint-
-Jacques, 85; Concordância Inglesa,
88; e-books, 107; Fielding sobre, 97;
História Natural (Plínio), 16; Índice
de Florus, 124; método de trabalho
dos indexadores, 251; prensa
móvel, 104

Carlos II, rei, 170

Carnarvon, conde de (Henry Herbert),
220-2

Caro, Annibale, *Apologia contra
Lodovico Castelvetro*, 286 n13

Carr, Nicholas, 276 n8

Carroll, Lewis (Charles Lutwidge
Dodgson), 12, 181-3, *184*, 185-6, 190,
203; *Através do espelho e o que
Alice encontrou por lá*, 181-2, 185;
Rectory Magazine, 183-5, *184*;
Silvia e Bruno, 183, 186-7

Carruthers, Mary, 74

cartão, de índice, 86, 250

cartões perfurados, 12, 245-6

Carvajal, cardeal Juan de, 102, 283 n6

"Casa caindo, vida em uma" (entrada
de índice), 185, 249

Cassel's National Library, 187

Castles in the air [Castelos no ar],
índice de Woolf, 236-7

catálogos, 14, 32-4, 42-3, 122, 163, 177,
214-5

categorização, 36, 58, 78, 189, 195,
220, 257

Cato (proverbista latino), 135

catolicismo, 146, 162, 171

cauda/rabos, uróboros, 218; Pope sobre a enguia da ciência, 144, 173-4, 219; Swift sobre índices como caudas/rabos de peixe, 143

Cavaleiro Branco (personagem de Carroll), 181, 203

Cawdrey, Robert, 36-7

Caxton, William, 295; edição de Cato, 135; edição de Cícero, 134; *índices e uso dos índices*, 133-5, 234; *Legenda aurea sanctorum* [*Legenda áurea*], 133-4; *Polychronicon* (Higden), 135; prensa móvel, 104-5; *Recuyell of the Historyes of Troye* [Memória das histórias de Troia], 104-5; sobre a escala de índices, 134-6

cedules, 239; *ver também* papel, pedaços de

celulares, 19, 36, 65

Centro Harry Ransom, 183

Cesarco, Alejandro, *Index*, 263-4, *265*, 266-7, 272, 293 n2

Cesário, são, 66

chads, 245

chamada, 180

chapbook, 113

Chasteau d'amour [O castelo do amor] (Grosseteste), 56, 57, 58

Chaucer, Geoffrey, *Os contos da Cantuária*, 15, 40

Chicago Manual of Style, The, 107

choro, *ver* "Index to Tears" (Morley)

Christ Church, Oxford, *Boyle against Bentley*, 147, 149, 151, 154, 234, 265; Bromley versus Addison, 158; índice como arma, 173; leitura de King, 163

Christie, Agatha, *Os crimes ABC*, 49

Chronicles of England, 111, 115

Cícero, 44, 109, 134

Cidade de Deus [*De Civitate Dei*] (Santo Agostinho), 81-2

ciência, 58, 61, 173, 217, 247; da informação, 12, 14, 19, 139

CINDEX (software de indexação), 250

circular, *ver* referências cruzadas

citações, 70, 82, citações entre aspas, 27

Clarissa (Richardson), 196-8, *199*, 200-1, 204

classificação, 42, 46, 74, 221, 238-9, 242, 245, 250, 257, 272; *ver também* escaninho; ordem alfabética

codex, 43

códice, 11, 15, 17, 58, 95

coisas, em geral, 183, 185-6; indexação, 187, 272

Coleção de sentimentos morais e instrutivos, máximas, advertências e reflexões contidos nas histórias de Pamela, Clarissa e Sir Charles Grandison (Richardson), *199*, 201-3, 289 n20

Collison, Robert, 13-4

colofão, 99

Colônia, 92-3, 104-5, 110

combates nas páginas finais, 141-174; *Boyle against Bentley*, 146-55; Bromley versus Addison, 158-62; busca e brevidade, 142; querelas literárias, 144, 145-7; Echard versus Oldmixon, 167-73; índice como veículo para a sagacidade, 142-4, 167; índices poéticos (Gay), 163-7; King e o índice satírico, 153-5, *153*, 159-60, 165; Macaulay e nenhum "maldito *tory*", 145-7; Pope sobre índices, 142-3, 173-4; Swift sobre índices, 143; *The Transactioneer* (King), 160-1

comédia dos burros, A (Plauto), 48-9

compiladores, *ver* indexadores

composição tipográfica, 95, 103, 110-1, 236, 244, 254

computação, ansiedades sobre a, 234; Calvino e a leitura por máquina, 233-4, 246; chegada da, 12, 22; concordâncias, 21, 234, 243, 245-6, 249; configuração de tela, 250; entrada na indexação, 235, 237, 246-51; indexação com auxílio de computador, 250-1; "Indexação de livros por computador" (tese de Artandi), 247; indexação por máquina, 11-2, 246, 249, 259; programa de indexação de Borko, 248-9, 255; softwares de indexação, 250-1; telas (monitores), 105, 212, 250, 253

computadores domésticos, 236, 250; *ver também* computação

Conan Doyle, Arthur, *As aventuras de Sherlock Holmes*, 206-8, 230, 272; "Escândalo na Boêmia", 206, 209; *Um estudo em vermelho*, 207-8

conceitos, indexação de, 59, 78, 238, 251, 259, 261, 264

Concordance to the Poetical Works of John Dryden, 243, 244, 249, 252

Concordância Inglesa [*Concordantiae Anglicanae*], 88-9, 212, 282 n27

concordâncias automatizadas, 234-5; Bíblia, 19, 22-4, 63, 85-90, 95, 211, 239-41, 243, 261; computação, 21, 234-5, 246, 249, 252; concordância de Dryden, 243, 245, 249, 252, 292 n10; concordância de Saint--Jacques, 83-4, 86, 88, 91, 95, 211, 239-41, 243, 281 n23; Concordância Inglesa [*Concordantiae Anglicanae*], 89, 212, 282 n27; divisão em capítulos, 72; e busca, 27, 59, 106, 235, 251, 258, 261, 266; e *distinctiones*, 89; e índice de assunto, 59, 259, 266; e-readers, 19, 106, 253-4; falta de personalidade, 266; fileiras de localizadores, 87; Google Alphabet, 258; Hugo de Saint-Cher, 60, 63, 84, 240; índices dos florilégios (Montague), 90; Marbeck e a concordância bíblica, 22-4, 27; não sendo índices, 84, 90; nascimentos do índice, 59-60, 63, 72, 84-91; origens, 27

Conferência dos Bibliotecários, 213-5, 217, 224, 229

conferências, 59, 68, 125, 128, 133

conhecimento, *Alphabetical Index* (Poole), 225, 228-9, 231; árvore do, 221-2, 231; bibliotecas, 213-4; *Boyle against Bentley*, 152, 154; chave para todo, 219, 223; dominicanos, 60; e tempo, 12, 261; ferramentas de busca, 216; Gessner sobre índices, 117, 132-3; história da ordenação alfabética, 35; Index Society, 219, 221-3; índice universal (conferência de Cross), 214-5, 219; jornais e periódicos, 178, 227; medos de índices, 20, 132-3, 139, 143; papel do indexador, 261; pelo índice, 139, 144, 155, 205; Pope sobre índices, 173; Sherlock Holmes como indexador, 207; Swift sobre índices, 143; *Tabula* (Grosseteste), 82

"conhecimento *alfabético*", 153, 234, 253

Conrau-Lewis, Kyle, 284 n3

consoantes, 50, 52n

conteúdo, *ver* sumários

contexto, 89, 244, 249

conventos, 66, 78, 82-4, 240; San Nicolò, Treviso, 60, *62*

copistas, ateliês de, 104, 107, 110-1

copyright, *ver* direitos autorais

Corpus Glossary, 279 n27

cortar e colar (literalmente), 239

coruja empalhada, 142, 249

Cranmer, Thomas, 64-6; *Livro de Oração Comum*, 65

crimes ABC, Os (Christie), 49

Cross, Ashton, 215, 217, 219, 224; "Um índice universal de assuntos", 214-5, 229, 250

cultura dos cafés, 178-80

curadoria, 33, 35

Curll, Edmund, 191

Cutts, Matt, 11

D'Israeli, Isaac, *A vida de Charles I*, 220; *Curiosities of Literature*, 203; *Literary Miscellanies*, 11; sobre índices, 11, 203, 286 n13

Daly, Lloyd, 45
De Civitate Dei [*Cidade de Deus*]
(Santo Agostinho), 81
debate, 68, 72
dedicatórias, 120-3
dedo indicador (manícula) ☞, 56,
60, 64; *ver também* manículas
Dee, John, 99
Defoe, Daniel, *Robinson Crusoe*, 196
Description of Drunkennesse [Ruína
da Inglaterra, ou Descrição da
embriaguez] (Young), 269
desenrolando, 16-7, 35
Deus, 35, 58, 65, 78, 79-80, 80-1
dicionários, alfabetização, 178; Alsop
e Bentley, 149, 151; Artandi e
indexação por computador, 247-8;
Boyle against Bentley, 149, 152-3,
155; de latim, 38; de Papias, o
Lombardo, 38, 50; de viagem, 156,
159-62, 164-5, 178; *Dialogues of the
Dead* (King), 155-6; *Dictionary of
English Language* (Johnson), 15,
203-5; *distinctiones*, 73; layout de
página, 64; *Table Alphabeticall*
(Cawdrey), 37
Dickens, Charles, *A velha loja de
curiosidades*, 188; e sra. Gaskell,
96; *Household Words*, 230
Dickinson, Emily, *The Gorgeous
Nothings* [Deslumbrantes
ninharias] ("poemas envelope"),
269-70, 271, 272
digerir, 64-5, 67
Diodoro, 151
directorium, 135
direitos autorais, 277 n10
discurso, ortografia, 50-1; Platão
sobre fala e escrita, 137-8
disquete, 250
distant reading (leitura distante),
252-3, 259
distinctiones, florilégios (Montague),
90; Goering sobre, 280 n14;
nascimentos do índice, 69, 72-6,
89-90; Pedro Cantor, 74-6, 78, 89;

Pedro da Cornualha, 73, 75;
sermão de Foliot, 72-3, 74; *Tabula
distinctionum* (Grosseteste),
58-60, 76, 78-4
distração, era da, 20, 251
divisão de texto, Bíblia, 69-70, 72, 84,
88, 95; Fielding sobre, 97; Homero,
45, 95; índice de Agostinho, 110;
localizadores digitais, 106;
números de página, 95-7, 110;
parágrafos, 107, 110, 124
Dobson, E. J., 91, 282 n31
Dodgson, Charles Lutwidge (Lewis
Carroll), *Rectory Magazine*, 183-5,
184
doomscrolling, 16
Douay-Rheims, Concordância Inglesa,
282 n28
doutrina cristã, A (Santo Agostinho),
109-10
*Dr. Bentley's Dissertations on the
Epistles of Phalaris, Examin'd*,
146-7, *147*, 149, 151-4
Drácula, Vlad, o Empalador, 101
drama, 183, 195-6
dramatis personae, 237
Dryden, John, concordância de, 243-6,
244, 249, 252, 292 n10; *Eneida*,
tradução, 243-4
Duchamp, Marcel, 32
Dumpty, Humpty, *ver* Humpty
Dumpty
Duncan, Dennis, *Book Parts*, 276 n5
durabilidade, 197

e, em subentradas, 237
e-books, 19, 106-7, 253, 262
Eccleston, Christopher, 128-30, 143
Echard, Laurence, Echard versus
Oldmixon, 167-74, 235; *History of
England*, 168-72; retratos, 168, 172
Echlin, Lady (Elizabeth), 201-2
Economist, The, 216-7, 230, 291 n2
Edinburgh Review, 226-7
editores e edição, custos, 190, 211, 255;
e Oldmixon, 168, 172; guias/manuais

de estilo, 107, 243, 250; indexadores profissionais, 144; índices ausentes, 128, 255; índices digitais, 255; índices ruins, 87; orientações de Macaulay, 145; panfleto de Pope sobre Curll, 191-2; *Patrologia Latina* (Migne), 210

educação, lei da, 188

Eliot, George, *Middlemarch*, 219

Eliot, T.S., "Choruses from The Rock", 232; *Old Possum's Book of Practical Cats*, 243

"Em geral, coisas" (entrada de índice), 183, 185

emoções, busca digital e análise sentimental, 252; *Index* (Cesarco), 263; "Index to Tears" ["Índice de lágrimas"] (Morley), 188-9, 252; indexação de ficção, 186, 188; índices da *Ilíada* (de Pope), 192; índices de Shakespeare (Pope), 194-5; leitura por máquina, 234; *The Man of Feeling* (Mackenzie), 187-9, 189

emoticons, 80

emprego, agências de, para mulheres, 293 n22; para secretárias, 261-2

empréstimos linguísticos, 37

encadernação, 94, 112-4, *112-4*, 132, 214, 240

enciclopédias, 50, 64, 193

Eneida, 48, 243-4

enguia da ciência, 173-4, 219

enredo (trama), ficcional, 30, 54, 95, 252; político, 161, 171

ensaio, 133, 174, 178, 190

ensino, 18, 56, 59, 68-70

entradas, de índice, computação e indexação automática, 243, 246, 249; *distinctiones*, 74, 76, 90; hashtags, 257; métodos de indexação, 239-40, 250; ordem alfabética, 63, 94, 165, 241; pontos de, 131, 261; rubricar, 74; seleção de, 185, 239; tipografia, 64, 202; utilidade, 180, 186, 189

era industrial, 209, 231

Erasmo de Roterdã, 123-5, 205, 234

e-readers, 19, 105-6, 259

erros, de arquivamento, 243; de classificação, 239; de impressão, 94-5, 110-1; Round sobre Freeman, 25, 27; software de indexação e checagem, 250

escala, de índice, 129, 131-2, 209-10, 212

"Escândalo na Boêmia" (Conan Doyle), 206, 209

escolas, 35, 52, 67

escribas, 90, 99-100, 110

escrita, *abecedaria*, 38; Calvino e leitura por máquina, 232; cuneiforme, 39; *Fedro* (Platão), e sabedoria da, 136-8, 143, 234; ortografia, 50-1

escrituras, Calvino ensina mais do que, 127; Cranmer sobre leitura, 64-5; *distinctiones*, 69, 73-5; Grosseteste, 58, 78, 83; Hugo de Saint-Cher, 61; leitura monástica, 66-7; lista de livros de Schöffer, 109; Marbeck e a concordância bíblica, 22-4; *Patrologia Latina* (Migne), 210; *ver também* Bíblia

esperança, e Pope, 194-5

espiões, indexadores como, 173

esquecimento, 138

estantes, 43-4, 225, 262; giratórias, 213

Estienne, Robert, e versículos bíblicos, 72

estrutura, do trabalho e do índice, 15, 17, 58, 203

estudantes, 18-9, 68, 136, 144, 196, 213-4, 217; *ver também* conhecimento

estudo em vermelho, Um (Conan Doyle), 207-8

estupidez, causada pelo Google, 20, 124

etiquetas, de nomes (*sillybos*), 44

Euclides, 284 n9
Eurípedes, 46, 47
Evangelho segundo são Marcos, 69-70, 71
excêntricos, 40
exclusão, indexação por, 248-9
expertise, 177, 217, 261
exposição ver Mostra dos Independentes

Fábulas de Esopo, 149, 152
fábulas, índices de, 193
facticidade, 195
Fálaris, epístolas de, 146, 148-52, 156, 162
falastrões, 142; implicantes e, 151
Fedro (Platão), 136-40, 143, 234
feira comercial de Frankfurt, 103
feitiço, livros de, 116-7
Fenton, John, 217, 218
ferramentas, de busca, Alphabetical Index (Poole) como mais um passo nessa direção, 231; Google, 11-2, 131, 206, 235, 258-9, 291 nn1, 2; início da busca digital, 141-2; máquina de, 216-7; onipresença e distração, 19; Tabula (Grosseteste) como um passo em direção às, 84
Feudal England [Inglaterra feudal] (Round), 25, 266
ficções, 175-205; "Adventures of a Quire of Paper", 175-6; Carroll e índices, 181-3, 184, 185-6, 188; Clarissa (Richardson), 196-8, 200-1, 204; Fogo pálido (Nabokov), 52, 54-5; fontes do Dicionário de Johnson, 203-5; Ilíada, tradução de Pope, 190-4; "Index to Tears" (Morley), 188, 190; índice de Coleção (Richardson), 201-3; índices do Spetactor e do Tatler, 179-80; índices em ficção e não ficção, 181, 186, 189, 203; Joseph

Andrews (Fielding), 96-7; literatura alfabética, 49; Orlando furioso (Ariosto), 116-7; Orlando (Woolf), 186, 237; problemas da indexação em, 181; Rectory Magazine (Carroll/Dodgson), 183-5, 184; romances, novo formato, 196; saturação da impressão, 178; Shakespeare, índices de Pope, 194-6; Silvia e Bruno (Carroll/Dodgson), 183, 186-7; Spetactor (jornal), 178-9; "The Index" (Ballard), 29-32; Winterson sobre indexação de, 175
Fielding, Henry, 105; Joseph Andrews, 96-7
finais, análise sentimental, 252; felizes (na indexação), 298-321; infelizes (na indexação), 295-7
florilégios, 90
Florus, Lucius, 124
Fogo Pálido (Nabokov), 52-5, 186, 263
Folger Shakespeare Library, 266
folha de rosto, Alphabetical Index (Poole), 231; Boyle against Bentley, 147, 152; concordância de Dryden, 245; Dictionary of the English Language (Johnson), 203-4; e códice, 44; Index Society e Wheatley, 218; Mostra dos Independentes, 34; Rectory Magazine (Carroll/Dodgson), 183; Remarks (Bromley), 160; The Index-Writer [O escritor de índice], 169
folhas, e marcas de submarino, 111, 113-5
Foliot, Gilbert, 72-3, 74
folksonomia, 257
fonte, 64, 110, 191, 244
Fox, John, Actes and Monuments, 23
frades, concordância de Saint-Jacques, 83-4, 88, 95, 211, 239, 243-4; Concordância Inglesa, 88; convento de Saint-Jacques, Paris,

240; dominicanos, 59-60, 68, 83-4, 88, 239; franciscanos, 59, 68, 78, 82-3; mendicantes, 59, 68-9; negros [*black frairs*], *ver* Ordem dominicana; pregação, 59, 68

fragmentos, 42, 88, 240

Franklin, Benjamin, 179

Frarin, Peter, *An Oration Against the Unlawfull Insurrections of the Protestantes of Our Time* [Um discurso contra as insurreições ilegais dos protestantes do nosso tempo], 125-8, 268

Freeman, Edward Augustus, 25, 27

Freeman, James, 283 n5

Freind, William, 152

freiras, 65-6, 127

Freud, Sigmund, 253, 265

frustração, 17, 69, 101, 135, 266

frutos da árvore do conhecimento, "no topo e no chão", 221, 231

Fry, Roger, 238

Fuller, Thomas, 77; *A Pisgah-Sight of Palestine*, 119

função "ir para", 253

futebol, perigos do, 164-5

Galileu Galilei, 20

Gardiner, Stephen, 23

Gaskell, Sra. (Elizabeth Cleghorn), 96

Gay, John, índices poéticos, 163-7; *The Present State of Wit*, 163; "The Shepherd's Week", 163, 287 n27; *Trivia, or the Art of Walking the Streets of London*, 164-6, 192

gênero, de indexadores, 261, 293 n22; ordenação, 14, 42, 210

"Geral, coisas em" (entrada de índice), 183, 185

Geraldo de Gales, 77

Gessner, Conrad, *Pandectae*, 284 n15, 292 n7; sobre método de indexação, 238, 239, 251; sobre uso e mau uso de índices, 117-8, 124-5, 132-3, 234

glifos, 78, 80-1, 270

glossários, e glosas, 49-50, 162, 279 n27

Goering, Joseph, 75, 280 n14

Google, algoritmos, 235; Alphabet, 259; capacidade de busca digital, 252-3; conexão com a indexação, 259; dando uma busca em si mesmo, 120, 122; e hashtags, 257; e Trump, 235, 291 nn 1, 2; era da busca, 251-3, 257, 259; índice da web, 11-2, 206; leitura atenta, 136; nos emburrecendo, 20, 124; Sherlock Holmes como um Google humano, 207; *Tabula* (Grosseteste), 84

Google Livros, 88

Google Maps, 258

Google NGram, 253

Gorgeous Nothings, The [Deslumbrantes ninharias] (Dickinson), 268-9, 271

gramática, 46, 49-50, 146, 156, 162

granularidade, capítulos, 96; divisões da concordância de Saint--Jacques, 86; e busca, 69, 217; e portabilidade, 101, 107; e-readers e localizadores digitais, 107; índice de periódicos (Poole), 228; *Moralia* (Grosseteste), 91; números de folha, 97, 101

Green, David, 293 n22

Gregório VII, papa, 67

Grosseteste, Robert, *Chasteau d'amour* [O castelo do amor], 56, 57, 58; correspondência de letras versus conceitos, 259; ferramentas do indexador, 272; imagem de, 56, 57, 58; maximalismo, 63; *Moralia super Evangelia* [Moralidade nos Evangelhos], 90-1, 282 n31; *On the Calendar*, 77; *On the Movements of the Planets*, 77; origem, 76-8; *Tabula distinctionum*,

307

58-9, 78, 79-80, 80-4, 208, 281 n23; tratado sobre os arco-íris, 58

Grub Street Journal, 132

guias de estilo, 107, 243, 250-1

Gutenberg, Johannes, Bíblia, 103, 179; lista de livros de Schöffer, 108, 110; prensa de tipos móveis, 103-4, 116-7, 132

Hall, Joseph, *Mundus alter et idem*, 286 n13

Harley, Robert, 158, 161

Hart, John, *Orthographie*, 50-3

hashtags, 12, 256-7; #McDStories, 257; #susanalbumparty, 257

Hautfuney, Jean, 291 n3

Hawkins, John, 288 n7

Heckscher, William, 260-1

Heráclito de Halicarnasso, 41

Herbert, Henry, conde de Carnarvon, 221-2

heresia, 12, 22-3, 25, 68, 125, 277 n13

Hierocles de Alexandria, *Hierocles Upon the Golden Verses of Pythagoras* [Hiérocles sobre os versos dourados de Pitágoras, lições para uma vida virtuosa e digna], *268*

Higden, Ranulf, *Polychronicon*, 98-101, 111, 135

História natural (Plínio, o Velho), 15-6, 46, 69, 251, 276 n6, 279 n23

Hogarth Press, 236

Holmes, Sherlock, como indexador, 206-8, 230, 272

Homero, alfabeto e divisão de livro, 45, 95; *Ilíada*, 45, 95, 190-2, 194-5, 270; *Odisseia*, 45, 95; tradução de Pope e índices, 190, 192-6, 270

Householder, Fred, 283 n10

Howell, James, *Proedria Basilik*, 128-9, 284 n6

Hubbard, Lester A., 245

Hugh de Croydon, 88

Hugo de Saint-Cher, concordância de Saint-Jacques, 61, 72, 84, 240, 241,

281 n23; e visão de Grosseteste, 259; origem, 60-2, 72, 76, 84; retrato, 60-1, *62*

humor, *ver* índice, sagacidade do

Humpty Dumpty, 186, 282 n2

Hunt, Leigh, 179-80

hyperlinks, 106, 255

IA (inteligência artificial), 12, 255

Ilíada (Homero), 45, 190-2, 194; tradução de Pope e índices, 190, 192, 194-6, 270

Iluminismo, 12, 140; era do, 174

imagens, em índices, 126, 128

imaginação, 78, 181, 259-61

impressão, Caxton e, 105, 133; com relevo, 266, *268*; custos, 211; e a permanência do índice de livro, 262; e indexação incorporada, 254; erros de, 94; Gutenberg, 102, 104, 108, 116-7; impressos e manuscritos, 108, 110, 116; incunábulo, 283 n9; início da, 12, 103; jornais e periódicos, 175-6, 178, 190; lista de livros de Schöffer, 108-9; marcas de submarino, 115-6; primeiro índice de livro impresso, 108-9; primeiros números de página impressos, 93-4, 105, 107, 109; primeiros livros impressos na Inglaterra, 133; regulação, 178

inclusão, indexação por, 248-9

incunábulo, 283 n9

Index (Cesarco), 263, *265*, 265-7, 272, 293 n2

"Index, The" (Ballard), 29-2, 49, 54, 263, 277 n1

index rerum, 197

Index Society, história da, 217, 219-23, 238; insígnia, 217, *218*, 256

Index to Periodicals, 209, 231

"Index to Tears" ["Índice de lágrimas"], (Morley), 188, *189*

indexação, agências de, 261, 293 n22; automatizada/por máquina, 235,

246-50, 254-5; como interpretação, 25, 27, 185, 189, 249, 252-3; como trabalho penoso [*como você se atreve!* — PCB], 170, 238, 241, 246; computação na, 234-6, 246-52, 254-5; custos de, 211, 223, 249, 251, 255; e a busca do Google, 259; e a imaginação, 260-1; falhas na automatização, 295-7; fichas de, *ver* pedaços de papel; incorporada, 254-5; Indexing Society of Canada, 144; pecados capitais da, 87; por inclusão/exclusão, 248-9; por máquina, 236, 246, 248-9, 254-5; sintaxe de, 141, 166, 183, 198, 266; sociedades de, 144, 255, 293 n22; software de, 250-1, 254; tentativa de indexar como um humano, 255; *ver também* indexadores; índices

"Indexação de livros por computador" (Artandi, tese), 247

indexadores, "ainda há vida no antigo indexador", 22; anônimos/ desconhecidos, 12, 262, 267; brevidade e busca, 142; caráter dos indexadores, nos índices, 25, 27, 127, 266-7, 272; características dos, 238, 258, 261; célebres, 12, 167; desconhecidos, 11, 262, 267; disfarçados, 173; ficcionais, 31, 53-4, 206-8, 230, 272; gênero de, 261, 293 n22; hashtags, 258; Hautfuney, 291 n3; humanos, superioridade dos, 12, 22, 185, 246, 249-51, 255, 259-60; impotência dos, 192; inescrupulosos, 145, 163; leitores, 91, 116, 215, 266- 267; literários, 12-3, 167; maledicentes, 163; métodos de trabalho, 234, 236, 238-43, 248-50, 252, 254-5, 257, 272; "módica recompensa para", 211; Oldmixon, 167-73; pagamento dos, 168-9, 211, 223, 228, 255; personalidade nos índices, 25, 27, 127, 266-7, 272; profissionais, 12,

144, 235-6, 249, 261; sarcasmo dos, 25-7, 52, 123-4, 142, 145-6, 152, 154-5, 163; sociedades de indexação, 144, 255, 293 n22; software de indexação, 250; subjetividade, 59, 182, 186, 189, 250; superioridade humana, 12, 22, 185, 246, 249-50, 252, 255, 259-60; veneração dos [*e com toda razão* — PCB], 11; Wheatley sobre, 185, 223

index-raker, 20

Index-Writer, The (panfleto anônimo), 169-73, 235, 238

Índice, uma história do (Duncan), concordância ruim, 295-7; um bom índice, 298-321

índice(s), arquivos de leitura, 263-72; ativos, 254-5; *Boyle against Bentley*, 148-55; Bromley versus Addison, 158-62; Buckley e Mailer, 120-3, *121*; caça a palavras nos, 153, 205; capítulo bíblico e divisão em versículos, 69-70, 72; chegada do índice de assunto, 91; combates nas páginas finais, 141-74; como a eletricidade, 212, 231; como armas, 145-7, 173; como etiquetas para pergaminho, 45; como lembrete ou antecipação, 133; como plural de *index*, 18, 45; como portão, 128, 143; como precursor, 131-3; como um serviço ao mundo, 200; concordâncias, 83-9, 91; "conhecimento pelo", 143, 173-4, 205; de fim de livro, 11, 132, 206, 249; de frequência de palavras, 234; de palavras, 21, 59-60, 63, 84, 252; de primeiros versos, 180, 270; definição de, 13, 17, 18, 44, 134; digitais, 11-2, 254; digitando o, 241, 243; diretrizes para, 255; *distinctiones*, 69, 72-6, 78, 88-9; e indexadores inescrupulosos, 145, 163; Echard versus Oldmixon, 167-73; eletrônicos, 212, 245, 252-3;

extravagantes, 156, 163, 176, 185; ficções, 175-205; final, e rascunhos, 241; gerais, 214, 219-20, 222-3, 228-9; Grosseteste, 56, 57, 58-60, 77-8, 80-4, 90-1; Hugo de Saint--Cher, 60, 62, 72, 76, 84; humor escatológico, 155, 158, 176, 192; importância dos, 21, 63, 109, 117, 140; *índice como veículo*, 142-4, 167; índices do *Spectator* e do *Tatler*, 179-80; *índices poéticos de Gay*, 163-7; inutilidade de um ruim, 87, 116, 180, 190, 194-5, 253, 255, 295-7; inutilizável, 99-101, 283 n5; justaposição, 165-6, 263; King e o índice satírico, 153-8, 162-3; KWIC (palavras-chave em contexto), 88; leitura monástica, 66-8; localizadores, fileira de, 87; Macaulay e "nenhum maldito *tory*", 145-6; mapa ou território, 119-40; Montague, índices dos florilégios, 90; *Moralia super Evangelia* [Moralidade nos Evangelhos] (Grosseteste), 90-1; multimídia, 125-8, 268-70, 272; na era da busca, 232-62; na frente do livro [*mas atualmente ver índice de fim de livro* — PCB], 132; nascimentos do, 56-91; necessidade de, 63-4; nivelando montanhas, 211; números de página, 92-118; panfleto de Pope sobre Curll, 191-2; Pope sobre índices, 173-4; ordem alfabética, 29-55; panorama histórico, 11-27; para matemáticos e economistas, 18; partes do livro e layout da página, 63-4, 69; placa de sinalização, *218*; posição no livro, 132-3; pregação mendicante, 59, 68-9; reescrevendo um, 241, 242, 246; ruins, 87, 116, 180, 187, 190, 194-5, 253, 255, 295-7; saber/erudição de, 140, 155, 205; sagacidade do, blog de indexação de PCB, 285 n1; satíricos, 146-63, 167, 173, 192; *Silvia e Bruno* (Carroll), 183, 185-6; sucesso *mainstream*, 89; Swift sobre índices, 143; *The Transactioneer*, de King, 156-8; tom do, 53, 127, 172, 180; universidades, 59, 68-9, 91; uso de *índice* como termo, 135; utilidade de um bom, 109, 116, 173, 189-90, 298-321; valor agregado pelo, 111, 180; visuais, 125-8, 268-70, 271, 272; *ver também* indexação; indexadores

índice universal, 206-31, *Alphabetical Index* (Poole), 224-31; Conferência dos Bibliotecários, 212-5; Cross, conferência de, 214-5, 219, 229; era industrial, 209; ferramenta de busca, 216-7; Index Society, 217-23; *Patrologia Latina* (Migne), 209-12; Sherlock Holmes como indexador, 206-8; tese de Artandi, 247

industrialização, 208, 210-1

Inge, Charles, 39

iniciais, 110

insinuação, 165

inteligência artificial, 12, 255

internet, 12, 141, 206, 235, 250, 276 n8

interpretação, indexação como, 25, 27, 185, 189, 249, 252-3

inventários, 14

ironia, 119, 128, 162, 179, 190, 203, 224, 258, 287 n27

Israel, *abecedarium* de Laquis, 39

"*it narrative*", gênero, 176

J, como primeiro número de página impresso, 93-4, 107, 110, 111

Jackman, Mary, 245

Jaime II, rei, 171

Jean de Gorze, suavemente zumbindo à maneira de uma abelha, 67

Jerônimo, 59, 81

Jerusalém, 40

Jewsbury, srta., ocupa o tempo com coruja empalhada, 142, 249
João Damasceno, 81
Jocker, Matthew, 252
John de Darlington, 88
Johnson, Samuel, definição de índice, 15; *Dictionary of English Language*, 15, 203-5; e compiladores de índices, 12-3; e conhecimento de índice, 174; e índices de Richardson, 196-7, 200, 203-4, 289 n20; "Life of Pope", 288 n7; sobre King, 163
Jonathan Cape, 88
Joseph Andrews (Fielding), 96-7
Joyce, James, *Finicius Revém*, 29; *Ulysses*, 187
Jumièges, Normandia, 281 n23
justaposição, 165-6, 263, 293 n1

Kant, Immanuel, sua vida diversificada, 293 n1
Kennett, White, *Compleat History*, 169
Ker, Ian, biografia do cardeal Newman, 87
Kinbote, Charles (indexador fictício), 52-4
Kindle, 19, 106; *ver também* e-books
King, William, *A Journey to London*, 156-7; *"A Short Account of Dr. Bentley, By Way of Index"*, 153-4, 153, 188; *Boyle against Bentley*, 152-4, 162; como editor, 163; *Dialogues of the Dead*, 156; e índice satírico, 153-8, 180; e índices de Gay, 163-4; pseudônimo de Sorbiere, 286 n14; *Remarks*, de Addison, 162; *The Transactioneer*, 156-8, 160, 162, 164, 170

lagar, processo de indexação como um, 211, 230
Langton, Stephen, 72
Latham, Robert, índice dos diários de Pepys, 260-1

Le Carré, John, 173
Leclercq, Jean, 67
Legenda aurea sanctorum [*Legenda áurea*], 133-4
legibilidade, 96, 246
leitura, abordagem da questão da, 177; aprendizagem do alfabeto, 38; aprofundada, 136, 238, 251; arquivos de, 263-72; atenta, 20, 91, 259; Cranmer sobre, 64-6; de extração, 18, 20, 75, 149; digital, 11, 20, 105; dinâmica, 82, 94, 176, 251; *distant reading* (leitura distante), 252-3, 259; *distinctiones*, 75-6; do índice primeiro, 131, 133, 135; *doomscrolling*, 16; escrita e sabedoria, 138; ferramentas, 64, 68-9; formas de, 13, 20, 21, 27, 123-4; Grosseteste e, 59, 77-8; Hugo de Saint-Cher, 61; *índice no lugar do livro*, 123-5, 260; *índices de leitores*, 91, 116, 215, 266-7; *índices visuais*, 126, *268*, 269-70; layout de livro, 64; medos sobre, 20, 235; método de trabalho de indexadores, 251; monástica, 66-7, 75; Pope sobre índices, 143; por máquina, 232-5, 245-6, 252; pregação e ensino, 59, 61, 64, 66-9; rápida, 82, 94, 251; sequências e divisão do texto, 135; "silêncio ou...", 66; silenciosa, 66-7; Swift sobre, 143
lembrete ou antecipação, índice como, 133
Lennon, J. Michael, 122
letras, do alfabeto, 38-9, 51, 64, 111-2, 114-5, 235, 259
Levin, Bernard, sobre um índice ignóbil, 87
Léxico (Fócio), 49
léxicos, 49, 152, 162
Lindsay, John, 119
língua inglesa, *Na Orthographie* (Hart) e inglês falado, 50-1; primeiro dicionário, 36; primeiro livro impresso, 104-5

lipogramas, 40

Lísias, 136-8

listas, 14, 36, 45, 49-50; telefônicas, 36

Lister, Martin, 286 n14; *A Journey to Paris* [Uma viagem a Paris], 156

livreiros, 43, 111

livro(s), capas de, 240; físicos, 97, 105, 235, 253; imaginários, 263; lista impressa, 108-10; lombadas de, 43; vendedores de, 108, 111

Livro das Lamentações, 39-40, 49

Livro de Oração Comum, 65

loc# (localizador do Kindle), 106

localizadores, capítulos, 72, 94, 96; concordância de Saint-Jacques, 86, 241; de e-book/digital, 94, 106-7, 253-5; digitais, 94, 106-7; *distinctiones*, 76; em nível de sentença, 88-9, 97; fileira de, 87, 243-4, 250, 253, 260-1; granularidade, 97, 101, 107; incorretos, 283 n5; índice incorporado, 254-5; índice visual de "poemas envelope" (Dickinson), 270, 271; índices definidos, 14, 17; índice visual de *Oration* (Frarin), 126-7; indiferenciados, 87, 243, 250, 253; marcas de submarino, 115; números da página, 17, 94, 97, 105-6; números de parágrafo, 107, 110, 124; números de folha/fólio, 93, 100-1, 102, 107, 116, 124, 133-4; tipos de, 15, 94, 124

localizar Ctrl+F, 19, 22

Ludmilla e Lotaria (personagens de Calvino), 232-5, 251-2, 259

Lutton, John, 99-101, 106

Lyon, 78, 82, 84, 280 n11

Macaulay, Thomas Babbington, *Boyle against Bentley*, 146, 155; carta de Macmillan, 144; como marcador inveterado, 285 n5; e Oldmixon, 173; não permite a "nenhum

maldito *tory*" indexar seu *History*, 145, 173, 235; sobre Johnson e compiladores de índices, 12; *The History of England*, 145, 173

Mackenzie, Henry, *The Man of Feeling*, 187-8, *189*

Macmillan, Daniel, 145

Macmillan, Harold, carta à Society of Indexers, 144, 173

MACREX (software de indexação), 249

Mailer, Norman, "Hi!", 120-4, *121*

Mainz, 103, 107

Man of Feeling, The (Mackenzie), 187-8, *189*

manículas ☞, 64, 284 n9

manuscritos, Bibliothèque Municipale de Lyon MS 340, 280 n 11; Cambridge, Corpus Christi College MS 144, 279 n27; Cambridge, St. John's College MS A.12, 98; Cambridge, St. John's College MS A.12, 283, nn 4-5; Oxford, Bodleian Library MS Lat. Misc. b.18, 282 n28; Oxford, Bodleian Library, MS Canon Pat. lat. 7, 281 n24; Oxford, Bodleian Library, Vet. A3 e.1743, 285 n5; Oxford, Lincoln College MS 79, 90; Oxford, Trinity College MS 50, 282 n31; *P. Oxy.* X 1241, 278 nn 13-4; Troyes, Bibliothèque municipale, MSS 186 e 497, 282 n30

Manuzio, Aldo, *Dictionarium graecum*, 116

Maomé II, 93, 282 n1

mapa (ou território), 119-40; ansiedade sobre índices, 136-8, 140; Borges sobre escala, 129; Buckley e Mailer, 119-23; Eccleston sobre a ausência de índice, 128; escala de índice, 129-30, 132, 209, 212; *Fedro* (Platão), 136, 138; Gessner sobre índices, 132-3; índice de Florus, 124-5; índice visual de *Oration* (Frarin), 125-8;

índices de Caxton, 133-5; lendo o índice, não o livro, 123-4; mapa não é território, 14, 130-1, 134, 136, 234; Shakespeare sobre escala, 130-2

mapas, Bíblia e a concordância/ordenação alfabética, 72; *distinctio* como mapa mental, 76; índices como, 13-4, 27; índices de leitores, 267; labirinto, índice de Pole como, 227-8; mapeamento conceitual, 251; mentais, 13; não confundir com o território, 14, 129-31, 134, 136, 234

máquinas IBM, 245, 247

Marbeck, John, concordância bíblica, 22-4, 27, 277 n13

marcas, de submarino, 112-3, *112-3*

margarita, 135

margens (de página), abordagem da questão da leitura, 176-7; Bromley versus Addison, 161; Evangelho segundo são Marcos, 70; *História natural*, (Plínio), 69; índice de *Trivia* (Gay), 164; layout da página do livro, 63-4; Macaulay como marcador inveterado, 285 n5; manículas ☞, 64; números de página impressos, 93, 105-7, 133; *Tabula* (Grosseteste), 78, 80-4; texto responsivo, 105

Maria (Mary) de Módena, 171

Marlowe, Christopher, "Hero and Leander", 284 n10

Martinho de Opava, 135

McDonalds, #McDStories hashtag, 257

memória, 20, 39, 131, 137-8

mendicantes, 59, 68-9

Mentelin, Johann, 283 n10

Messina, Chris, 256

metonímia, 261

Middlemarch (Eliot), 219

Migne, Jacques-Paul, 209-12, 218, 222, 231; *Patrologia Latina*, 209-12

Miles, Josephine, e concordância de Dryden, 245, 249-50, 252; 292 n10

monastérios, 12, 21, 66-8, 75

monges beneditinos, 66, 67

Montague, William, índices de florilégios, 90

Montgomery, Guy, *Concordance to the Poetical Works of John Dryden* [Concordância das obras poéticas de John Dryden], 243-4, *244*, 245-6, 249

moral da história, 192

Moralia super Evangelia [Moralidade nos Evangelhos] (Grosseteste), 90-1, 282 n31

Morley, Henry, 195, 203, 218, 252, 261; "Index to Tears", 187-8, *189*, 190, 252

Mostra dos Independentes, 32-5, *34*

Mouseion, Alexandria, 41, 45

mulheres indexadoras, 262, 293 n22

Munique, Bayerische Staatsbibliothek, 108

museus, 41, 213, 224

Nabokov, Vera, 54

Nabokov, Vladimir, *Fogo Pálido*, 12, 52-5, 186, 263

não ficção, livros de, 144, 186, 189, 203, 236-7, 251

narcisismo, 52, 120, 203, 266

narrativa, 31, 54-6, 201, 260; Calvino, 94, 232; *distant reading* (leitura distante), 253; Fielding sobre divisão de livro, 97; *Fogo pálido* (Nabokov), 53, 55; indexação de ficções, 31, 54-5, 186, 252; índice de *Trivia* (Gay), 165-6; "*it narrative*", gênero, 176; justaposição da entrada de índice, 166; layout de livro, 64; ordem alfabética, 29, 31, 53, 55; *Orlando* (Woolf), 237; *Silvia e Bruno* (Carroll), 186

"The Index" (Ballard), 29, 31, 54

Nederlands Indexers Netwerk, 144

Nelthorp, Richard, 170

New Tenures, 242

New York Review of Books, The, 178, 242

New York Times, The, 242

New York Trilogy, The (Auster), classificação palavra por palavra, 241

Newman, cardeal (John Henry), e pecado cardeal da indexação, 87

Newman, Paul, aparição inesperada como entrada de índice, 241

newspapers e news-sheets (entrada de índice), 112, 114-5, 191, 242

NGram (Google), 253

Nicolson, William, 169

nomes, de lugar, 14, 187, 195; de plantas, 38, 261

notas de fim, 52, 104, 105

notas introdutórias (de instruções), a deste índice, 290; Chronicles of England, 111; Eccleston sobre a ausência de índice, 128; índice de Florus, 124-5; índice de Remarks (Addison), 162; índices de Caxton, 133-6; Orthographie (Hart), 51; Polycgronicon (Hidgen), 99-100

Notes and Queries, 207

numeração, capítulos do Evangelho segundo são Marcos, 69-70; falha, 97; fólio/números de folha, 93, 100-1, 107, 116, 125, 133; números de parágrafos, 107, 110, 124

número, de fólio (número de folha), 93, 99-102, 105-7, 116, 133-4, 282 n2

números, de página, 92-118; acréscimo do leitor, 91, 116, 267; Chronicles of England, 111; definição de índice, 14, 17; difusão dos índices, 116-7; divisão de texto, 95-7, 106; edições de livro, 18-9; emergência dos, 12; Gessner sobre índices, 117-8; granularidade, 97; impressos, 105, 107, 109, 111, 116; indexação incorporada, 254; índices digitais e e-books, 19, 106, 253; layout

de página, 63; lista de livros de Schöffer e o primeiro índice impresso, 108-10; Polychronicon (Higden), 98; prensa móvel e Caxton, 103, 105; prensa móvel de Piccolomini e Gutenberg, 101-3; primeiro impresso, 93-4, 105, 107, 110-11; Richardson, índice de Clarissa, 198, 200; Sermo (Rolevinck), 93, 110-1; Se um viajante numa noite de inverno (Calvino), 94-5; sistemas de ordenação alfabético e sequencial, 94-5; submarinos 112-4, 116; sumário, 14

objetos, abordagem da questão da leitura, 176-7; "Adventures of a Quire of Paper" e "it narrative", 175-6; inventários, 14; materialidade do texto, 69, 95, 97, 239, 270

óculos, 61, 62, 83, 103, 263; rebite de, 61

Odisseia (Homero), 95-6

Old Possum's Book of Practical Cats? (Eliot), classificação letra por letra, 241-2

Oldenburg, Henry, 242-3, 286 n16

Oldman, Gary, aparição inesperada como entrada de índice, 241

Oldmixon, John, e o panfleto The Index-Writer [O escritor de índice], 169-71, 173, 235, 238; Echard versus Oldmixon, 167-73; Memoirs of the Press, 172; sobre o pagamento pela indexação, 168-9

Oration Against the Unlawfull Insurrections of the Protestantes of our Time, An [Um discurso contra as insurreições ilegais dos protestantes no nosso tempo] (Frarin), 125-8, 268

oratória, 74, 119, 137-8, 221

Ordem Dominicana (frades negros), 59-60, 68, 84, 88, 239

ordem sequencial, 31, 38-9, 76, 94-5, 112, 165

ordenação, 31-2; do índice, 14, 17, 94; focada no leitor, 17; software de indexação, 249; sumário, 15; uróboros, 218; *ver também* ordem sequencial

ordenação alfabética, 29-55; *A comédia dos burros* (Plauto), 48-9; armazenamento de pergaminho, 43-5; Bíblia hebraica, 39-40; Biblioteca de Alexandria, 41-3, 45; exposição da Sociedade dos Artistas Independentes, 32-3, 35; *Fogo pálido* (Nabokov), 52-5; história da, 32, 35-6, 38-49; índice de *Orthographie* (Hart), 50-2; letra por letra e palavra por palavra, 241-2, 250; *Livro das Lamentações*, 39-40, 49; *Pínakes* (Calímaco), 41-3; primeiros dicionários, 36-8; textos de gramática e linguagem, 49-50; "The Index" (Ballard), 29-32

Organização Internacional de Padronização, ISO 999:1996, diretrizes para índices, 255

Orlando furioso (Ariosto), 116-7

Orlando: uma biografia (Woolf), 186, 237

Orthographie (Hart), 50-2

ótica, 61

output, 232, 234, 244, 246-7, 249-50

ouvir, e aprender, 64-6, 138

Oxford, 59, 68, 77, 86, 90, 213

Page, Larry, 258

página(s), amarelas, 36; classificação por ordem das, 238, 250; dobra, 96, 177; hipotética e imaginária, 264; layout de, 63-4, 68, 105, 250, 253; ordem sequencial, 94; provas de, *ver* paginação; texto material, 69, 97; texto responsivo, 105; *ver também* submarinos

paginação, 100, 105, 254, 270

Pais da Igreja, 80, 209, 212

palavras, frequência de, 234, 252-3; gramaticais, 248, 255

palavras-chave, 14, 90, 185, 248, 254, 266; em contexto (KWIC), índice de, 88

panfletos, "Adventures of a Quire of Paper", 175-6; Bromley versus Addison, 161-2; Johnson e panfletários, 12; marcas de submarino, 113; política *tory* e *whig*, 146; Poole sobre, 227; Pope sobre Curll, 191; *The Index-Writer* e Oldmixon, 169, 170, 171, 173, 235, 238

papas, e papices, 67, 101, 160, 210, 236

papel, 175-8, 210, 241; pedaços de, 234, 236, 238-9, 246, 272

Papias, o Lombardo, 38, 50

papiro, 41-2, 46, 278 n13; de Oxirrinco, 42, 46, 278 nn13-14

papoula-dormideira, efeitos desagradáveis da, 157

parágrafo(s), como localizadores, 19, 75, 107; layout de texto, 63, 70; marca de, 70; número de, 107, 110, 124

parcialidade, 27, 169, 204

Paris, 59, 68, 72, 77, 83, 126, 240; *ver também* Bibliothèque Mazarine

Parr, Samuel, 287 n20

Patrologia Latina (Migne), 209-12

PCB *ver* Bain, Paula Clarke

PDF, provas de, 254

pedantismo, 151, 154, 160, 172, 182, 185, 266

Pedro Cantor, *Distinctiones*, *Abel*, 74-6, 78, 89

Pedro da Cornualha, 73, 75

peixe, "dar um google", 259; pedras de Acrefnia, 46; sobre carpas, 160, 162; Swift sobre rabo dos peixes, 143

pensamentos, índice de, 195, 198

Pepys, Samuel, 260-1

perda de tempo [*de nada* — PCB], 223

peregrinação on-line, AskJeeves, 141

pergaminho, *cedules* (pedaços), 239; etiqueta de rolo de, 44; rolos de, 15-7, 41, 43-4

periódicos, abordagem da questão da leitura, 177; *Alphabetical Index* (Poole), 225-31; ferramentas de busca, 216; *Index to Periodicals*, 209, 231; jornais *Spectator* e *Tatler*, 178; mudanças na leitura, 21; *Reader's Guide to Periodical Literature*, 231

período vitoriano, 183, 185, 188, 208, 212

personalidade, em índices, 25-7, 127, 265-7, 272

pesquisa, 101, 123, 134, 149, 185, 285 n7

Petherbridge, Mary, 293 n22

Philosophical Transactions, 156-8

piada(s), 48, 122-3, 129-30, 140, 155, 166-7, 187-8, 190, 258; *A comédia dos burros* (Plauto), 48; Borges sobre mapa e território, 129; Buckley e Mailer, 120-3; Echard versus Oldmixon, 167-73; Google e Alphabet, 259; índice de *Boyle against Bentley*, 153-5; índice de *Silvia e Bruno* (Carroll), 183, 185-6; índice satírico, 155; *ver também* moral da história

Piccolomini, Enea Silvio (papa Pio II), 101-2, 283 n6

Pínakes (Calímaco), 41-3

Platão, e leitura, 21; *Fedro*, 136-9, 143, 234

Plauto, *A comédia dos burros*, 48-9

Plínio, o Velho, *História natural*, 15-6, 46, 69, 251

Poe, Edgar Allan, 230

"poemas envelope" (Dickinson), 269-70, 271, 272

poesia, Calímaco sobre, 41-2; *Chasteau d'amour* [O castelo do amor] (Grosseteste), 56, 57, 58;

concordância de Dryden, 243-5, 249, 252, 292 n10; coruja empalhada da srta. Jewsbury, 142, 249; épica, 41-2, 46, 117, 180, 190-4, 196; *Fogo pálido* (Nabokov), 52, 54; *Ilíada*, tradução de Pope, 190-4; indexação de ficções, 174, 181; *índice de primeiros versos*, 180, 270; índices poéticos (Gay), 163-7, 192; ordenação alfabética, 39-40; *Orlando furioso* (Ariosto), 116-7; "poemas envelope" (Dickinson), 268, 270-2; tradução de Caxton, 104

política, Bromley versus Addison, 158-61; Buckley e Mailer, 119-23; Echard versus Oldmixon, 167, 170, 173; índices como armas, 145-7, 173; papel dos índices na, 12; *tories e whigs*, 145, 158-61, 167, 171-3, 235; Trump e Google, 235, 291 n1

Polychronicon (Higden), 98-101, 111, 135

Poole, William Frederick, *An Alphabetical Index to Subjects Treated in Reviews, and Other Periodicals* [Índice alfabético de assuntos abordados em jornais de resenhas e outros periódicos], 225-31

Pope, Alexander, e Bentley, 191, 286 n10, 288 n7; indexador literário, 12, 251; índices de Shakespeare, 194-6, 198; panfleto sobre Curll, 191-2; sobre conhecimento de índice, 143, 173, 174, 288 n38; sobre Oldmixon, 167; tradução da *Ilíada* e índices, 190-4, 196, 270

portabilidade, 86, 101, 106-7

precisão, 72, 105-7, 182, 216

prefácio(s), Alsop sobre Bentley, 149, 151; Bromley versus Addison, 158, 162; concordância de Dryden, 245; concordância de Marbeck, 24; conhecimento pelo índice, 173; *Dicionário* (Johnson), 203; dicionários, 38; e posição do índice no livro, 132; Erasmo sobre índices, 123; índices de Richardson, 197, 201; manículas ☞ de *Euclides* (Billingsley), 284 n9; *Patrologia Latina* (Migne), 210; Schöffer e texto de Agostinho, 109, 283 n10; *The Transactioneer* (King), 156

pregação, 58, 59, 68-9, 72-5, 83, 89, 93, 109, 200-1

prensa, de tipos móveis, 103, 104, 107, 117, 132, 236, 254; móvel, 21

privada, Swift compara índice à, 143

processamento, de linguagem natural, 141

Proedria Basilik (Howell), 128-9, 284 n6

pronúncia original, Shakespeare na, 50

propaganda, 167, 187, 235

protestantismo, 125-8, 160

provas, checagem e, 110, 246, 254

Ptolomeu I Sóter, 41

publicidade, 108

rascunhos, 241, 269

Ratdolt, Erhard, 282 n1

Reader's Guide to Periodical Literature, 231

Rectory Magazine (Carroll/Dodgson), 183-5, *184*

rede social, 235, 256, 259

redundância, 185

referência(s), 43, 105, 179; de passagem, 17; cruzadas, 64, 109, 207

registro, 15, 134-5

registros papais, 236

regras, quebra das, 52, 55, 185-6, 188, 228

remembrance, 134-5

repertorium, 135

Richard de Stavensby, 88

Richardson, Samuel, *Charles Grandison*, 196; *Clarissa*, 196-8, 199, 200-1, 204; *Coleção de*

sentimentos morais e instrutivos, máximas, advertências e reflexões contidos nas histórias de Pamela, Clarissa e Sir Charles Grandison, 199, 201-2, 289 n20; e Johnson, 196-7, 200, 204; *Pamela*, 196

rima, 40, 56, 127, 164, 191

ritmo, 56, 66, 183

Roché, Henri-Pierre, 32

Rolevinck, Werner, *Fasciculus temporum* [Pequeno conjunto de datas], 93, 98, 282 n1; *Sermo de presentacione beatissime virginis Marie*, 107, 110-1

Roma, 32, 46, 49, 104

romance(s), *Clarissa* (Richardson), 196-8, 200, 204; e biografias, 186; *distant reading* (leitura distante), 252-3; épico, 196; epistolar, 196; *Fogo pálido* (Nabokov), 52-5, 186, 263; layout de livro, 63; lendo um índice como, 260; morte do tradicional, 20; novo formato, 196; *Orlando* (Woolf), 186, 237; *Se um viajante numa noite de inverno* (Calvino), 94, 95, 114, 232, 234, 246; *Silvia e Bruno* (Carroll), 183, 185-6; *The Man of Feeling* (Mackenzie), 187-9; *ver também* ficções

Rosemann, Philipp, 82, 281 n20

rótulos, 44, 238

Round, J. Horace, *Feudal England* [Inglaterra feudal], 25

Rouse, Mary A., 35, 281 n23, 282 n27, 291 n3

Rouse, Richard H., 281 nn 23, 35, 282 nn27, 31, 291 n3

Rowberry, Simon, 276 n1, 279 n30

Royal Society, *Philosophical Transactions*, 156-8

rubrica, 15, 74, 134-5, 295

ruminação, 65

russo, 54

Rye House, conspiração de, 170

sabedoria, 137-8, 140, 177, 234

Sackville-West, Vita, 236

sagacidade, "carrolliana", 182, 185-6; de uma mulher, Holmes enganado pela, 207; índice como veículo para, 142-4, 167

Saint-Cher *ver* Hugo de Saint-Cher

Saint-Jacques, concordância de, 84-7, 91, 95, 211, 239-41, 243, 281 n23; monastério de, Paris, 84, 88-9, 95, 211, 239-40, 243-44

Salão dos Independentes, 32

sarcasmo, 27, 160-2, 165, 170, 257; *Boyle against Bentley*, 146-55; Bromley versus Addison, 158-62; Echard versus Oldmixon, 167-73; Erasmo sobre ler apenas o índice, 123-4; *Fogo Pálido* (Nabokov), 52-3; índice como veículo para, 142-4, 167; King e o índice satírico, 153-8, 162; panfleto de Pope sobre Curll, 191-2; Round sobre Freeman, 25, 27

Sartre, Jean-Paul, 261

sátira e índice satírico, *Boyle against Bentley*, 146-55; Bromley versus Addison, 158-62; Echard versus Oldmixon, 167-73; *Fedro* (Platão), 136; índices do *Spetactor* e do *Tatler*, 180; índices de leitores, 267; King e, 153-7, 162-3; *Oration* (Frarin), 127; panfleto de Pope sobre Curll, 191-2; *The Transactioneer* (King), 156-8; *Trivia* (Gay), 165

saturação, da impressão, 178, 190

Sawyer, Daniel, 282 n2

Schöffer, Peter, 107, 109-10, 283 n10

scriptoria (ateliês de copistas), 72

Se um viajante numa noite de inverno (Calvino), 94-5, 112, 114, 232, 234-5, 246, 251-2, 259

Self, Will, 20

sentença, localizadores em nível de, 88-9, 97

sentimentos, índices, *Clarissa* (Richardson), 197-8, 199, 200-1; *Coleção* (Richardson), 201, 289 n20; "Index to Tears" (Morley), 188; "Índice de pensamentos e sentimentos" de Shakespeare (Morley), 195, 198; *ver também* emoções

sermões, "Adventures of a Quire of Paper", 175-7, 179; *distinctiones*, 72-4, 280 n14; ordens mendicantes, 59, 68; rascunho da concordância de Saint-Jacques, 240; romances de Richardson, 196, 201-2; *Sermo* (Rolevinck), 107, 110-1

setas, sem ponta e inúteis (localizadores em índices), 271, 272

Shade, John (personagem de Nabokov), 52, 54

Shakespeare, William, *Alphabetical Index* (Poole), 229; *Antônio e Cleópatra*, 194; concordâncias, 19; e Marlowe, 284 n10; *Hamlet*, 131-2, 142, 194; *Henrique VIII*, 194; "*indexes*" como termo, 18, 130; índices de Pope, 194-6, 198; *Macbeth*, 194; *Otelo*, 187, 194; pentâmetro, 40; *Rei Lear*, 194; *Ricardo II*, 194; sobre escala de índice, 130-2; *Trabalhos de amor perdidos*, 51; *Tróilo e Cressida*, 18, 130, 194

Shakespeare in Original Pronunciation [Shakespeare em sua pronúncia original], movimento, 50

Shenstone, William, "The School- -Mistress", 141

sillybos (etiqueta com nome do pergaminho), 44

Silvia e Bruno (Carroll), 183, 185-7

símbolos, índice de *Tabula* (Grosseteste), 78, 79-80, 81; manículas ☞, 64, 284 n9

sinalização, placa de, 218, 256, 261

sinônimos, 59, 261

sintaxe, de indexação, 141, 166, 183, 198, 266

Síria, alfabeto ugarítico, 38-9

sistema de ordenação cronológico, 29, 31-2

SKY Index (software de indexação), 250

Sloane, Hans, 156

Smyth, Adam, 276 n5, 282 n2

sobrecapa, 43

Sociedade dos Artistas Independentes, 32-3, 34, 35

Society of Indexers [*Oi, colegas!* — PCB]; carta de Macmillan, 144, 173; conferências, 259, 276 n1; endereço de Heckscher, 260; fundação da, 144; gênero, 293 n22; índices digitais, 255

Sócrates, 136-40

software, de indexação profissional, 250-1; indexação automatizada/por máquina, 235, 245-6, 248-9, 254-5; indexação incorporada, 254-5

Sorbiere, Samuel de, *Relation d'un voyage en Angleterre*, 286 n14

Speculum historiale (Vincent de Beauvais), 291 n3

Spenser, Edmund, "The Shepherd's Week", 287 n27

Spetactor, The (jornal, 1711), 178-80, 190

St. Albans, tipógrafo de, 111, 115

St. John's College, Cambridge, 98, 100, 111

Stead, W. T., *Index to Periodicals*, 231

Steele, Richard, 178, 190

Stendhal, síndrome de, 92

Sterne, Laurence, *Tristram Shandy*, 92

Strand Magazine, 209

Stuffed Owl: An Anthology of Bad Verse, The [A coruja empalhada: uma antologia de versos ruins], de Wyndham Lewis e Lee, 142, 249, 285 n1

subentradas, 109, 237, 250-1

subíndices, 215, 228, 230

subjetividade, 59, 60, 182, 186, 189, 250

submarinos (agrupamentos de páginas), 97, 113-6, 125, 132, 294; marcas de 84, 99, 112-3; manículas à frente dos, 284 n9

subtítulos, 29, 237; *ver também* subentradas

"suínos que c*gam sabão" (entrada de índice), 158

sumários, *Chronicles of England*, 115; definindo índices, 15-7, 135; e estrutura da obra, 15, 17, 76; Evangelho segundo são Marcos, 70; *História natural* (Plínio), 15-6, 69, 251; *index-raker*, 20; *Legenda aurea sanctorum* (Caxton), 134; marcas de submarino, 112, 115; *New Tenures*, 115-6; posição no livro, 132

Swift, Jonathan, *A Tale of a Tub*, 143; e King, 143, 163; índice como rabo dos peixes e privada, 143; sobre leitura e índices, 143; *Viagens de Gulliver*, 196

Table Alphabeticall (Cawdrey), 37

tábuas, *abecedaria* de argila, 38; armazenamento suspenso de pergaminho, 43; eletrônica, 212; *Pínakes* (Calímaco), 42-3

tabula, 135

Tabula distinctionum (Grosseteste), 58-60, 78, 79-80, 80-4, 209, 281 n20

tags, 254-7

Tatler, The (jornal, 1709), 178-80

Taulford, Thomas, 277 n10

Tavoni, Maria Gioia, 284 n13

taxonomia, 189, 257

tecnologia, busca on-line, 11, 259; de acesso aleatório, 17; índice como, 11, 13, 17-8, 21, 100; livro como, 95, 262; livro digital, 11, 254; medos da tecnologia da informação, 139

telas, configuração, 250; leitura na, 105, 212, 253

telefone, 169

Temple, William, 149-51

tempo, e conhecimento, 12, 261; economia de, computação na indexação, 250, 254-5; divisão da Bíblia em capítulos, 72; índice como auxiliar de busca, 87, 261; índice incorporado, 254-5; "leitura de extração", 18; Migne sobre índices, 211; na definição de índice, 13; Plínio e Tito, 15-8

Téricles, 151

termos, seleção, de busca, 86, 106, 244, 247-8, 259; de índice, 185, 195, 239, 247-9, 255; *ver também* entradas, de índice

território, não confundir o mapa com o, 14, 129, 130, 134-6, 234

texto, análise por máquina, 246; layout, 105, 110-1; materialidade do, 69, 95, 97, 239, 270; responsivo, 105, 253; *ver também* divisão de texto

Therhoernen, Arnold, 92, 107, 110-1

Theuth (deus inventor), 137, 139

Thomson, S. Harrison, 79

Times, The, 213

tinta, 70, 78, 93, 95, 103, 108, 110

tipografia/tipógrafos, 64, 95, 211

tipos móveis, 103, 116

Tirânio, 44

Tito, imperador, 15-8, 69

títulos, de obras, 43

Tommaso da Modena, 60, 62, *62*

Tonson, Jacob, o Jovem, 168

tories, 145, 158, 161, 167-8, 235

torta, feita imprudentemente com papoula, 157

trabalho penoso (indexação) [*como você se atreve!* — PCB], 170, 238, 241, 246, 250

tradução, concordância de Marbeck, 22, 24; e traços do tradutor, 266; *Fogo pálido* (Nabokov), 54; *Ilíada*, de Pope, 190-4

Transactioneer, The (King), 157-8, 160, 162, 164, 170

traquinagem, dr. Johnson e *Clarissa*, 204

tratados, 42, 49, 61, 202

Tree, Viola, *Castles in the air* [Castelos no ar], 236-7

Treviso, Itália, 60

Trevor-Roper, Hugh, 285 n1

Trivia, or the Art of Walking the Streets of London [Curiosidades, ou a arte de andar pelas ruas de Londres] (Gay), 164-6, 192

Trump, Donald, antiga paranoia, 235; e Google, 235, 291 n2

Twitter, 203 n1, 235, 256-7, 291 nn1-2

Universidade da Califórnia, Berkeley, 245, 250, 252

universidades, bibliotecas, 41, 213, 225; desenvolvimento das, 12, 41, 59, 68, 70, 262; divisão em capítulos da Bíblia de Langton, 72; ensino, 18, 59, 68-9; ferramentas de leitura, 68, 91; jornais, 177; permanência do livro e do índice, 262

universo, nascimento do, 58

Updike, John, 186

uróboros, 218

Vale do Silício, 12, 259

Valenza, Robin, 205, 288 n38

velha loja de curiosidades, A (Dickens), 188

velocidade, necessidade de, 18, 64, 87, 97, 104, 250

versículo, Bíblia de Estienne, 72

verso(s), Bíblia hebraica, 39; burlescos, 268; Calímaco, 41; índice de Florus, 124-5; número do, 245; *Oration* (Frarin), 126-7, 268; pentâmetro, 40; "poemas envelope" (Dickinson), 269; rima, 40, 56, 127, 164, 191; ruins, 142; tradução da *Ilíada* (Pope), 190-4; *ver também* poesia

"vida em uma casa em queda" (entrada de índice), 185
Vincent de Beauvais, *Speculum historiale*, 291 n3
Vlad, o Empalador (Vlad Drácula), 101
vogais, 50-1

Waleys, Thomas, 89
Walker, Ralph, índice de Kant, 293 n1
Warburton, William, 286 n10
webpage, 11-2, 206
Weijers, Olga, 285 n11
Wellisch, Hans H., 283 n11, 284 n15
Wenzel, Sigfried, 282 n30
Werner, Marta, editora de *The Gorgeous Nothings* (Dickinson), 269-72, *271*
What Is an Index? (Wheatley), 18, *218*; desprovido de índice, 220
Wheatley, Henry B., *Como fazer um índice*, 223; Index Society, 217, *218*, 220, 223; sobre indexação, 185, 223; *What Is an Index?*, 18, *218*, 220
Wheen, Francis, 285 n1
whigs, 141, 145, 158, 160-1, 167, 169, 171-3, 287 n20
Wilde, Oscar, 188
Wilden Mann, Nuremberg, 108-9
Winterson, Jeanette, 175
Wiseman, Nicholas, e suas cadeias insensatas, 87

Wood, Beatrice, 33
Woolf, Leonard, 236
Woolf, Virginia, 186, biografia de Fry, 238; como indexadora, 12, 236-8, 241, 251, 272; formas de leitura, 21; índice de *Castles in the Air* (Tree), 237; *Mrs. Dalloway*, 18-9; *Orlando: uma biografia*, 186, 237
Word, indexação incorporada no, 254
Wordsworth, William, sobre uma coruja empalhada, 142n, 249
World Wide Web, 254, 276 n1
Worth, Charles, e sua torta infeliz, 157
Wyndham Lewis, D. B., *The Stuffed Owl*, 142, 249, 285 n1

xilogravura, 126, 268

Young, Thomas, *England Bane, or Description of Drunkennesse* [Ruína da Inglaterra, ou Descrição da embriaguez], 267, 269

Z, z, z [*e vamos para a cama* — PCB]
Zembla, uma terra distante ao norte, 52-5, 249, 263
Zielinski, Bronislaw (indexador fictício), desaparece, 31
Zorobabel, 84
Zwinger, Theodor, 117

Dados Internacionais de Catalogação na Publicação (CIP)
(Câmara Brasileira do Livro, SP, Brasil)

Duncan, Dennis
   Índice, uma história do : Uma aventura livresca, dos manuscritos medievais à era digital / Dennis Duncan ; tradução Flávia Costa Neves Machado. — São Paulo : Fósforo, 2024.

   Título original: Index, a history of the.
   ISBN: 978-65-84568-01-3

   1. Bibliotecas 2. Documentação 3. Editoração 4. Ferramentas de busca 5. Manuscritos I. Título.

23-183508   CDD — 025.3

Índice para catálogo sistemático:
1. Bibliografia e documentação : Biblioteconomia   025.3

Eliane de Freitas Leite — Bibliotecária — CRB-8/8415

A marca FSC® é a garantia de que a madeira utilizada na fabricação do papel deste livro provém de florestas gerenciadas de maneira ambientalmente correta, socialmente justa e economicamente viável e de outras fontes de origem controlada.

Copyright © 2021 Dennis Duncan
Copyright da tradução © 2024 Editora Fósforo

Todos os direitos reservados. Nenhuma parte desta obra pode ser reproduzida, arquivada ou transmitida de nenhuma forma ou por nenhum meio sem a permissão expressa e por escrito da Editora Fósforo.

Título original: *Index, A History of the: A Bookish Adventure from Medieval Manuscripts to the Digital Age*

DIRETORAS EDITORIAIS Fernanda Diamant e Rita Mattar
EDITORAS Eloah Pina e Maria Emilia Bender
ASSISTENTE EDITORIAL Millena Machado
PREPARAÇÃO Isadora Prospero
REVISÃO Gabriela Rocha e Eduardo Russo
ÍNDICE REMISSIVO Maria Claudia Carvalho Mattos
DIRETORA DE ARTE Julia Monteiro
CAPA Juan Pablo Fajardo
CRÉDITOS DAS IMAGENS p. 34 Cortesia da Frick Art Reference Library; p. 47 Louvre, Paris, França/Bridgeman Images; p. 57 Londres, Lambeth Palace MS 522 f.1r; p. 62 Wikimedia Commons; pp. 71, 199, 218 e 244 British Library, Londres, RU © British Library Board. All Rights Reserved/Bridgeman Images; pp. 79-80 Bibliothèque municipale, Lyon. MS 414 f.17r e MS 414 f.19v; p. 102 Concedida pela Master and Fellows of St. John's College, Cambridge. MS A.12; pp. 121 e 184 Harry Ransom Center, Austin, Texas; p. 147 Folha de rosto de *Boyle against Bentley*, cópia do autor; p. 148 Wikimedia Commons/ World History Archive/ Alamy Stock Photo; p. 153 Páginas finais de *Boyle against Bentley*, cópia do autor; p. 159 Wikimedia Commons e ART Collection/ Alamy Stock Photo; p. 189 *The Man of Feeling*. Londres: Cassell, 1886; p. 265 Witte de With Centre for Contemporary Art, Rotterdam (Gill Partington); p. 268 Londres, 1656 (Folger Shakespeare Library, H1938); p. 269 Londres, 1634 (Folger Shakespeare Library, STC 26117); p. 271 Jen Bervin © 2013 by Jen Bervin and Marta Werner (New Directions Publishing Corp.)
PROJETO GRÁFICO Alles Blau
EDITORAÇÃO ELETRÔNICA Página Viva

Editora Fósforo
Rua 24 de Maio, 270/276, 10º andar, salas 1 e 2 — República
01041-001 — São Paulo, SP, Brasil — Tel: (11) 3224.2055
contato@fosforoeditora.com.br / www.fosforoeditora.com.br

Este livro foi composto em GT Alpina e
GT Flexa e impresso pela Ipsis em papel
Pólen Natural 80 g/m² da Suzano para a
Editora Fósforo em janeiro de 2024.